우리 아이는 왜 이럴까?

행동유형으로 풀어보는
자녀양육 실마리

찰스 F. 보이드 지음 | 김영회·허흔 옮김

Different Children, Different Needs

by Charles F. Boyd
with David Bohei & Robert A. Rohm, Ph. D.

Copyright © 2000 TIMOTHY PUBLISHING HOUSE
A division of PAIDION MISSION
Translated and Published by Permission
Printed in KOREA
Originally published in English under the title
Different Children, Different Needs
Copyright © 1994 by Charles F. Boyd
Published by Multnomah Publishers, Inc.
204 W. Adams Avenue, P.O. Box 1720
Sisters Oregon 97759 U.S.A.
All rights reserved.

이 책은 이제껏 내가 읽어본 자녀 양육서 가운데 가장 탁월하다. 읽기도 쉬울 뿐만 아니라 독자들이 여기서 얻은 정보를 차근차근히 실천해볼 수 있도록 아주 구체적으로 제시하고 있다. 이 책을 다 읽고 나면 자녀들이 저마다 얼마나 다양하고 독특한지를 이해할 수 있을 뿐만 아니라 부모인 우리 자신까지도 깊이 이해할 수 있게 된다. 저자 찰리 보이드가 이 책에 모아놓은 정보들은 실제적이면서도 우리 생각을 넓혀주는 기초적인 방법론을 포괄적으로 다룬다. 이 책이 가르치는 바를 진지하게 적용해보려는 모든 가정들에게 기대하지 못했던 변화들이 일어나리라고 믿는다.

지그 지글러(Zig Ziglar 사 대표)

부모인 우리가 가장 흔하게 저지르는 실수가 있다면 아마도 '내 아이가 나를 닮기'를 바라는 것일지 모른다. 가령, 리더십이 강하거나 모험을 즐기는 스타일의 아버지라면 소심한데다가 매사에 꾸물대는 자기 아이를 보면서 좌절감을 느끼는 식이다. 이 책은 모든 부모들이 자기 자녀가 어떤 식으로 행동하는지를 바로 이해할 뿐만 아니라 제각기 독특한 자녀의 필요들을 적절히 채워주는 데 도움이 된다. 이 책을 읽고 나면 이전과는 전혀 다른 시각으로 당신의 자녀를 바라보게 될 것이다.

데니스 레이니(Family Life 전무 이사)

하나님은 모든 아이들이 저마다 독특한 기질을 갖고 태어나게 하셨다. 찰리 보이드는 당신이 자녀의 그러한 기질들을 발견하게 도울 뿐만 아니라, 하나님이 디자인하신 바대로 그들이 올바르게 커나가는 데 부모인 당신이 적절한 조처를 취할 수 있도록 도와줄 것이다.

스티브 파러 박사(베스트셀러 'Point Man'의 저자)

여러 해 동안 나는 찰리 보이드가 부모들을 위한 탁월한 사역을 개발시켜오는 모습을 지켜보았다. 이제서야 그는 사역을 통해 검증된 원리들을 집대성해 건강한 가정을 세우기 위한 강력한 도구를 만들어냈다. 바로 이 책이 그것이다. 당신 가정 안에 있는 거리감을 줄이고 대신 친밀함과 커뮤니케이션을 증대시키고자 한다면, 이 책이 안성맞춤이다.

존 트렌트(Encouraging Words 대표)

부모라면 누구나 자기 자녀의 독특한 개성 때문에 당황해본 적이 있을 것이다. 그런 자녀의 다양한 필요들을 적절히 채워주는 것에 대해서는 말할 것도 없다. 이 책은 자녀들의 그러한 차이점들이 지니고 있는 엄청난 가치들을 제대로 간파하고, 그것을 통해 우리의 자녀 양육 스타일을 자녀 각각에 맞게 조절해나가도록 돕는다. 이 책을 적극 추천하는 바이다. 서점 어디엘 가도 이런 책은 찾지 못할 것이다.

개리 & 바바라 로즈버그(미국 Family Coaches 설립자,
'The Five Love Needs of Men and Women' 의 저자)

나 자신을 있게 해주신 부모님, 프랭크와 베티 보이드,

나 혼자일 때보다 더 좋게 도와준 아내, 카렌,

이 책을 통해 가장 혜택을 많이 받은 나의 아이들,

차드, 크리스, 캘리에게 이 책을 바칩니다.

■ 목차

머리말 • 9

Part 1. 우리의 자녀, 어떻게 양육할 것인가 • 13
[1장] 부모라는 이름의 공해 • 15
[2장] 인정 받고 싶어하는 아이들 • 25

Part 2. 나를 알고 자녀를 알기 • 41
[3장] 나는 누구인가 • 43
[4장] 주도적인 부모, 단호한 아이 / D형 • 65
[5장] 사교적인 부모, 설득력 있는 아이 / I형 • 81
[6장] 지원적인 부모, 인정 많은 아이 / S형 • 97
[7장] 엄격한 부모, 신중한 아이 / C형 • 115
[8장] 자녀를 올바로 이해하기 • 135

Part 3. 가족 세우기 • 149

[9장] 가족에게 적용하기 • 151

[10장] 자녀, 부모의 거울 • 201

[11장] 자녀의 강점과 약점을 비추어보기 • 213

[12장] 자녀의 감정을 거울에 비추어주기 • 235

[13장] 사랑의 잔을 가득 채우라 • 251

[14장] 갈등, 어떻게 다룰 것인가? • 259

[15장] 파트너로서의 부부 • 281

후기 • 301

부록 A. 자녀에게 비추어줄 수 있는 40가지 행동 강점 • 305

부록 B. DISC 행동 시스템 요약 • 328

머리말

이 책은 일반적인 책이 아니다. 물론 이 책이 보통의 다른 책처럼 보이고 또 그렇게 느껴질 것이다. 하지만 그렇게 생각하지 않기를 바란다.

대부분의 책들은 다 읽고 난 후 책장에 그대로 꽂아두게 된다. 그 책들은 유익한 정보와 재밋거리를 제공하지만 읽은 후에는 곧 잊어버리기 십상이다. 심지어는 '~하는 방법'에 관한 책에 나오는 충고조차도 종종 무시되어버린다. 중고 서점은 사람들에게 더 이상 필요 없어진 책들로 가득 차 있다.

이 책을 그런 책들과는 다르게 생각해주기를 바란다. 이 책이 담고 있는 내용은 자녀 양육에 대한 우리의 생각을 예상치 못한 방법으로 구체화시켜준다. 마지막 페이지를 다 읽었을 때 당신의 아내나 남편, 자녀, 부모, 그 밖의 다른 사람들을 똑같이 대하지 않거나 적어도 그들이 모두 똑같다고 생각하지 않기를 간절히 바란다. 이 책 속의 이야기들은 나와 내 아내 카렌에게 많은 충격을 주었으며, 부모 역할이나 결혼 생활 세미나에 참석한 많은 사람들에게 매번 충격을 주었다.

이 책은 우리가 부모 역할에 관해 언젠가는 읽어야 할 마지막 책은 아니다. 이 책에서 언급되지 않은 부모 역할에 대해서 우리가 알아야 할 것들은 많다.

그러나 이 책은 중요한 토대 위에서 쓰여졌다. 잠언 22장 6절 "마땅히 행할 길을 아이에게 가르치라. 그리하면 늙어도 그것을 떠나지 아니하리라"는 성경의 가르침에 기초한 이 책 속의 원리 원칙은 부모 역할의 근간을 이룬다. 만약 우리가 이 책에 제시해놓은 '전체 그림'에 대한 원리 원칙을 실행하지 않는다면 자녀들은 부정적인 영향을 받게 될 것이다. 그러나 이 책 속에서 발견한 것을 적용하려고 노력한다면 하나님이 자녀들을 어떤 의도로 세상에 태어나게 하셨고 어떤 재능을 주셨는지를 이해하게 될 것이다. 그 아이들은 자신감을 가지고 가정과 사회에 대한 소속감을 지닌 채 전인적 인간으로 성장해 갈 것이다.

이 책을 쓰기까지 많은 사람들이 도움과 용기를 북돋아주었다. 특히 나에게 지원과 수고를 아끼지 않은 칼슨 러닝사의 리더십팀 탐 리치, 사라 리켄, 바바라 메이스, 클라이드 핸슨에게 심심한 감사를 드린다.

협회 회원과 친구들의 도움 또한 컸다. 리치 메이스는 내 첫번째 간행물인 '부부 프로파일(The Couple's Profile)을 현실화시켰으며, 그 밖의 많은 기회를 만들어주었다. 댄 카프만, 로즈마리 매기, 캐롯 밀러, 브라이언 브릴리 그리고 캐이 달비는 일찍이 초안을 읽고 많은 제안을 해주었다.

훌륭한 소설가 산드라 머윈과 로버트 로옴의 마음 깊은 격려와 가르침은 훌륭한 길잡이가 되어주었다. 점심 식사 시간에 데이브 타프리와 나눈 대화를 통해 나는 이 책을 그만 쓰려고 내려놓은 펜을 다시 잡을 수 있었다.

스티브 파라는 최초로 이 제목으로 책을 쓰도록 용기를 북돋아주었으며, 퀘스타 출판사와 계약을 체결하도록 나와 출판사와의 중요한 연락을 도맡아주었다.

도날드 제이콥슨, 스테판 바크리프트, 댄 리치, 미셸 테네슨 등 퀘스타 출판사의 모든 분들이 다 함께 기꺼이 이 일에 동참해주었다.

덕 데일리는 내 삶을 완전히 변화시켜버린 DISC 모델을 소개해주었다.

친구이자 동료인 로버트 로옴 박사는 수년 동안 조언을 아끼지 않았다. 일찍부터 우리는 DISC 모델의 기본 형태와 프리젠테이션에 대해 공동 연구를 진행해왔다. 로옴 박사는 DISC 이론에 대한 권위자일뿐만 아니라 다른 사람들이 이해하기 쉽고 복합적으로 알 수 있도록 구조화시키는 독특한 능력이 있다. 그가 해준 이야기와 해설은 이 책에 생명을 불어넣어주었다.

이와 같은 분들의 도움과 깊은 이해에도 불구하고 데이브 베히의 도움이 없었다면 이 책은 세상에 나오지 못했을 것이다. 데이브는 기술과 독창성, 전문 지식을 가지고 바로 옆에서 내 생각과 두서없는 글을 갈고, 걸러내고, 정제해서 모양을 갖추게 해주었다. 그는 마감 시간을 정해놓고서 피로한 기색도 보이지 않고 열심히 일했다. 그가 없었다면 나는 아무 일도 할 수 없었을 것이다.

이 책 곳곳에서 인용한 대부분의 예들은 우리 가족의 경험뿐만 아니라 상당수는 기꺼이 자신들의 경험을 공유키로 한 다른 사람들에게서 나온 것들이며, 그들은 자신들의 실명을 밝히지 말 것을 부탁했다.

Part 1

우리의 자녀, 어떻게 양육할 것인가

자녀의 개인적인 성향을 이해하는 것은 공해가 될 수도 있는 잘못된 부모의 역할을 극복하는 데 도전이 된다. 당신은 하나님께서 어떻게 당신을 디자인하셨는지를 배워야 한다. 당신은 누구이고 자신에 대해 어떻게 느끼는지 아는 것은 자녀와 상호 교류를 하는 데 중요한 역할을 한다. 당신의 스타일이 어떻게 자녀의 스타일을 일그러지게 하거나 아니면 보완하는가를 깨달아야 할 필요가 있다.

부모라는 이름의 공해
Parent·Pollution

왜 우리 어머니는 있는 그대로의 나를 받아들일 수 없었을까? 어머니와 함께 있으면 어머니는 내가 자신처럼 바느질도 못하고, 요리도 못하며, 자신이 그러신 것처럼 산뜻하고 청결하게 집안을 가꾸지 못한다고 꾸중하셨다. 어머니는 내 생활 태도를 비난하셨으며, 쓸데없는 일을 한다고 책망하셨다.

"어머니는 항상 나를 내가 아닌 다른 사람으로 만들려고 하셨지요. 함께 있을 때마다 끊임없이 잔소리를 하셨어요."

얼마나 자주 나는 이런 이야기를 들었는가? 또한 무엇이 자기 아이들을 특별하고 남과 다르게 만드는지를 올바로 이해하지 못하는 부모들을 어떻게 대해야 할지 도움을 받으려고 멍청하게 내 사무실에 앉아 있는 아이들을 얼마나 많이 보았는가? 내가 발견한 놀라운 사실은 이런 '아이들'이 30, 40대로 성장해서도 그들이 어렸을 때 해결하지 못했던 그런 자녀 양육의 기본적인 문제에 똑같이 직면한다는 것이다.

이 이야기는 레베카에게서 들은 것이다. 그녀의 분노는 마음의 상처로 남아 커다란 눈은 눈물로 가득 차버렸다. 그녀는 휴지를 꺼내들고 흐느껴 울었다. 가장 최근에 있었던 자기 어머니와의 갈등은 그녀가 내게 오기 바로 한 시간 전에 일어났다.

시민 자원 봉사 단체에서 일할 수 있는 기회를 얻은 레베카는 그 소식을 어머니에게 알리기 위해 기쁜 마음으로 전화를 걸었다. 자신이 받은 인정서와 봉사 활동 내용을 설명하자, 그녀의 어머니는 말을 가로채면서 이렇게 말했다. "난 그런 사회 단체나 봉사 활동에는 관심 없다. 많은 사람들의 시선이나 끄는 곳에 다니는 것보다 좀더 건설적인 일을 하는 데 시간을 보내는 게 좋지 않겠니? 그런 일을 하는 사람들은 자기가 다른 사람들보다 더 잘났다고 자만하게 된단다."

레베카는 빈민 지역 어린이들을 위해 봉사할 수 있는 것을 자신이 얼마나 명예롭게 생각하는지 말조차 꺼내지 못했다. 그녀가 들은 것은 단지 비난뿐이었다.

"그 날은 제 인생에 있어서 가장 중요한 날 중의 하나였습니다. 그러나 어머니는 '네가 정말 자랑스럽구나' 아니 '축하한다' 라는 말조차도 하시지 않았어요."

레베카는 늘 친구들을 쉽게 사귀고 사람들과 함께 지내는 것을 좋아하던 외향적인 아이였다. 그녀는 자신이 마음먹은 과제에 대해서 열정적이었으며, 가끔 다른 사람들에게 자신과 함께 일할 것을 설득하기도 했다. 그녀는 때로 싫은 자기 감정을 숨기지 못하는 타입이었지만, 그런 특성은 오히려 친구들에게 사랑을 받았으며, 늘 친구들을 몰고다녔다.

그녀의 어머니는 그녀와 아주 달랐다. 그녀는 사람들이 많이 모이는 모임을 불편해하는 조용하고 조심성이 있는 여성이었다. 그녀는 조용하게 이야기를 나누고, 바느질을 하며, 좋은 책 읽기를 즐겼다. 그녀는 집을 먼지 하나 없이 깨끗하게 가꾸었으며, 물건들이 제자리에 있지 않으면 불편해했다.

레베카는 자라면서 자신이 어머니의 기대에 맞게 자기 방을 깨끗이 치우지 못해서 끊임없이 갈등했다. "토요일이면 오랫동안 먼지 하나 없을 때까지 열심히 가구를 닦고 또 닦았지요. 그래도 저는 어머니를 결코 기쁘게 해드릴 수가 없었습니다."

레베카는 자신이 사는 작은 마을에서 언제나 다른 사람들의 주목을 받고 싶어했다. 그럴 때마다 어머니는 자만하지 않게 하려고 그녀를 꾸짖었다. 언젠가 레베카가 학교에서 연극을 공연했을 때 어머니는 그녀가 박수갈채에 우쭐해한다면 못된 자만심이 자라게 될 것이라고 경계시키기도 했다. 또 레베카가 응원단을 조직했을 때 어머니는 "이런 분별없는 아이같으니라구. 도대체 왜 그런 일을 하려는지 이해할 수가 없구나"라고 했다.

레베카는 자신이 어머니의 '해라' '하지 마라'는 말대로 해야 하는 죄인처럼 느껴졌다. 그녀는 결혼해서 두 아이의 어머니가 되었으며, 35살이나 된 지금도 어머니로부터 여전히 자유롭지 못하다. 그녀는 자신을 인정해줄 것 같지 않은 어머니로부터 인정받기를 마음속 깊이 갈망하기 때문에 다른 사람들이 자신을 인정해줄 때도 즐겁게 받아들이지 못한다.

레베카는 10살짜리 딸 로리가 자기 할머니와 아주 좋은 관계를 갖는 데 놀라움을 금치 못했다. 어머니와 로리는 사이가 좋았다. 그 아이는 자기 방에 앉아서 책을 읽거나 인형을 가지고 노는 것을 좋아한다.

"하지만 나는 그 아이를 밖으로 내보내서 친구들을 사귀고, 사람들을 만나 인생을 즐기게 하기로 결심했습니다."

이 얼마나 역설적인 이야기인가? 레베카는 자신을 그토록 괴롭혔던 행동을 자기 딸에게 되풀이하고 있다는 사실을 깨닫지 못하고 있다. 똑같은 문제로 또 한 세대가 지나가버렸다.

자녀의 모습 그대로를 인정하라

레베카는 내가 '부모 공해'라 부르는 오래 된 문제로 씨름하고 있다. 우리 모두는 어느 정도 그런 문제를 부모로부터 물려받았다. 또 우리는 같은 문제를 우리 아이들에게 물려줄 것이다.

부모 공해란 무엇인가? 당신은 자녀가 가야 하고, 되어야 하고… 등등, 당신이 원하고 생각하는 대로 자녀들을 기르는가? 아니면 자녀들이 원하고, 되려 하고, 가려는 대로 기르는가? 이 얼마나 순진한 질문인가? 부모가 원하는 것이 자녀들에게 가장 좋은 것인가? 우리는 자녀들이 자신감 있고, 유능하며, 능력 있다고 느끼기를 원한다. 우리는 아이들이 사랑과 보살핌을 받고, 자신이 소중하다는 것을 알게 되기를 바란다. 우리는 고의적으로 아이들을 좌절시키거나 마음이 비뚤어지도록 만들지 않는다.

그렇지만 우리는 너무 자주 아이들이 우리가 만든 각본에 따라 사는 것이 '최선의 삶'이라고 생각한다. 우리는 부지중에 자녀들을 우리 자신과 똑같은 복제품으로 만들려 한다.

문제는 자신의 성격이나 행동을 좋아하지 않는 부모에게 더 많이 나타난다. 그런 부모들은 자신이 겪은 실패를 자녀들이 똑같이 경험하기를 원치 않는다. 그래서 자녀가 자기처럼 행동하면 그렇게 못하게 만든다.

이런 경우 우리는 하나님께서 자녀에게 주신 모습을 실제로는 왜곡하는 것이다. 자녀들이 자긍심이 낮고 자신감이 부족한 것은 하나님께서 자녀들에게 주신 천성적인 모습 그대로를 수용하지 못하는 부모들 때문이다. 성경 잠언에 자주 인용되는 다음 구절은 효과적인 자녀 양육의 기본이 된다.

> 마땅히 행할 길을 아이에게 가르치라. 그리하면 늙어도 그것을 떠나지 아니하리라(잠 22:6).

많은 기독교인들은 이 성경 구절을 단지 자녀들을 학교와 교회에 보내고, 약물에 손대지 못하게 하며, 문제를 일으키지 않게 하는 것으로 여긴다. 자녀들이 그렇게 엄격하고 정해진 상황에 잠시 머물 수는 있겠지만, 시간이 지나면 점차 자기 스타일의 삶으로 되돌아갈 것이다.

이 해석에 대한 나의 문제 의식은 모든 아이들이 자기 자신을 선택할 능력이 있다는 것이다. 이것은 아이들의 개인적 의지를 설명하는 것이 아니다. 나는 좋은 기독교 가정에서 자란 많은 아이들이 거친 세상으로 뛰쳐나가는 것을 보아왔다. 그리고 그들 가운데 일부는 영적 뿌리인 하나님께 결코 다시는 돌아오지 않는다.

잠언 22장 6절을 올바르게 해석하면 그 의미는 아주 달라진다. '마땅히 행할 길(the way he should go)'은 모든 사람들이 따라야 할 정해진 길을 의미하지 않는다. 히브리 말에 이 구절은 '자신의 방법(길)을 따라(according to his way)'라는 의미다. 히브리 말의 '방법(길)'이란 문자적으로는 '마음을 기울인, 독특한 내적 설계나 방향이 정해진'이라는 의미다. 그러므로 이 구절에 대한 정확한 해석은 이럴 것이다.

> 자녀의 타고난 천성을 유지하면서 자녀를 훈련시키라. 그리하면 자녀가 성숙하여도 자기 삶의 양식으로부터 벗어나지 않을 것이다.

이 구절은 모든 부모들에게 자녀의 천성대로 양육할 것을 가르치고 있다.

형상 기억 합금

최근에 나는 '2000년 이후'라는 TV 프로그램을 보면서 새로운 형태의 금속에 대해서 배웠다. '형상 기억 합금(Shape Memory Alloy)'에 의하면 어떤 모습이 기억되도록 프로그래밍될 수 있다. 만약 털실의 모습이 약간 일그러지면(예를 들어, 당신이 손으로 누르거나 모양을 일부러 비틀어놓으면) 그것을 뜨거운 물에 통과시킴으로 털실을 쉽게 원상 회복시킬 수 있다. 자동차의 일부가 찌그러졌을 때 정비소에서 그 부분을 펴면 새 차처럼 매끈하게 고쳐지는 것을 상상해보라.

부모로서 우리는 자녀들의 타고난 스타일을 발견하고 하나님께서 그 아이에게 설계해주신 타고난 개성에 따라 양육하기 위해 주의를 기울여야 한다. 아이들은 갈등을 겪을 때, 자신의 모습이 영구적으로 변화되기보다는 원래의 자기 모습으로 돌아가는 경향이 있다.

자녀들을 기질에 따라 훈련시키는 것은 말처럼 쉽지 않다. 우리는 자신과 비슷한 사람과 함께 하는 것이 편안하다. 당신과 친한 친구들을 생각해보라. 주변에 다양한 개성을 가진 사람들을 많이 알고 있지만 더 즐겁게 자주 만나는 사람들에게는 비슷한 어떤 성향이 있다. 대부분 사람들은 자신과 같은 성향을 좋아한다.

내가 조사한 회사들은 그 회사의 상사나 사장의 성향을 많이 나타냈다. 만약, 상사가 결단력 있고 공격적이라면 그는 자연스럽게 그러한 특성을 리더십의 필수 요소로 본다. 그런 상사는 일할 때 조심스럽거나 느긋하며 사람 중심적인 직원을 느리고 비효과적으로 본다.

회사의 최고 위치에 있는 사람들은 부하 직원들에게 지시적인 행동 경향이 있다. 때로는 그렇지만 반드시 그렇지는 않다. 그들은 다른 상황에서는 다른 리더십 스타일이 요구되어진다는 것을 알기 때문이다.

어린아이들도 마찬가지다. 하나님은 많은 부모들에게 끊임없이 잘못된 모습으로 빗나가려는 기질을 가진 것처럼 보이는 자녀들을 주셨다. 자녀의 독특한 개성이 부모를 만족시키지 못했을 때, 부모는 자녀의 개성과 차이점을 인정하지 않고 자신이 가치 있다고 생각하는 모습으로 바꾸려 한다.

만약 자녀와 의미 있는 관계를 맺기 원한다면 당신은 하나님께서 설계하신 자녀가 누구인지 이해해야 한다. 자녀가 어떤 사람이 되기를 바라는 마음을 잠깐 접어두고 자녀가 진정 누구인지 아는 데 시간을 써야 한다.

이 말을 오해하지 말라. 나는 아이들을 스스로 책임지고 자기 방식대로 살도록 방임하라는 것이 아니다. 자녀는 부모의 훈육과 보호가 필요하다. 아이들은 어떻게 살아야 하고 어떤 행동을 하면 안 되는지를 배워야 한다. 부모는 자녀의 성품이 계발되도록 도와주어야 한다.

이 목적을 달성하려면 자녀의 개인적 욕구를 충족시켜주기 위해 우리의 자녀 양육 방식을 어떻게 바꾸어야 하는지 이해하는 것이 중요하다. 우리가 해야 할 일은 자녀들이 자신의 모습대로 자라게 하는 것이다. 자녀들의 자연스런 기질이 계발되도록 격려하고 그런 가정 환경을 제공하는 것이다.

사과나무 비유

당신에게 두 아이가 있다고 상상해보라. 하나님께서 두 개의 다른 씨앗을 당신의 손에 주셨다. 하나님은 당신에게 이 씨앗이 무슨 식물이며 어떻게 자랄 것이라고 말해주지 않으셨다. 단지 그 씨를 잘 심고 건강하게 자라도록 보살펴 과실을 맺게 하라고 말하신다.

당신이 기본적인 흙과 물, 빛을 제공하자 씨에서 싹이 났다. 두 개의 어린 녹색 떡잎이 자란다. 그 식물은 무럭무럭 잘 자란다. 꽃이 피고 첫 열매가 달렸다. 당신은 그 식물이 사과나무와 오렌지 나무인 것을 알았다.

당신은 이 두 과일 나무를 다르게 재배해야 한다. 사과나무와 오렌지 나무는 서로 다른 양의 물과 비료를 원한다. 당신은 두 나무를 다르게 돌보아야 한다. 사과나무는 오렌지 나무와 다르기 때문이다.

이것이 자녀 양육에 대한 비유다. 하나님께서 당신에게 자녀를 주셨을 때 그것은 바로 사과나 오렌지를 주신 것이다. 때로는 배나 복숭아를 주신다. 당신은 모든 자녀에게 똑같이 기본적인 것을 준다. 사랑, 확신, 의미 있는 스킨십, 소속감, 중요하다고 느끼게 해주는 것 등. 그러나 자녀가 성장해가면서 당신은 무엇이 자녀를 독특하게 하고 특별하게 만드는지 알게 된다. 그 때 당신은 자녀의 자연스런 기질에 따라 자녀 양육 스타일을 조정해야 한다.

자녀의 개인적인 성향을 이해하는 것은 공해가 될 수도 있는 잘못된 부모의 역할을 극복하는 데 도전이 된다. 당신은 하나님께서 어떻게 당신을 디자인하셨는지를 배워야 한다. 당신은 누구이고 자신에 대해 어떻게 느끼는지 아는 것은 자녀와 상호 교류를 하는 데 중요한 역할을 한다. 당신의 스타일이 어떻게 자녀의 스타일을 일그러지게 하거나 아니면 보완하는가를 깨달아야 할 필요가 있다.

다음 장에서는 하나님이 우리와 자녀를 어떻게 디자인하셨는지 살펴보려 한다.

- 우리의 타고난 기질과 그것이 자녀 양육에 미치는 영향을 이해하기
- 하나님께서 디자인하신 자녀의 모습을 발견하기
- 우리의 스타일과 자녀의 스타일을 비교하기
- 자녀의 욕구에 맞추도록 양육 스타일을 조정하기
- 자녀와 효과적으로 의사 소통하기
- 갈등의 원인을 파악하고 해결 방안을 찾기
- 협력하며 격려하는 가정 분위기를 만들기

우리는 자녀의 욕구를 충족시키기 위해 양육 스타일을 조정할 수 있다. 그것 때문에 심리학을 이해할 필요까지는 없다.

이 책은 영구적으로 자녀를 이해할 수 있는 방법을 제공한다. 또한 자녀를 관찰해서 얻은 차이점을 중요하게 생각하고 그 차이점을 설명할 수 있는 언어를 제공한다. 우리는 자녀 개인의 기질에 따라 다른 방법으로 자녀를 다루는 기술을 배울 것이다.

그 결과 우리의 자녀는 스스로를 가치 있는 사람으로 느끼게 될 것이다. 아이들은 부모가 원하는 모습이 아닌 자신의 있는 모습 그대로를 인정받고 이해받으며 존중받는다고 느낄 것이다. 그러면 아이들의 건강한 자존감은 높아지고 자신의 삶에서 다른 스타일의 사람들을 더 포용할 수 있는 사람이 될 것이다.

이 책이 자녀 양육에 관한 모든 문제에 해답을 주지는 못한다. 부모가 적용해야 할 자녀 양육에 관한 원칙들은 많다. 그러나 나는 잠언 22장 6절이 출발점이 된다고 믿는다. 자녀를 알지 못하면 자녀를 이해할 수 없다. 자녀를 이해하지 못하면 자녀와 사랑을 나눌 수 없다.

우리는 어쩌면 레베카와 같은 어른들을 많이 만나보았을 수 있다. 그녀의 이야기는 우리가 부모와 겪었던 경험을 그대로 보여주었을 수도 있다. 우리가 자녀의 모습을 있는 그대로 받아들임으로써 부모 공해를 줄일 수 있다는 것은 복음이다. 그렇게 할 때 우리는 자녀들이 하나님께서 의도하신 사람이 되도록 자유를 주는 것이다.

인정받고 싶어하는 아이들
The Epitaph of the Unaccepted

 목사로서 나의 중요한 책임 가운데 하나는 맥도날드 햄버거 가게에서의 '조찬 예배'다. 여러 해 동안 나는 어떤 프로젝트와 관련해 일해왔기 때문에 아침에 성도들을 자주 만난다. 그들은 자주 나에게 묻는다. "하시는 일은 잘되고 있습니까?"

에이미라는 고등학교 선생님도 조찬 모임에서 만난 친구다. 최근에 그녀에게 나의 최초의 프로젝트인 이 책에 관해 말했을 때 그녀는 "목사님께서 읽어야 할 것이 있어요!"라고 했다. 다음 만남에서 그녀는 자신의 학생들이 쓴 한 무더기의 작문 과제물을 건네주었다. 그날 읽은 것 가운데 극적인 몇 가지가 있었다. 부모 공해는 아주 어려서 시작되고 우리 아이들에게 파괴적인 영향을 준다.

에이미는 학생들에게 두 가지 과제를 주었다. 첫번째 과제는 '시'

를 쓰는 것이었다. 몇 명은 부모를 즐겁게 해주려고 노력하는 시를 썼다. 한 가지 예가 있다.

부모님을 즐겁게 하려면…

정말이지 나는 엄마와 아빠를 행복하게 해드리고 싶다.
그러나 노력하고 또 노력해도 항상 실패한다.
나는 느리게 일하고 또 잘하지 못한다.
그래서 "저를 이해해주세요"라고 부탁한다.
내가 할 수 있는 것은 무엇일까?
때로는 포기하고 싶은 심정이다.
나는 부모님과 대화해야 한다는 것을 안다.
말은 쉽지만 철벽에 가로막혔다.
나는 그것을 극복해야 한다.

더 고통을 당하는 학생의 글은 두번째 과제인 '자신의 묘비'에 있었다. 몇몇 아이들의 글에서 부모에게 이해받기를 갈망하는 그들의 절망감을 볼 수 있었다. '쾌활하고 천사 같은 아이'인데 속마음은 절망의 소용돌이에 휩싸인 것처럼 보인다는 한 소녀의 글을 에이미가 보여주었다.

옛날에 한 소녀가 있었다.
그녀의 이름은 사라였다.
외모는 아주 완전한 것처럼 보인다.
그러나 속마음은 난장판이다.
사라는 네 자매 가운데 맏이어서 압력을 많이 받았다.

그녀는 더 이상 어떻게 살아야 할지 모른다.
학교 성적은 점점 더 떨어지고 그녀의 행동은 더 나빠졌다.
사라는 친구들과 가출했다.
그리고 집에 돌아오지 않았다.
1992년 7월 2일 그녀의 시신이 강물 위에서 발견되었다.

또 다른 시에는 '인정받지 못하는 자녀의 묘비'라는 제목이 있었다. 그것은 아주 창조적이고 초현실적이었다. 이 아이는 자신을 가치 있고 사랑받는 아이라고 말해달라며 울고 있다.

인정받지 못하는 자녀의 묘비

태어났을 때 내가 제일 원했던 것은 사는 것이었다.
그러나 나를 수용하려 하지 않는 사회의 현실은 내 마음을 황무지로 만들었다.
명목상으로는 유익한 사회적 의식들이 왜 나의 무의식을 구속하는지 모르겠다.
그들이 받아들이기엔 나의 마음이 너무 복잡하고 다양한가보다.
벌칙이란 것은 영원한 편리함을 방해하는 전통적인 사고에 의하여 정해졌다.
삶이란 엉킨 실타래다. 너무 엉켜버린 실은 원래의 타고난 개성을 구속하고 감정을 억제한다.
끝으로 이렇게 묻고 싶다.
이것이 삶입니까? 아니면 죽음입니까?

자녀의 독특한 개성을 계발하라

무엇이 아이들을 이렇게 느끼게 하는가? 무엇이 아이들에게 부모를 기쁘게 하는 것이 철벽을 관통하는 것처럼 어렵다고 결론 내리게 했는가? 자녀들이 이런 시를 쓰기 원하는 부모는 없을 것이다. 그러나 많은 부모들이 자녀들에게 절망감을 느끼게 했다.

자녀들은 성장하면서 자신이 무엇을 좋아하고 싫어하는지, 무엇을 할 수 있고 할 수 없는지에 대해 배운다. 만약 자녀의 고유한 자아 정체성이 잘 발육되고, 자신의 모습이 그대로 부모에게 수용되면 건강한 자존감을 갖게 되고 자신감과 능력을 계발할 수 있다. 그러나 부모가 자녀에게 무엇이 되라고 지나치게 압력을 주면 자신에 대한 확신이 흔들리고 자신은 부족한 사람, 부적절한 사람이라고 느끼며 자라게 된다.

중요한 것은 부모가 자녀의 고유한 개성을 발견하고 계발해주는 것이다. 자녀의 자기 계발을 위해 부모는 그들의 개성을 가치 있게 여겨야 한다. 이것은 자녀들이 가야 할 방향으로 양육하라는 자녀 양육의 기본으로 돌아가게 한다.

작가인 엘리자벳 오코너(Elizabeth O' Conner)는 다음과 같이 썼다.

> 모든 아이들의 삶은 그가 가야 할 길에 대해 힌트와 이정표를 제시한다. 이 힌트와 이정표를 어떻게 조정하는지를 아는 부모는 자녀를 위해 신중하게 생각한다. 무의식적으로 그들의 가는 길을 막지 말고 그들이 목적하는 바를 성취할 수 있도록 도와주어야 한다. 이렇게 하기는 쉽지 않다. 아이들에게 무엇을 해야 한다거나, 무엇이 되어야 한다라고 말하는 대신에 그들 안에 내재된 지혜 앞에 부모는 겸손해져야 한다. 부모의 믿음이 아닌 자녀의 믿음을 발견하는 것이 필요하다.[1]

두려움과 경이로움

성경은 각 개인의 독특함과 관련해서 매우 고무적인 표현들을 많이 사용하고 있다. 내가 좋아하는 성경 구절은 시편 139편 13-16절이다. 이 구절은 각 사람을 특별하고도 다양하게 만드시는 하나님의 인격적인 손길을 구체적으로 보여준다.

> 주는 내 몸의 모든 기관을 만드시고
> 어머니의 태에서 나를 베 짜듯이 지으셨습니다.
> 내가 이처럼 놀랍고 신기하게 만들어졌으니
> 주를 찬양합니다.
> 주의 솜씨가 얼마나 훌륭한지 나는 잘 알고 있습니다.
> 내가 보이지 않는 어머니 태에서 만들어지고 있을 그 때에도
> 주는 내 형체를 보고 계셨습니다.
> 주는 태어나기도 전에 나를 보셨으며
> 나를 위해 작정된 날이 하루도 시작되기 전에
> 그 모든 날이 주의 책에 기록되었습니다(현대인의 성경).

구약 성경은 히브리 말로 기록되어 있다. '베를 짜듯이'와 '어머니 태에서 지었다'라는 말은 벽걸이 양탄자처럼 수놓은 다양한 색깔이나 복잡한 무늬를 뜻한다. '베를 짜듯이'란 말은 아내와 내가 현관 입구에 걸어놓을 작은 양탄자 벽걸이를 샀을 때 새로운 의미로 다가왔다. 우리는 상점 판매원과 대화하면서 양탄자가 어떻게 만들어지는지를 알고 감탄했다.

같은 모양과 색깔의 가늘고 긴 씨줄의 실이 수직으로 베틀에 고정된다. 그런 후 염색된 한 줄의 실이 날줄이 되어 수직의 씨줄 사이로 한쪽 끝에서 반대쪽 끝으로 손으로 보내진다. 그 줄이 당겨지고 눌린

다음 다시 반대쪽으로 실이 손으로 보내지는 일이 반복되면서 양탄자는 짜여진다.

예쁜 디자인을 만들기 위해 다른 색상의 실들이 정교하게 위치를 잡아야 한다. 품질이 좋은 양탄자는 사방 1인치(2.5cm) 안에 약 500개의 매듭이 교차된다. 가로 2.4m 세로 3.6m인 양탄자는 약 300만 개의 매듭이 교차된다. 얼마나 많은 씨줄과 날줄이 교차되어 짜여졌는지에 따라 양탄자의 크기가 결정된다. 정교하게 완성하기 위해 2년이나 걸리는 것도 있다고 한다. 판매원의 말에 의하면 가장 좋은 양탄자를 만드는 것은 전문 직조공의 개성과 그가 마음에서 어떻게 디자인하느냐에 달려 있다고 한다.

시편 139편이 생각났다. 우리들 각자는 독특한 무늬와 색깔, 복잡한 패턴으로 짜여진 존재다. 60억 인구가 지구상에 살지만 똑같은 사람은 하나도 없다. 우리와 우리의 자녀는 하나님의 형상을 닮았다. 우리가 어머니 태 속에 있는 동안 하나님께서 베 짜는 일을 하셨다. 이 말은 하나님께서 우리가 태어나기 전부터 우리에게 설정해놓으신 큰 가치가 있음을 알려준다. 우리의 삶은 양탄자를 만드는 주인인 하나님의 손에 의해 결정되었다.

더 나아가 시편 기자는 하나님의 '틀'과 '뼈'에 관해서도 말한다. 이 성경 구절을 더 잘 이해하려고 주석과 사전을 세심히 보던 중 유명한 주석가 류폴드 박사(Dr. H.C. Leupold)는 그 언어의 실제 의미가 '강점'이라고 주장하고 있음을 알았다. 저자는 그 단어의 의미를 '잠재력' 또는 '소질'로 번역했다. 그는 "창조주는 자신이 가진 모든 것을 인간에게 주셨고, 그 주신 것을 가지고 수행하는 인간의 잠재력을 아셨다"[2]라고 썼다.

하나님께서 우리를 만드셨을 때 우리 안에 자연스런 강점과 능력을 넣어주셨다. 하나님께서 그것들을 넣어 우리 속사람을 창조하셨다. 그리고 그러한 '잠재력'과 '소질'은 당신만이 가지고 있는 독특한 디자인의 일부다. 그것들은 하나님을 위한 사역을 성취하는 데 사용하라고 우리에게 주신 것이다.

기술과 이해로 채우심

출애굽기 35장에는 모세와 이스라엘 백성이 하나님의 존재를 계속 기억하기 위하여 어떻게 성막을 만들었는지에 대한 내용이 기록되어 있다. 하나님께서는 성막을 짓는 데 필요한 기술을 다양한 사람들에게 어떻게 주셨는지 설명하셨다.

> 재주 있는 여자들은 모두 손수 실을 자아서, 그 자은 청색 실과 자주색 실과 홍색 실과 가는 모시 실을 가져 왔다. 타고난 재주가 있는 여자들은 모두 염소 털로 실을 자았다(25-26절, 표준 새번역).

> 모세가 이스라엘 자손에게 말하였다. "주께서 유다 지파 사람, 훌의 손자이며 우리의 아들인 브살렐을 지명하여 부르셔서, 그에게 하나님의 영을 가득하게 하시고, 지혜와 총명과 지식과 온갖 기술을 갖추게 하셨다. 그래서 그는 여러 가지를 생각해 내어, 그 생각해 낸 것을 금과 은과 놋으로 만들고, 온갖 기술을 발휘하여, 보석을 깎아 물리는 일과, 나무를 조각하는 일을 하게 하셨다. 또한 주께서는 그와 단 지파 사람 아히사막의 아들 오홀리압에게는, 남을 가르치는 능력도 주셨다. 주께서는 그들에게 기술을 넘치도록 주시어, 온갖 조각하는 일과 도안하는 일을 할 수 있게 하시고, 청색 실과 자주색 실과 홍색 실과 가는 모시 실로 수를 놓아 짜는 일과 같은 모든 일을 할 수 있게 하시고, 여러 가지를 고안하게 하셨다(31-35절, 표준 새번역).

하나님께서는 다양한 남자와 여자들이 다양한 과제를 수행하도록 재능과 기술 그리고 이해력을 주셨다. 그들은 성막 만드는 일에 열정을 가졌다. 하나님께서 우리를 만드셨을 때 강점, 소질, 잠재력, 열정, 욕구, 동기 등을 주셨다. 하나님은 우리를 특정한 사람으로 설계하셨기 때문에 우리는 자기 기질대로 행동하면 충만감을 느끼고 그렇지 않게 행동하면 좌절감을 느낀다. 하나님께서는 우리의 자녀들도 똑같은 방식으로 설계하셨다.

우리의 행동 경향

하나님이 설계하신 대로 자녀를 양육하기 위해 우리는 자신과 자녀가 어떻게 디자인되었는지 알아야 한다. 하나님께서 우리를 어떻게 설계하셨는지를 아는 중요한 지표 가운데 하나는 우리가 사물을 어떻게 인식하는지 또 어떻게 행동하며 일하는지를 보는 것이다.

우리의 행동 경향은 변하지 않고 일관성이 있으며 자신의 행동을 통제하기 때문에 살아가는 데 중요한 역할을 한다. 우리는 되는 대로 만들어진 것이 아니라 구체적인 재능과 능력을 부여받았다.[3] 우리의 전체적인 개성은 부모님, 선생님들과 살아오면서 겪은 여러 좋은 일, 궂은 일을 통해 영향을 받았지만 타고난 행동 경향은 그대로 우리 안에 내재되어 있다. 우리의 행동 경향은 영속성이 있다.

- 톰은 10살 때 소년단의 우수 대원이었으며, 17세 때는 독수리 스카우트 대원이 되었다. 대학에서는 기계공학을 전공했다. 24세에 대기업에 최고 연봉을 받고 취직했다. 37세에 그는 자기 분야에서 최고가 되었다.
- 찰리는 10살 때 시계와 라디오가 어떻게 작동하는지를 알기 위해

분해하며 놀았다. 대학에 가서는 양의 뇌를 해부하는 등 화학 실험실에서 계속 공부했다. 지금은 42세로 미 동부에 있는 큰 제약회사의 문제 해결 컨설턴트로 일한다.

- 캐더린은 자기 주변의 모든 것을 좋아하며 자랐다. 자기 옷장을 잘 정리하고 가구를 재배치하면서 시간을 보냈다. 고등학교 시절에는 자원 봉사 활동으로 지역 병원에서 사탕을 긴 줄에 엮는 일을 하기도 했다. 대학에서는 사회 복지를 전공했다. 현재는 29세로 도심지 어려운 아이들을 위해 일한다. 상담 실습 훈련을 받기 위해 사람들이 필요로하는 것들을 열심히 물어보고 듣는다. 상담 실습을 하면서 가끔 눈물을 흘리는 등 감정을 억제하는 데 어려움이 있다고 고백한다.

위의 사례들에서 개인의 행동 경향은 나이와 상황에 관계없이 그대로 유지되는 것을 볼 수 있다. 물론 우리가 주님과 동행할 때 영적으로나 감정적으로 더 성숙하게 된다. 하나님은 우리의 성품이 예수님을 닮기 원하신다. 그러나 하나님께서 우리에게 주신 행동 경향은 도토리나무의 본성보다 더 변하기가 어렵다. 도토리나무는 어떤 계절은 녹색의 잎을 갖고 가을에는 오랜지색을 띠기도 한다. 또 겨울에는 잎이 하나도 없기도 하지만 그래도 본성은 도토리나무다.

우리도 때로는 달라 보이기도 하지만 기본 행동 경향은 변하지 않는다. 우리의 스타일이 변하지 않는다는 사실은 우리가 한 가지 방식만을 고집한다는 뜻은 아니다. 우리는 자신만의 행동 경향이 있고 그 행동 경향은 일관성이 있다는 뜻이다.

이런 말을 들어보았을 것이다. "그 사람은 늘 그렇게 행동해!" 꼭 그 애같지 않니?" 우리는 사람들을 대하고 상황에 반응할 때 자신의 성격적 요소를 반영하는 행동을 한다. 가령 교통 신호등이 녹색에서 노란색으로 바뀌었을 때 어떻게 반응하는가? 빨간불이 들어오기 직전에 신호등을 통과하기 위해 급하게 페달을 밟아 과속을 하는 경향이 있는가? 아니면 브레이크를 밟아 조심스럽게 정지선 안에 서는가? 누구나 노란불을 받을 확률은 같다. 우리는 일을 항상 똑같은 방식으로 하지는 않지만 자주 하는 편한 행동 경향이 있다.

한 가지 실험을 해보자. 이 책을 내려놓고 양팔을 넓게 벌렸다가 서로 교차하여 안아보라. 다시 양팔을 벌렸다가 교차하여 안아보라. 만약 왼팔을 가슴 위에 올려놓고 그 위에 오른팔을 올려놓았다면 이번에는 팔을 벌렸다가 반대로 포개보라. 오른팔을 먼저 가슴 위에 올려놓고 그 위에 왼팔을 포개보라. 어떤 동작이 더 편한가?

같은 이치로 편안하기 때문에 우리는 비슷한 상황에서 같은 행동을 계속 반복하는 경향이 있다. 우리의 스타일은 행동에 영향을 준다. 만약 우리가 도전을 좋아하는 사람이라면 우리는 사람들을 리드하고 싶어할 것이다. 만약 팀원으로서의 동기를 부여받았다면 우리는 함께 일할 동료를 찾을 것이다. 만약 실수를 두려워한다면 우리는 일을 정확하게 하려고 조심할 것이다.

랄프 맷슨과 아더 밀러(Ralph Mattson, Arthur Miller)는 '당신이 사랑할 수 있는 일거리 찾기(Finding a Job You Can Love)'라는 책에서 똑같은 개념에 대해 다음과 같이 말한다. "당신과 당신의 행동 유형은 하나다. 당신은 일, 사람, 교회와 교리, 정치 등 당신 삶에 중요한 모든 것들을 구할 때 당신만의 동기 유발 패턴을 따르는데, 이를 달리 말하면 당신만의 이해 및 행동 방식이라 하겠다."[4]

성격과 행동 유형은 같은 것은 아니지만 관련은 있다. 성격은 우리의 타고난 기질과 삶의 경험으로 형성된다. 성격은 유전자적 속성, 욕구, 필요, 가치, 지능, 부모의 자녀 양육, 교육적 배경 등으로 형성된다. 우리가 반응하는 것은 과거의 경험, 문화적 배경, 사회적 규범, 종교적 믿음, 좋아하고 싫어하는 것, 강점, 약점에 의해 영향을 받는다. 성격은 우리가 누구인지를 형성하는 모든 요소의 복합체이다.

행동 경향은 우리가 누구인지를 겉으로 보여주는 것이고 상황과 내용에 따라 바뀔 수 있다. 예를 들면 우리는 집에서 보이는 행동을 직장에서 보이지 않을 수 있다. 우리의 자녀 양육 스타일이 일할 때와 사회 생활을 할 때 다를 수 있다. 칼슨 러닝사의 회장인 탐 리치(Tom Richey)는 "행동 경향은 당신 자신은 아니지만 당신이 누구이며 무엇을 하는가는 말해준다"고 했다. 이 구별된 정의는 앞으로 자녀 양육 유형을 명확하게 이해하는 데 중요하다.

도예공과 진흙 정신

무엇이 우리와 자녀의 개성을 만드는가에 대해 배우는 것은 우리를 압박하는 스트레스를 해소하는 데 아주 중요하다.

짐과 섀넌의 이야기를 보자. 아들 조셉이 아기였을 때 짐은 아들의 장래에 대해 꿈을 꾸었다. "이 녀석은 올림픽 챔피언이 되거나… 프로 야구선수가 될 수 있을 거야." 섀넌의 꿈은 더 크고 달랐다. "아마 노벨상을 타거나 피아노 연주가가 되거나 또는 암을 치료할 수 있는 의사가 될 거야!" 부모의 올바른 안내와 사랑이 있다면 이 아이는 기대처럼 위대한 스타가 될지도 모를 일이었다.

조셉이 성장하면서 짐과 섀넌의 큰 꿈은 실현되었다. 조셉은 유아원에서 제일 똑똑한 아이였다. 수영반에서는 다른 4살짜리 형들보다 수영 실력이 앞섰다. 유치원에서 측정한 지능 지수는 135였다. 부모는 그에게 피아노를 가르쳤고 축구 팀에도 넣었다. 읽어야 할 책을 한 보따리씩 안겨주었고 모든 종류의 교육용 장난감을 사주었다.

그런데 큰 일이 벌어졌다. 3학년 때 수학에서 D점수를 받았다. 선생님은 조셉이 잠재 능력은 있는데 다 발휘하지를 않는다고 했다. 똑똑하기는 하지만 게으르다는 말에 부모는 낙심했다.

짐과 새넌은 몹시 흥분했다. 영리한 꼬마가 학업에서는 왜 자기의 최선을 다하지 않을까? 때로는 애원하고 때로는 약속도 했다. 안되면 협박도 했지만 조셉은 열심히 노력하기를 거부했다. 11살이 되었을 때 학교 성적은 뒤로 처져서 평균 B학점도 못되었고 피아노 레슨도 그만두었다. 학교 야구 팀에서조차 타율이 꼴지에서 두번째가 되었다.

짐과 새넌이 어떻게 느꼈겠는가? 이럴 때 부모는 무슨 생각을 할까? 그들은 무엇이 잘못되었을까 하며 당황해했다. 만약 당신의 자녀들이 그렇게 되면 당신이 무엇인가 잘못 양육해서 실패했다고 느낄 수 있다.

'진흙과 토기장이' 라는 개념에 따르면, 어린아이들은 아직 아무것도 작업되지 않은 진흙판으로 태어난다. 부모는 자녀의 성격, 잠재능력, 성품을 만들어가는 데 책임이 있다. 나는 '진흙과 토기장이' 개념 가운데 한 가지는 동의한다. 부모는 특히 도덕적 가치와 성품을 형성하는 데 자녀들에게 중요한 모델이 된다. 그렇지만 많은 부모들은 하나님께서 어린아이들 각자에게 변하지 않는 고유한 개성을 주셨다는 점을 인식하지 못한다.

대부분의 전문가들은 부모가 자녀의 성격 형성에 확실히 영향을 주며, 아이들은 자신만의 내재된 기질을 가지고 태어난다고 믿는다. 뉴욕 대학의 의사이며 정신과 교수인 스텔라 체스(Stella Chess)와 그의 남편 알렉산더 토마스(Alexander Thomas) 박사는 133명의 어린이를 유아 때부터 성인이 될 때까지 연구했다. 연구 결과 두 가지 중요한 힘이 모든 피실험자들의 성격 형성에 작용한 것을 발견했다. 하나는 어린이 자신의 기질이고, 다른 하나는 부모가 자녀의 기질에 어떻게 반응하는가였다. 다시 말하면 어린이의 장래는 타고난 기질과 부모의 후천적 양육에 따라 달라진다.

코네티컷 대학 어린이계발연구원의 에블린 토만(Evelyn

Thoman) 박사는 그 문제를 다음과 같이 설명한다.

> 자기 자신에 대해 높은 기대치를 가진 부모는 자녀의 실제로 부족한 점이나 상상으로라도 부족한 점을 발견하면 자신이 실패한 것처럼 보는 경향이 있다. 이런 부모는 실제 보여지는 자녀 대신에 이상적인 자녀에 대한 환상을 꿈꾼다.[5]

나는 최근에 선현의 지혜가 담긴 벽걸이 액자를 보았다. 그 액자에는 다음과 같은 글이 있다. "어린아이들은 틀에 꿰어 맞출 물건이 아니다. 사람은 자유롭게 펼쳐져야 한다."

일관성 있는 자녀 양육이란 우리의 자녀를 모두 똑같은 방식으로 대하라는 뜻이 아니다. 우리도 배우자, 동료, 친구가 우리가 좋아하거나 싫어하는 것, 필요하거나 원하는 것을 고려해주기를 바란다. 마찬가지로 자녀들도 자신이 좋아하고 원하는 것을 수용해주기를 바란다. 일관성 있는 자녀 양육이란 각자 다른 아이들을 다르게 대해야 함을 의미한다.

만약 부모가 자녀를 맞지 않는 틀에 억지로 구겨넣으려 한다면 우리는 자녀에게 이런 위험 신호를 보내는 것이다. "나는 네 현재 모습을 사랑하지 않는다. 내가 원하는 모습에 가까워질 때 나는 너를 사랑할 것이다." 이 메시지는 자녀에게 그의 나머지 삶 속에서 부모에게 인정받기를 갈망하는 잠재적 문제를 갖게 할 수 있다.

사랑의 편지

최근에 한 친구가 딸이 자신에게 보낸 편지를 보여주었다. 어떤 부모라도 자녀들로부터 받아보고 싶어할 그런 편지였다. 그것을 읽으면서 우리 아이들도 내가 나이가 들었을 때 나에 대해서 그렇게 느껴주었으면 하는 마음 간절했다.

사랑하는 아빠,

저는 차분히 앉아서 아빠에게 사랑의 편지를 쓰기로 결심했어요. 아빠는 저에게 너무 특별해요. 아빠를 생각하면 제 마음이 너무 벅차 이렇게 말하지 않을 수가 없어요. 저는 아빠와 아빠의 믿음을 너무너무 존경해요. 제가 사람들에게 기독교인이 되라고 이야기할 때마다 아빠는 진정 그런 분이시라는 생각이 들어요. 저는 다른 사람들에게 '아빠는 설교한 말씀대로 삶에서 그대로 실천하시는 유일한 분이다' 라고 말해요. 아빠는 고통의 멍에를 어깨에 짊어지셨지만, 좀처럼 화내거나 실망하지 않으세요. 저는 그런 아빠를 사랑합니다.

아빠는 저의 가장 좋은 친구 중의 한 사람이에요. 아빠와 함께 있으면 편해요. 아빠와 가벼운 대화도 즐기고 유머도 서로 나누지요. 숲속 길을 함께 걸으며 나뭇잎, 도토리, 예쁜 돌을 줍는 아빠는 제가 가장 좋아하는 사람이에요. 저는 아빠를 동지로 생각하고 함께 하는 시간을 즐깁니다. 그것은 제 마음의 소중한 보물이에요.

아빠는 저를 이상적인 모습으로 바꾸거나 자신의 복제품으로 만들려 하지 않으시고 제 모습 그대로를 인정해주시는 몇 안되는 한 분이세요. 너무나 감사해요. 그것은 단순히 행복한 것보다 제 전체를 인정해주는 진정한 사랑입니다.

이 소녀가 자신의 아빠에게 사랑스런 편지를 보냈다는 사실 자체는 그녀가 인정받고 안정감을 느낀다는 것을 보여준다. 그것은 이 아이의 아빠가 부모 역할을 올바르게 했기 때문이다.

1. Elizabeth O'Conner, *Eight Day of Creation*(Waco, Tex.:Word Books, 1971). 18.
2. Dr. H. C. Leupold, *Exposition of the Psalms*(Grand Rapids:Baker Book House, 1969), 947.
3. Ralph Mattson and Arthur Miller, *Finding a Job You Can Love*(Nashville: Thomas Nelson, 1982), 60.
4. Ibid., 80.
5. Evelyn B. Thoman, "How to Raise Nomal Kids," *New Woman*(December 1991): 53.

Part 2

나를 알고 자녀를 알기

내가 이야기하고자 하는 것은, 당신이 자녀에 대한 모든 것을
이해하고 있다고 단정한 어떤 틀 안에 자녀를 가두지 말라는 것이다.
이 책의 목적은 자녀가 성숙해짐에 따라 자녀의 독특한 장점을 발견하고
북돋아주도록 부모에게 도움이 되는 도구를 제공하는 것이다.
우리의 궁극적인 목표는 자녀가 성장했을 때 그가 진정으로 머물게 될
자신의 삶의 '스타일'을 발견하도록 부모가 자녀를 도와주는 것이다.

나는 누구인가?

Why You Are • Who You Are

 처음으로 아들 차드와 함께 갔던 낚시 여행을 나는 결코 잊을 수 없다. 일주일 내내 나는 이 특별한 날을 위해 계획을 세웠다. 그것은 내 아들과 남자끼리의 유대감을 경험할 수 있는 좋은 기회가 될 것이었기 때문이다. 우리는 일찍 일어나서 아침 식사를 든든히 하고 호숫가로 향할 것이다. 어둠이 걷힐 무렵에 우리는 보트를 타고 수면 위로 피어오르는 물안개를 바라보면서 호수 위를 미끄러지듯이 가로질러 갈 것이다.

나는 차드에게 가짜 미끼를 달아 낚싯대를 드리우고 미끼를 움직이게 해서 큰 물고기를 잡는 방법을 가르칠 것이다. 우리는 힘껏 배스를 낚아 올릴 것이다. 차드는 낚시에 푹 빠져서 나에게 다시 낚시를 가자고 조를 것이다.

그러나 이런 나의 꿈은 산산조각나버렸다. 우리의 '남자만의 유대감 형성'을 위한 시간이 시작되자마자 차드는 모든 걸 엉망으로 만들어버렸다.
　언덕에서 미끄러져 진흙탕 속으로 빠지고…
　처음 낚싯줄을 던지자마자 줄이 서로 뒤엉키고…
　낚싯가방은 엎어지고…
　낚싯바늘은 나무에 걸리고…
　지렁이 미끼 상자에 음료수를 엎지르고…
　그리고 낚싯바늘에 내 엄지손가락을 찔리고…
　나는 은근히 화가 났다. 더할 나위 없이 좋은 날에 이 무슨 일인가? 이것은 낚시가 아니라 웃음거리밖에 안되잖아!
　그 때 나는 이것이 나에게 무엇인가를 알리기 위한 '하나님의 계시'라고 받아들였다. 나는 내 아들과 함께 지내기 위해 낚시하러 왔다는 사실을 잊어버린 채 오직 일을 잘 끝마치는 것에만 초점을 두고 있었다는 것을 깨닫게 되었다. 하나님께서 나에게 이렇게 이야기하시는 것 같았다. "낚시하는 것이 문제가 아니라, 아들과 함께 시간을 보내는 것이 너의 할 일이니라."

부모 역할의 첫걸음

　그 날 하나님께서 내가 우선적으로 해야 할 일을 깨닫게 하는 동안 변하지 않은 것은 일에 대한 나의 기본적인 태도였다. 나는 일을 수행하고 과제를 완성시키는 데 보람을 찾는 사람이다. 나는 일에 집착하는 편이다. 만약 낚시를 간다면, 나는 낚시만을 해야 한다. 새로운 목회를 시작한다면 그 일에만 매달리고 그 밖의 다른 일은 다른 사람에게 맡기고 신경도 쓰지 않는다. 만약 내가 잔디를 깎는다면 잔디를 다 깎고 이웃집 잔디도 함께 깎는다. 이웃집에 내가 잔디를 깎는다고 이야기도 하지 않고 그 일을 해버린다.

내가 차드와 낚시를 갔을 때 할 일은 단순했다. 물고기를 잡는 것이다. 우리가 해야 할 일을 방해하거나, 우리의 관심을 분산시키는 일이 일어날 때마다 나는 상당히 긴장하고 좌절감을 느꼈다.

내가 말하려고 하는 것은 내가 어떤 사람이고, 어떻게 행동하는가를 이해하는 것이 나에게 필요하다는 것이다. 비록 내 엄지손가락 지문이 다른 사람과 다른 독특한 사람이라 할지라도 내 행동의 많은 부분은 일관성이 있으며 예측할 수 있다. 그것은 부모 역할을 비롯해서 내가 하는 모든 일에 영향을 미친다. 따라서 부모 역할을 잘 하기 위한 첫 단계는 우리와 우리 자녀의 행동 유형을 이해하는 것이다.

앞 장에서 나는 '행동 유형'의 개념에 대해 설명하였다. 우리와 우리 자녀들은 각각 일관된 행동 형태(서로 다른 방식으로 사물을 보고 행동하는)를 보인다. 그렇다면 우리 자신의 행동 유형이 어떠한지 어떻게 알 수 있는가?

우리의 마음이 씨줄과 날줄을 엮어서 만든 양탄자 벽걸이처럼 되어 있다고 한 내 말을 기억하는가? 우리가 어떤 사람인지 겉으로 나타나는 표현(우리들의 행동 유형)은 두 개의 주요한 실 가닥, 즉 행동의 속도와 우선 순위에 기초를 두고 있다.

따라서 행동 유형을 이해하기 위한 첫 단계는 이들 실 가닥을 각각 살펴보는 것이다. 우리가 알 수 있듯이 이들 두 실 가닥이 교차해서 엮어졌을 때 네 가지 명확한 유형이 만들어지게 된다.

심사숙고형, 속전속결형

첫번째 수직의 축은 속도(pace)다. 속도란 사람이 일생 동안 행동이나 생각, 의사 결정할 때의 빠르기를 의미한다. 우리는 내적 모터의 작동에 따라 움직인다. 어떤 사람의 모터는 빠르게 움직이고, 다른 사람의 모터는 보다 천천히 작동한다. 어떤 사람의 모터 속도가 더 빠르다고 해서 다른 사람보다 더 나은 것은 아니다. 단순히 행동하는 그 사람의 모터 속도가 다를 뿐이다.

속도가 빠른 사람은 '가자, 하자' 라는 말을 잘하며 언제나 움직인다. 그들은 적극적이고 강한 첫인상을 준다. 그들은 외향적인 사람으로, 사람이든 상황이든 자신의 외부 환경에 초점을 맞추어서 행동한다. 그들은 정열적이고 모든 일을 서두르는 편이다. 그들이 정반대의 행동을 하거나 의사 결정 등 속도가 느린 사람을 대할 때 참을성이 없어지는 것을 쉽게 볼 수 있다.

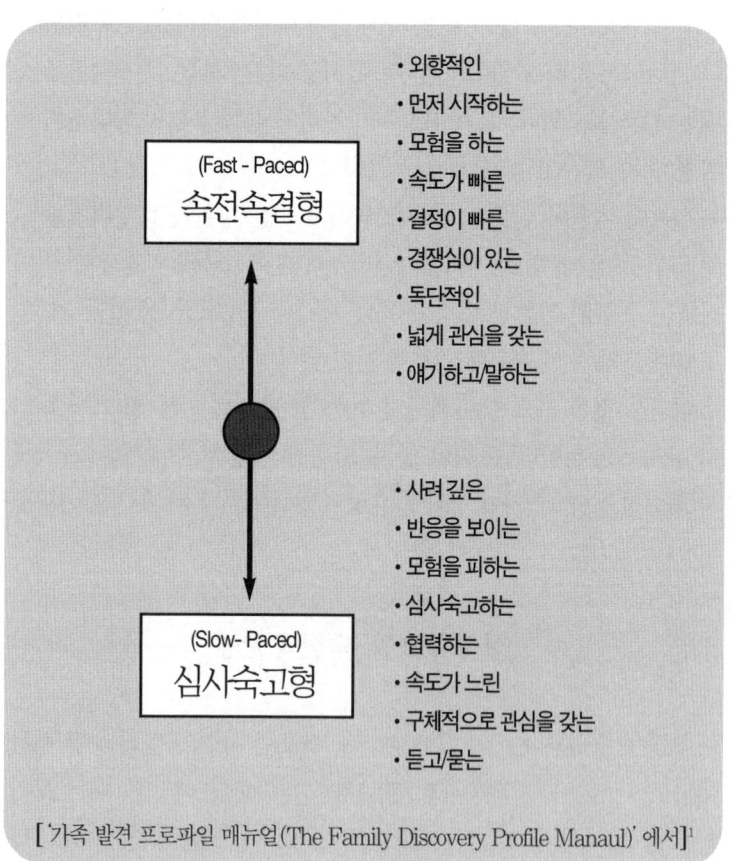

['가족 발견 프로파일 매뉴얼(The Family Discovery Profile Manaul)' 에서][1]

그들은 사회적으로 주도적이다. 그들은 단체, 모임, 프로젝트, 자선 활동, 학부모-교사 운영회, 교회 등 여러 곳에서 활동하고 관계를 맺는다. 그들은 종종 리더십을 발휘하는 자리를 만든다. 그들은 일에 대해 책임지는 것을 좋아하는데, 이것은 그들이 일을 좋아해서가 아니라 자신들의 개인적 중요성을 의식하기 때문이다. 이들은 무슨 일을 하라고 다른 사람에게 말하기 좋아한다. 또한 그들은 여러 가지 과제나 일을 동시에 하는 것을 선호하기 때문에 자기 자신을 과신할 수 있다.

그들은 빠르게 결정하고, 모험하기를 좋아한다. 그들은 자기 의견을 서슴없이 표현하고 단호하게 말하는 자부심이 강한 사람들이다. 그들은 행동하며 경쟁을 즐긴다. 내가 보기에 급한 성격의 사람이 썼다고 믿어지는 두 권의 책이 있다. 한 권은 '나는 긴장이 풀릴 때 죄의식을 느낀다'라는 제목이고, 또 한 권은 '리드하라, 따르라. 그렇지 않으면 길에서 벗어나라'는 제목의 책이다.

반대로 속도가 느린 사람은 "시간을 가져라… 너무 서두르지 말고!"라는 말로 표현할 수 있다. 그들의 좌우명은 "만약 그 일이 가치가 있다면 그 일을 잘 해라"는 것이다. 그들은 조용하고 수줍음이 많으며, 행동을 삼가고 말이 적다.

어린이든 어른이든 그들은 안전을 더 의식하는 경향이 있다. 그들은 비교적 느리고 신중하게 움직인다. 그러므로 의사 결정이 비교적 더디다. 그들은 조심스럽기 때문에 위험한 상황을 피한다. 그들은 계획되지 않은 변화나 예기치 않은 일을 좋아하지 않는다. 그들은 보다 내향적인 경향을 보이고, 자기 개인적인 세계의 질서와 안전을 유지하는 데 초점을 두고 행동한다.

속도가 빠른 사람들과는 달리 속도가 느린 사람들은 "왜?" "어떻게?" 그리고 "무슨 뜻이냐?"라고 질문하면서 대화한다. 그들은 자신들의 의견을 쉽게 드러내지 않으며 확신하는 말투보다는 정서적인 표현을 즐긴다. 그들은 자기가 이야기하기보다 주로 다른 사람의 말을 듣는다.

[설문 진단 : 속도]

자신이 속도가 빠른 사람인지 느린 사람인지를 체크해볼 수 있는 질문이 있다. 각각 두 개(홀수, 짝수)의 질문 가운데서 자신과 더 가깝다고 느껴지는 하나의 문장에 표시를 하라.

1. 나는 대체로 빨리 결정하는 편이다.
2. 나는 의사 결정하는 데 시간이 걸리는 편이다.

3. 나는 강하게 빨리 말하는 경향이 있다.
4. 나는 비교적 덜 단호하고 천천히 말하는 경향이 있다.

5. 나는 아무 일도 하지 않고 맥놓고 앉아 있는 것을 싫어한다.
6. 나는 아무 일도 하지 않고 조용히 있는 시간을 즐긴다.

7. 나는 활동적으로 생활하는 사람이다.
8. 나는 비교적 조용하게 생활하는 사람이다.

9. 나는 동시에 여러 가지 일을 할 때 힘이 생긴다.
10. 나는 한 번에 한 가지씩 일하는 것을 좋아한다.

11. 나는 느린 사람들을 대하면 참지 못한다.
12. 나는 성급하게 서두르는 것을 좋아하지 않는다.

13. 나는 내 생각이나 느낌을 빨리 말한다.
14. 나는 내 생각과 느낌을 빨리 표현하기보다 마음 속에 담아둔다.

15. 나는 기회를 빨리 잡거나, 새로운 일이나 색다른 일을 시작하기 좋아한다.
16. 나는 모험하기를 좋아하지 않는다. 나는 손에 익은 방법으로 일하는 것을 좋아한다.

17. 나는 사교 모임에서 자발적으로 나를 소개하는 편이다.
18. 나는 사교 모임에서 대체로 소개시켜줄 때까지 기다리는 편이다.

19. 나는 다른 사람들이 얘기할 때 잘 듣지 않는 편이다.
20. 나는 다른 사람들이 얘기할 때 주의 깊게 듣는다.

21. 나는 책임지기를 좋아한다.
22. 나는 지시를 따르고 지원하는 것을 더 좋아한다.

23. 나는 비교적 빠르고 자발적으로 반응하는 경향이 있다.
24. 나는 비교적 느리고 신중하게 반응하는 경향이 있다.

다 표시했으면, 짝수 번호와 홀수 번호 가운데 어느 쪽에 표시를 했는지 확인해보라. 표시를 한 번호의 개수를 세어서 홀수, 짝수 번호별로 구분하여 다음에 기록하라.

_____ (홀수 숫자/속전속결형)
_____ (짝수 숫자/심사숙고형)

만약 홀수 번호에 더 많이 표시했다면 당신은 말, 행동, 의사 결정이 빠른 경향의 사람이다. 짝수 번호에 더 많은 표시를 표시했다면 말, 행동, 의사 결정이 느린 편이다.

많은 부모들은 내가 빠르고 느린 속도에 대해서 이야기할 때 약간 혼란스럽게 느낀다. 왜냐하면 그들은 특히 자녀들이 아장아장 걷는 시기를 지나자마자 빠르고 활동적으로 움직이게 하는 것이 부모 역할이라고 보기 때문이다. 부모들은 아이들에게 학교 수업에서부터 축구 경기, 숙제, 피아노 연습은 물론 자질구레한 집안일에서부터 식품점에 가는 것까지 무리하게 떠안긴다. 그것으로 부모들은 자신들이 해야 할 일과 책임을 다했다고 여긴다. 그 모든 일을 하루에 다하기는 시간이 부족할 것 같다.

그러나 여기서 내가 이야기하는 빠른 속도(우리 마음 속에 있는 모터의)와 부모 역할의 빠르기를 같은 것으로 여기지 말라. 그 차이를 이해하는 한 가지 방법으로 다음 몇 가지 질문에 답해보라. 당신은 빠르게 일을 처리할 것을 강요받을 때 편안함을 느끼는가 아니면 서둘러야 한다고 느끼는가? 기운이 다시 솟는 것을 느끼는가 아니면 재촉당한다고 느끼는가? 속도가 느린 사람이 빠른 속도의 활동(부모 역할을 포함하여)을 강요당할 때, 그들은 바쁜 일과가 끝날 무렵에는 감정적으로나 육체적으로 지쳐버리는 것을 느낀다. 속도가 빠른 사람은 왕성하게 활동하기 때문에 그들은 느긋하거나 늦어지면 오히려 스트레스를 받는다.

일 중심형, 사람 중심형

두번째 축은 수평의 실로, 우선 순위라고 한다. 우선 순위는 우리의 행동에 영향을 주는 동기로서 우리의 관심이 어디에 있는가이다. 만약 속도가 우리 내면의 모터라면, 우선 순위는 우리에게 방향을 가르쳐주는 내면의 나침반이다.

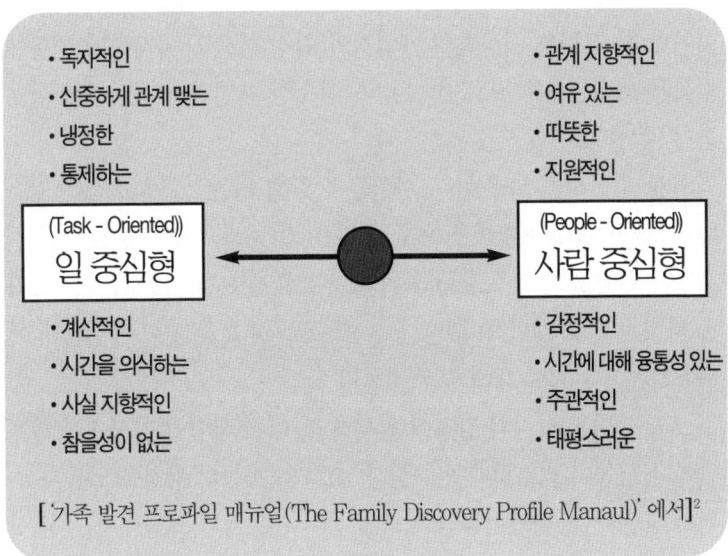

['가족 발견 프로파일 매뉴얼(The Family Discovery Profile Manaul)' 에서][2]

어떤 사람들은 일상적인 행동이 일 중심적이며, 어떤 사람들은 보다 사람 중심적이다. 다시 말하지만 이것은 좋거나 나쁜 것이 아니고 단지 다를 뿐이다. 사회 조직에는 모든 유형의 사람들이 필요하다.

일 중심적인 사람들은 '일 하는 것'에 초점을 둔다. 그들은 일을 계획하고, 계획한 대로 일한다. 그들은 자신의 일에 집착한다. 그들은 자신이 원하는 방식으로 일하기 위해서 종종 혼자 일하기를 더 좋아한다.

그들은 주관적 견해나 감정보다는 사실과 데이터에 근거하여 의사 결정을 한다. 그들은 사람들에 관한 것보다는 일에 관한 것을 더 많이 이야기하는 경향이 있다. 그들이 사람에 대해서 애기할 때는 상대방을 이해하려 하기보다는 문제를 해결하기 위한 경우가 많다.

그들은 인간 관계에 있어서 적당히 거리를 유지하려 한다. 그들은 첫 만남에서 일정한 거리를 유지하려 하기 때문에 따뜻한 인상을 주기 보다는 냉정한 사람처럼 보일 수 있다. 그들은 개인적인 공간과 영역을 강하게 의식하기 때문에 다른 사람과 가까운 신체적 접촉을 싫어한다. 그들은 자신들의 개인적인 감정 표출을 자제하기 때문에 격식을 차리는 사람으로 비춰진다. 사소한 개인적인 이야기는 쉽게 하지 않는다.

사람 중심적인 사람들은 '사람들과 함께 하는 것'에 초점을 맞춘다. 그들은 관대하고 따뜻하며, 공감을 잘 하는 사람으로 보여진다. 그들은 관심을 가져주고 함께 나눔으로 활기를 얻는다. 그들은 격식을 따지지 않고 개인적이며, 일이 잘못됐는지 또는 일이 제시간에 이루어지지 않는지에 대해 덜 걱정한다.

그들은 다른 사람의 감정에 민감하고, 다른 사람이 자신에게 하는 말이나 행동에 민감하게 반응한다. 그들은 자신의 감정을 남들과 기꺼이 공유한다. 비언어적인 의사 소통이나 그들의 표정에서 감정 상태를 쉽게 알 수 있다.

그들은 일보다는 인간 관계에 더 초점을 두고 있으므로, 사람들과 쉽게 친숙해진다. 그들은 삶의 경험을 함께 나누며, 주관적이고 감정적인 단어와 표현을 사용한다. 그들은 이야기하기를 좋아하고 가끔 대화의 주제와는 다른 이야기를 하기도 한다.

[설문 진단 : 우선 순위]

다음의 문장들은 자신의 우선 순위에 대해서 어떻게 생각하는지 알게 해준다. 각각 홀짝 두 개의 쌍으로 된 문항을 읽고, 자신을 더 잘 묘사한다고 생각되는 문장에 표시를 하라.

1. 나는 인생을 진지하게 살아간다.
2. 나는 인생을 즐겁게 살아간다.

3. 나는 내 감정을 가슴 속에 묻어두는 경향이 있다.
4. 나는 내 감정을 다른 사람들과 함께 나누는 경향이 있다.

5. 나는 사실과 자료에 관해 이야기를 하거나 듣기를 좋아한다.
6. 나는 사람에 관한 이야기를 듣거나 말하기를 좋아한다.

7. 나는 주로 사실, 객관성 또는 증거를 바탕으로 결정한다.
8. 나는 주로 감정, 경험 또는 인간 관계를 바탕으로 결정한다.

9. 나는 사소한 이야기에는 그다지 관심을 기울이지 않는 편이다.
10. 나는 사소한 이야기에도 많은 관심을 기울이는 편이다.

11. 나는 내가 알아야 할 사람과 나와 관련을 맺을 사람들을 가려서 사귄다.
12. 나는 새로운 인간 관계를 맺고 사람들을 더 많이 사귀는 데 매우 개방적이다.

13. 사람들은 나를 다소 사귀기 어려운 사람이라고 생각한다.
14. 사람들은 나를 사귀기 쉬운 사람이라고 생각한다.

15. 나는 혼자서 일하는 것을 좋아한다.
16. 나는 사람들과 어울려서 함께 일하는 것을 좋아한다.

17. 나는 현재 직면한 문제와 해야 할 일들에 대해 토의한다.

18. 나는 사람들과 소문, 숨겨진 이야기 등에 대해 말하기를 좋아한다.

19. 나는 꽤 격식을 차리는 사람이다.
20. 나는 별로 격식을 차리지 않는다.

21. 다른 사람들은 나를 생각이 많은 사람으로 본다.
22. 다른 사람들은 나를 감정이 풍부한 사람으로 본다.

23. 나는 어떤 일을 성취하였을 때 가장 기분이 좋다.
24. 나는 다른 사람들에게 인정받았을 때 가장 기분이 좋다.

표시를 한 홀수와 짝수 번호의 개수를 세어서 다음의 빈칸에 그 숫자를 적으라.

_____ (홀수 숫자/ 일 중심형)
_____ (짝수 숫자/ 사람 중심형)

만약 홀수 번호가 더 많다면, 당신은 일 중심적인 경향이 있다. 짝수 번호가 더 많다면, 당신은 보다 사람 중심적이다.
　내가 지금까지 속도와 우선 순위에 대해서 논의해오는 동안 설명했던 용어들은 '반드시 그렇다'는 의미가 아니라 '대체로 그렇다'라는 경향의 의미를 갖는다. 일반적으로 사람들은 이들 범주 안에 들어가지만 항상 그런 것은 아니다. 예를 들어, 나는 빠르게 결정하는 경향이 있지만 항상 그런 것은 아니다. 나는 이런 특성에 얽매이지 않는다. 다만 내가 선택할 뿐이며 그 가운데서 주로 내가 그런 경향을 보인다는 것이다.
　내가 부모 역할 행동 유형에 대해서 말하든 아니면 아이들의 행동 유형에 대해서 이야기하든 이 책에서 사용하는 모든 용어들도 '대체로 그렇다' 라는 의미를 갖고 있다. 우리 대부분은 서로 다른 성향을 가지고 있으며, 그 성향의 강도와 그 행동이 나타나는 빈도 수도 다르다. 그렇기 때문에 당신이 한 가지 방식으로만 얽매여 일을 하거나 행동한다고 느끼지는 말라.

전형적인 갈등

속도와 우선 순위, 이 두 영역이 우리가 가정에서 직면하는 많은 갈등의 원인이 된다. 예를 들어, 우리 집에서 카렌과 나는 둘 다 일 중심적인 경향이 있다. 우리는 일이 잘될 때는 모든 것이 좋다. 그러나 만약 내 일 처리 방식이 아내와 충돌하면(또는 반대인 경우), 난리가 날 것이다.

많은 다른 부부들도 이 같은 갈등을 경험한 적이 있을 것이다. 내가 좋아하는 잡지 중에 '결혼 생활 파트너십(Marriage Patnership)'이 있다. 거기에 부부들이 결혼 생활을 하면서 겪었던 문제들을 다루는 '이렇게 해결한다' 라고 하는 지면이 있다. 나는 부부 사이의 문제가 언급될 때마다 속도와 우선 순위가 얼마나 자주 결혼 생활에서 갈등을 일으키는 원인이 되는지를 본다.

아내: "나는 일을 체계적으로 잘 하지 못했습니다. 그리고 마무리를 잘 못해 짐을 실망시켰지요." (사람 중심형)
남편: "아내는 사람들과 어울리는 데 시간을 쓰면서, 세부적인 일을 하는 데는 시간을 쓰지 않습니다." (일 중심형)

아내: "나는 마지막 순간까지 기다립니다. 마지막 순간에 일을 끝내

야 한다는 압박감은 나를 더 독창적으로 만들지요."(속전속결형)

남편: "나는 할 일이 무엇인지 계획하고, 준비할 시간이 필요합니다."(심사숙고형)

아내: "나는 남편이 내 친구들을 알기 원했습니다."(사람 중심형)

남편: "나는 말이 많은 사람은 아닙니다. 나는 소외감을 느꼈습니다."(일 중심형)

아내: "나는 일을 추진하려면 어느 정도의 위험 부담을 감수해야 한다고 생각해요."(속전속결형)

남편: "나는 그 일에 대해 먼저 계획을 세우고 신중하게 접근하기를 원합니다."(심사숙고형)

아내 : "남편이 나를 정말 걱정했다면, 내 기분을 이해해야 했어요."(사람 중심형)

남편 : "나는 긴장하면 입을 다물어버립니다."(일 중심형)

　속도와 우선 순위에 대한 갈등은 부모와 자녀 사이에서도 일어난다. 부모는 자신의 '성향'에 따라서 자녀들에게 다음과 같은 말을 할 수도 있다.

　"빨리빨리 와라. 왜 그렇게 느리니!"(속전속결형)

　"결심하는 데 뭐가 그렇게 오래 걸리니."(속전속결형)

　"애, 좀 천천히 해라… 단 5분만이라도 자리에 조용히 앉아 있을 수 없니?"(심사숙고형)

　"일보다는 사람이 더 중요하다는 것을 명심해라."(사람 중심형)

　"친구와 놀기 전에 숙제와 할 일을 끝내야 한다."(일 중심형)

어떤 사회의 문화적인 환경은 여자들은 다소 속도가 느리면서 사람 중심적이고, 남자는 속도가 빠르면서 일 중심적인 경향이 있다(또는 그래야 한다)고 기대하기도 한다. 그러나 반드시 그렇지는 않다. 남자와 여자는 속도와 우선 순위에 있어서 복합적인 면을 보일 수 있다. 성별에 따라서 특별한 유형이 있는 것은 아니다. 남녀 성에 대한 고정 관념 때문에 만약 어떤 것이 자기에게 부합되지 않는 경우 잘못되지 않았나 하고 이상하게 생각할 수 있다.

속도와 우선 순위가 만날 때

우리가 이 두 개의 축 ('속전속결형/심사숙고형' 과 '일 중심형/사람 중심형')을 이해하면 다음 단계는 이 두 축이 다른 행동 유형을 형성하기 위해 어떻게 결합하는지를 보는 것이다.

도표 위에 두 개의 축을 놓으면 4개의 영역이 형성된다. 4개의 영역은 서로 다른 행동 유형을 나타낸다. 이것이 인간 행동을 이해하는 DISC 모델이다.

이것을 자신에게 적용해보자.

속도가 빠르고 일 중심적인 사람(부모나 자녀)은 D형, 혹은 주도적인/단호한 행동 유형으로 분류된다. 일반적으로 이들은 지시적이고 결단력이 있으며, 종종 자기 주장이나 요구가 많다. 그들은 통제하기 좋아하고, 자신의 목표를 달성하는 데 어떠한 저항이나 장애물을 극복함으로써 동기를 부여받는다.

속도가 빠르고 사람 중심적인 사람은 일반적으로 I형, 혹은 사교적인/ 설득력이 있는 행동 유형으로 분류된다. 그들 역시 일이 자기가 원하는 방식대로 되길 원하지만, D형과는 다르다. 그들은 지시적인 행동이 아니라 자신들의 생각대로 따르도록 다른 사람을 설득한

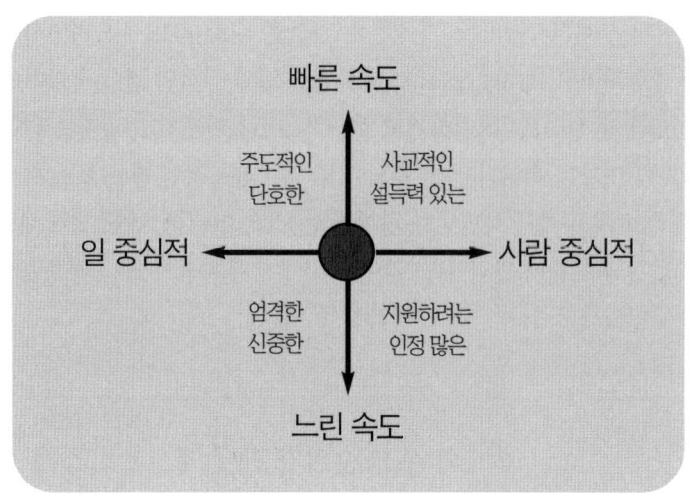

다. 그들은 따뜻하고 다른 사람들과 함께 어울리는 것을 즐기는 열정적인 사람들이다.

  속도가 느리고 사람 중심적인 사람들은 S형, 혹은 지원적이고/인정 많은 유형이다. 그들은 느긋하고 의존적이며, 일상적으로 반복되는 일들을 좋아한다. 그들은 대체로 리드하기보다는 주변 환경에 순응한다. 그들은 다른 사람들과 잘 협력하며, 우호적이고 지원적인 상황에서 가장 편안함을 느낀다. 마지막으로 속도가 느리고 일 중심적인 사람들은 C형 혹은 엄격한/신중한 유형이다. 그들은 모든 일들이 자신들이 볼 때 '옳고' 또는 '정확하게' 행해지는 것을 좋아한다. 그들은 분석적이며, 격식을 중시하고 내성적이다. 그들은 일을 체계적으로 잘 조직한다.

  역사적으로 볼 때 몇몇 사람들이 유사한 시스템으로 사람을 이해하는 모델에 대해 설명해왔다. 사실 많은 사람들이 사람을 이해하는 데 4범주 모델을 사용해왔다. 현대 의학의 아버지인 히포크라테스는 기질은 체액의 형태에 따라서 나뉘어진다고 믿었다. 그는 사람을 네

가지 기본적인 기질, 즉 담즙질, 다혈질, 점액질, 우울질로 구분했다. 팀 라헤이(Tim LaHaye)도 그의 여러 책에서 비슷한 기질 체계를 사용했다.

DISC 모델(주도형, 사교형, 안정형, 신중형)은 윌리암 마스톤(William Moulton Marston) 박사의 연구에 그 뿌리를 두고 있다. DISC 모델에 대한 교육의 대부분은 칼슨 러닝사에서 보급하고 있는 프로파일을 가지고 실시된다. 이 DISC 시스템[3]은 마스톤의 이론에 기초를 두고 있으며, 칼슨 러닝사에 의해서 계속 연구가 진행되고 있다. 칼슨 러닝사의 퍼스널 프로파일 시스템(PPS)은 지난 30년 동안 전세계의 기업체에서 팀 빌딩, 관리자 교육, 리더십, 커뮤니케이션 능력 향상과 갈등 관리 등에 이용되어왔다.

많은 책들이 가정 상담을 하는 데 이 시스템을 이용하고 있다. 예컨대 게리 스몰리(Gary Smalley)와 존 트렌트(John Trent) 같은 사람은 DISC 스타일을 설명하기 위해 동물(사자, 수달, 사냥개, 비버)을 활용하여 '사랑의 양면성 (Two Sides of Love)'이라는 책을 썼다. 가장 인상 깊었던 스몰리와 트렌트의 책은 '보물 나무(The Treasure Tree)'라는 책이다. 이것은 우리 아이들이 어떻게 똑같고, 어떻게 다른지를 이해할 수 있도록 각 행동 유형의 강점을 설명한 아름다운 삽화로 된 아동 도서이다.

개인적인 증언

성경 말씀에서 얻은 통찰력 이외에 나는 DISC 모델을 통해 사람에 대한 중요한 통찰력을 얻었다. 이것은 내 목회 활동에 도움을 주었고, 결혼 생활에도 많은 영향을 끼쳤다(나중에 이에 관해서 좀더 이야기할 것이다). 또 성경 말씀 가운데 "마땅히 행할 길을 아이에게 가르치라. 그리하면 늙어도 그것을 떠나지 아니하리라(잠 22:6)"는 말씀은 실생활에서 구체적으로 적용하는 데 도움을 주었다.

어떤 사람은 누군가에게 '그 사람은 이러이러한 사람이라는 꼬리표를 붙이는 것'은 잘못이라고 생각하기 때문에 DISC 모델 같은 것을 믿지 않는다. 나는 그러한 우려를 이해한다. 하지만 내 경험에 의하면 자신의 행동 유형을 이해하면 하나님께서 설계한 그대로의 사람이 되는 데 도움이 된다.

나는 아직까지 사람들에게 '꼬리표를 붙이지' 않는 사람을 만나보지 못하였다. 예를 들어 누군가를 만났을 때, 우리는 그 사람을 평가한다. 불과 몇 초 안에 우리는 그 사람의 외모가 어떻고, 성격이 어떻고, 얼마나 똑똑하며, 그 사람이 우리를 어떻게 느끼는지를 평가한다. 만약 우리가 성숙한 사람이라면 그 사람을 잘 알기 위해 선입관을 갖지 않을 것이다. 그러나 그 사람에 대한 우리의 첫인상을 떨쳐버리기는 매우 어려울 것이다. 그것이 바로 인간의 본성이다.

더 큰 문제는 자신을 좋아하지 않는 사람들이 많다는 것이다. 왜냐하면 그들은 자신이 어떻게 행동할 것이라고 예상하는 다른 사람들의 기대에 부응하지 못하기 때문에 자신을 좋아하지 않는다. 아이들은 자기 부모가 자신들이 다르게 행동해주기를 바라고 있기 때문에 자긍심이 낮아지게 된다. 능력 있는 직원이 자기 행동을 이해하지 못하는 상사를 만족시킬 수 없기 때문에 좌절하고 회사에 얼마나 도움이 되는가 보다는 상사를 만족시키는 것에 더 연연해하기도 한다.

여러 해 동안 나는 목사는 어떤 모습이어야 하고, 어떻게 행동해야 한다는 다른 사람들의 기대와 특정 교파의 이미지에 의해 구속받고 있는 것을 느꼈다. 목사로 부임한 첫번째 교회에서 사람들은 나에게 틀에 박힌 대로 전과 똑같이 목회를 해주기 바라는 것 같았다. 그러한 바람에 맞추기 위해서 나는 의식적으로 많이 노력하였다. 그러나 나 자신은 행복하지 않았다.

일단 나의 행동 유형을 이해하고 나자 나는 다른 사람들의 기대에 따라서 행동하는 것이 아니라 선천적으로 타고난 내 방식대로 행동해야겠다는 자신감이 생겼다. 나에게는 속도가 빠르고 새로운 일을 추진하며 도전 기회를 주는 환경이 필요하다는 것을 깨달았다. 나의 DISC 프로파일은 내 자신이 어떤 사람인지를 알게 해주었으며, 내가 어떤 사람인지를 다른 사람에게 어떻게 설명해야 하는가를 알게 해주었다. '보이드(Boyd)'라는 내 성이 나를 가족과 관련지어서 생각하게 한다. 그것은 나를 제한하는 것이 아니라 내가 누구인지를 명확하게 해준다.

나는 선택한 어떠한 방식으로든지 자유롭게 행동한다. 그렇지만 어떤 상황들은 나를 편안한 '자연스러운' 내 스타일대로 행동하게 하기보다는 다른 사람들의 요구나 상황의 필요에 따라서 행동할 것을 요구한다. 그러나 나는 내 방식대로 행동하는 것이 자유롭다.

행동 경향 점수 그리기

다음 장에는 D, I, S, C 행동 유형에 대한 더 많은 내용이 설명되어 있어서 부모 자신과 자녀의 행동 유형을 아는 데 도움이 될 것이다. 하지만 우리는 앞에서 진단한 설문에서 얻은 속도와 우선 순위 점수를 통해 아이디어를 얻을 수 있다.

다음 도표 위에, 속도 진단에서 얻은 가장 높은 점수를 해당하는 지점에 ×로 표시하라. 우선 순위 진단에서 얻은 가장 높은 점수도 똑같이 표시하라. 그런 다음에 빠른/느린 속도의 연속선상에 있는 × 표시를 지나는 수평선을 긋는다. 그리고 일/사람 우선 순위의 연속선상에 × 표시를 지나는 수직선을 긋는다. 이들 두 선이 교차하는 점이 위치하는 사분면상의 유형이 자신의 주요 행동 경향을 표시한다.

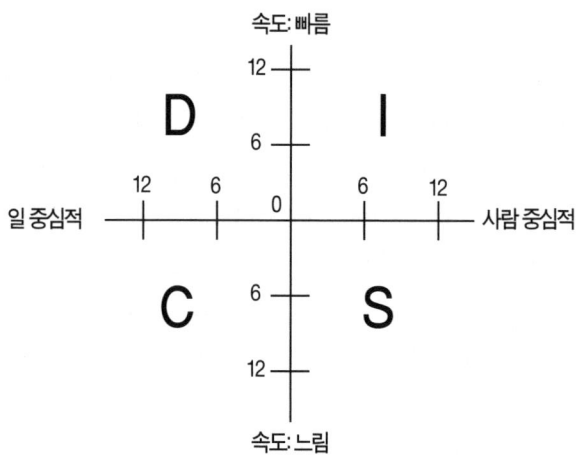

 예를 들어, 만약 당신의 속도 점수가 빠름=2, 느림=10이라면, '느림' 쪽의 거의 끝 부분인 10에 × 표시를 한다. 당신의 우선 순위 점수가 일=3, 사람=9라면, '사람' 쪽의 거의 끝 부분인 9에 × 표시를 한다. 그 표시를 지나는 수직선과 수평선을 그으면 두 선은 S 사분면에서 교차할 것이다. 만약 당신의 속도와 우선 순위가 둘 다 모두 6으로 나온다면, 그것은 단지 당신이 두 개의 행동 경향을 모두 똑같은 정도로 표출한다는 것을 의미한다.

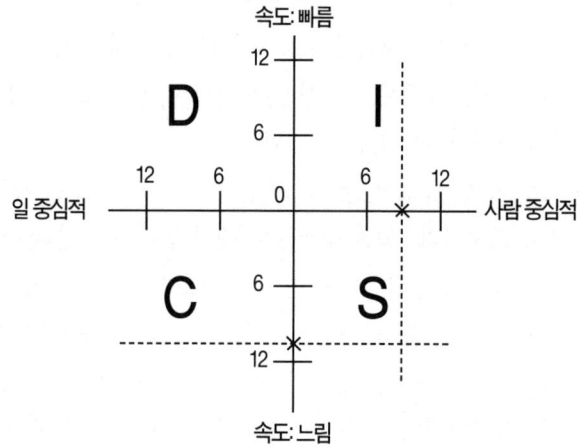

이 단순한 시스템은 우리가 자신과 다른 사람을 신속하게 '이해'하는 데 좋은 도구가 된다. 그러나 이것은 단지 개략적인 스케치에 불과하다. 다음 장부터 각각의 전형적인 행동 유형에 대하여 더 많은 것을 배우게 될 것이다.

또한 각 개인은 각각의 DISC 유형이 독특하게 결합되어 있다는 것을 이해하는 것이 중요하다. 예를 들어, 나는 높은 D형이지만, 또한 I와 C 행동도 상당히 많이 보인다. 아내 카렌은 C형의 점수가 가장 높지만, 또한 S형 성향도 강하다.

사람들은 상황이 다르면 다른 방식으로 행동한다. 예컨대, 직장에서 높은 D형 행동을 보이는 여성이 집에서는 엄마로서 I형의 행동을 더 많이 할 수 있다. 부모 역할을 할 때 집에서는 C형의 행동을 더 많이 보이는 어떤 아버지는 직장에서 근무할 때는 S형 행동을 더 많이 보일 수도 있다.

당신의 행동 유형에 대한 보다 더 정확하고 상세한 이해를 위해서 칼슨 러닝사에서 개발한 퍼스널 프로파일 시스템(Personal Profile System)[4]으로 진단해볼 것을 추천한다.

부모 역할에 초점을 맞추라

다음 네 장에서 소개하고 있는 DISC 행동 유형에 대한 보다 자세한 내용을 통해 자신과 자녀의 독특한 행동 유형에 대해 더욱 많은 것을 깨닫게 될 것이다. 지금까지 자녀 양육에 대해 우리가 읽은 것들은 어떻게 해야 자녀들이 일을 색다르게 하거나 책임감 있게 하는가에 초점을 맞추었다. 아이들은 적절한 행동을 배워서 책임감 있는 성인으로 자라야 한다.

자신과 자녀를 더 이해하면 할수록 부모는 자녀를 대하는 방식을 아이에게 더 잘 맞출 수 있다. 그러면 자녀가 하나님이 원하시는 사람으로 성장하도록 보다 성공적으로 도울 수 있을 것이다.

1. Charles F. Boyd, *The Family Discovery Profile Manual*(Minneapolis: Carlson Learning Company), 8.
2. Ibid., 9.
3. DiSC는 칼슨 러닝 사의 독자적인 등록 상표임.
4. 한국내 보급권은 한국교육컨설팅연구에 있음.

D.형 주도적인 부모, 단호한 아이

Directive Parents · Determined Children

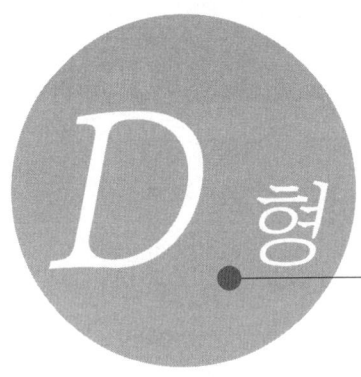
사도 바울의 어린 시절 모습을 상상해볼 수 있겠는가?
6살인 바울의 모습을 그려보면 고집이 세서 자기 방식대로 요구하고, 묻는 말에 대답을 잘 안 하거나 부모에게 끊임없이 뭔가를 해달라고 떼를 쓰며, 또 부모가 자기 뜻대로 따라주기를 바라는 아이였을 것이다. 아마 그의 부모들은 이렇게 말했을 것이다. "이렇게 고집이 세고 주관이 뚜렷한 아이가 이 다음에 커서 큰 일을 할 수 있다는 것은 알지만 지금은 애 키우는 것이 아주 힘들어 미치겠어요."

사도 바울은 앞 장에서 이야기한 주도적이고 단호한 행동 유형의 좋은 예다. 성인이 된 바울은 D 행동 경향을 많이 나타냈다. 크리스천이 되기 전에 바울은 요구가 많고 단호하며 결단력이 있는 독단적인 인물로, 기독교도들을 박해하는 일에 앞장선 사람이었다.

예수님을 믿고 영접한 이후에도 그의 기질은 변하지 않았다. 그러나 하나님께서는 그에게 새로운 사명을 주셨다. 그는 이제 예수님을 전파하는 데 헌신하였다. 그 이후 그는 수십 년 동안 새로운 교회 공동체의 가장 위대하고 역동적인 지도자 가운데 한 사람이 되었다.

나는 하나님께서 바울의 주의를 사로잡아 그의 삶을 극적으로 180도 전환시키신 부분을 읽으며 아주 즐거웠다. 하나님은 바울이 다메섹으로 가는 길에서 직접 대면하시고는 그의 무릎을 꿇게 하셨다. 때로는 그런 강하고 직선적인 방식이 D형이 말을 들을 수 있게 하는 유일한 방법이다.

하나님은 바울에게 직선적으로 말하셨다. 하나님께서는 D형이 아주 듣기 좋아하는 방식으로 말씀하셨다. 하나님은 바울이 여러 왕들 앞에 당당히 서서 사람들을 어둠에서 빛으로 돌아오게 하는 데 쓰임 받는 중요한 사람이 될 수 있다고 하셨다.

하나님께서는 또 바울이 전도 사역을 하는 중에 큰 고통을 당할 수도 있음을 말씀하셨다. D 성향이 높은 사람은 위험 요소나 도전 과제에 대해서 적극적으로 대응하고 그로 인해서 힘이 솟아나는 사람들이다. 바울은 복음을 전파하는 데 모든 장애물들을 극복하고 승리할 수 있었다.

하나님은 바울을 훈련시키기 위해 몇 번을 감옥에 갇히고 아무것도 할 수 없도록 근신하게 하기도 하셨다. 나는 바울이 빌립보서 4장 12절에 "내가 비천에 처할 줄도 알고 풍부에 처할 줄도 알아 모든 일에 배부르며 배고픔과 풍부와 궁핍에도 일체의 비결을 배웠노라"고 쓰기 전에는 내적인 갈등을 겪었을 거라고 생각한다.

춥고 어두운 감옥에 앉아서 여러 교회 앞으로 편지를 쓰는 것이 그가 할 수 있는 전부였지만, 하나님께서 자신을 중요하게 쓰실 것이라는 약속을 믿었다. 물론 오늘날 바울 서신은 믿는 사람들을 격려하고 인도하는 영감을 주는 글로 사랑받고 있다.

바울에게 하셨듯이 하나님은 우리를 창조하신 뜻에 따라 다루시며, 우리의 속성을 바꾸지 않으신다. 대신에 하나님께서는 그의 영광을 위해 우리가 쓰임받기를 원하신다. 하나님은 우리를 설계하신 대로 계획하시고 개개인에 맞는 훈련 프로그램을 제공하신다.

앞 장에서 나는 4가지 주 행동 경향에 대해 소개했다. 부모 자신과 자녀들을 이해하는 데 도움을 주기 위해 D형(주도적인, 단호한)부터 설명하려고 한다. 부모나 자녀들의 행동 경향에 대해 구체적인 예를 제시할 것이다. 그런 다음 각 행동 경향을 보이는 아이들을 어떻게 다루는 것이 좋은지 몇 가지 지침을 살펴볼 것이다.

주도적인/단호한 D형의 7가지 주요 특징

높은 D형은 대체로 다음과 같은 특성을 보인다. 만약 더 많은 정보를 알고 싶거나, 이 특성이 당신의 주된 행동 경향이라고 생각한다면 이 장 끝 부분에 있는 '나는 얼마나 높은 D형인가?'의 내용을 상세히 읽어보라.

- 자신감에 차 있다. 이들은 자기 자신과 자신의 능력을 믿는다. 이들은 독자적으로 행동하고 생각하며, 외부로부터의 확신이나 충고를 거의 필요로 하지 않는다. 아이들은 빠르고 쉽게 결정하며, 자기 자신을 관리할 수 있다.
- 용감하다. 사는 것은 도전하는 것이다. 이들은 위험한 일을 감행하고, 모험할 기회를 찾는다. 이들은 육체적으로 강인하며, 자신을 이용하려는 그 어떤 사람과도 용감히 맞선다.
- 결과 지향적이다. 높은 D형은 야망이 있고, 목표 지향적이다. 이들은 자신의 목적을 성취하는 데 실제적이고 실용적인 접근 방식을

취한다. 이들은 결과를 성취하기 위해 필요한 일을 한다. 자신의 목표가 벽에 부딪히고 예상 결과가 위태로울 경우 이들은 쉽게 화내고, 조급해지는 경향이 있다.
- **명령한다.** 이들은 적극적으로 책임을 지고 명령하기를 좋아한다. "내가 주도할테니 당신은 따르시오"라는 것이 이들이 세상을 살아가는 방식이다. 이들은 다른 사람으로부터 자신이 책임진다는 사실과 자신의 권위를 존중받기 바란다.
- **경쟁적이다.** 이들은 육체적으로 남들에게 자기를 내세우고 스포츠 활동에 적극적으로 참가한다. 높은 D형은 일, 놀이, 인간 관계 등 모든 것은 이기거나 지는 것이라고 간주한다. 이들은 도전 과제가 없으면 지루해한다. 이들은 쉽게 좌절하지 않으며, 포기하지 않는다.
- **변화를 주도한다.** 이들은 의사를 빠르게 결정하기 때문에 자주 새로운 규칙이나 절차를 만든다. 종종 변화로 인해 영향을 받는 사람들의 입장을 고려하지 않고 그대로 시행한다.
- **직선적이고, 단도직입적이다.** 이들은 직선적으로 요점만을 이야기한다. 그래서 때로 퉁명스럽고, 무뚝뚝하며, 거칠거나 예민하지 못한 사람으로 보일 수도 있다. 또한 이들은 솔직하고 직선적인 대화를 좋아한다. 장황한 이야기나 상세한 설명보다는 최종 결과나 핵심을 듣고 싶어한다.

주도적인 부모

두 아이 엄마인 줄리는 회사의 관리자로서 직원들에게 지시하듯 집에서도 아이들을 몰아붙이는 열정적인 모습을 보인다. 그녀는 아이들이 조직적이고 목적이 분명하며, 활기차고 성공적인 리더로 성장하기를 기대한다.

그녀는 집에서 지켜야 할 엄격한 행동 규칙을 정해놓고, 아이들이 순순히 따라주기를 기대한다. 만약 아이들이 그것을 어기면 그 즉시 벌을 내린다. 줄리는 아이들이 그녀의 말대로 따르고, 그들이 한 약속을 지키며, 서로의 경계를 존중하기를 바라고 그녀의 생각에 대해 시시콜콜 설명하기를 좋아하지 않는다.

줄리는 자신에 대해서 이렇게 말한다.

"부모로서 때때로 제가 지나치게 완고하다는 것을 알지만 저는 제 자신이 옳다고 생각합니다. 문제는 오늘날 사회가 아이들에게 너무 많은 것을 허용하고 있다는 것이지요. 집안일을 할 때에도 아이들이 공평하게 분담해야 한다고 생각합니다. 아이들이 그렇게 하지 않으면 즉시 그 상황을 고쳐주어야 합니다. 저는 아이들이 제 지시에 순종하길 바라며, 만약 순종하지 않으면 저는 그것을 심각하게 받아들입니다.

저는 우리 아이들을 사랑합니다. 그리고 제 바람대로 아이들은 책임감 있고 열심히 일하는 사람이 되리라고 믿습니다. 아이들 역시 제가 자기들을 사랑하고 있다는 것을 알겠지요."

주도형 부모는 자녀들에게 강하고 능력 있는 역할 모델을 제공한다. 이들은 스스로 높은 목표를 설정해놓고, 목표를 달성하기 위해서 자기 자신을 몰아붙일 수 있다. 아이들은 D형 부모의 리더십과 보호에 의지할 수 있다는 것을 안다. 아이들은 종종 D형 부모의 성공과 성취 결과를 자랑스러워한다.

D형 부모들은 책임감 있고, 유능하며 정열적이다. 그들은 일을 처리하고, 그 일을 돕도록 아이들에게 지시하는 데 능숙하다. 그들은 목표를 달성하기 위해 계속 노력한다.

그들은 실제로 갈등 상황에 직면하면 더 기운이 난다. 그들은 장애물을 극복하고 경쟁에서 이기려는 욕구가 있기 때문에 건설적인 논쟁을 좋아한다.

하나님이 보여주신 D형 행동 모델

하나님은 4가지 DISC 행동 경향을 다 가지고 계시다는 점을 설명하려고 한다. 우리는 시편 32편 8절에서 하나님이 갖고 계신 D형 부모의 행동을 볼 수 있다. "내가 너의 갈 길을 가르쳐 보이고 너를 주목하여 훈계하리로다."

하나님은 자신을 믿는 자녀들이 따라야 할 구체적인 방향을 제시하신다. 창조주이신 하나님은 삶이 어떻게 기능해야 하는지를 설계하셨다. 하나님은 그의 자녀들이 하나님과 당신의 진리를 지속적으로 존중하기 위해 따라야 할 것들을 지시하신다. 구약의 십계명, 신약의 산상보훈, 그 외의 여러 성경 구절을 통해서 하나님께서 그의 자녀들에게 기대하시는 것을 명확하게 정의하신다.

하나님의 명령은 우리를 향하신 사랑의 표현이다. 우리가 그분의 진리대로 살아갈 때 하나님과 밀접한 관계를 유지할 수 있다고 확신할 수 있다. 하나님의 자녀로서 그분이 지시하시는 스타일에 적절하게 반응하는 것은 그를 존경하고 그의 말씀에 순종하는 것이다.

효과적이지 못한 D형 부모

주도적인 부모는 많은 긍정적인 특성이 있지만 상황에 따라서는 부정적인 면을 나타낼 수 있다. 특히 자녀들이 부모의 권위에 대해 의문을 제기하거나 독립을 주장할 때, D형 부모는 위협받는 것으로 여기고 자녀에게 강압적으로 될 수 있다.

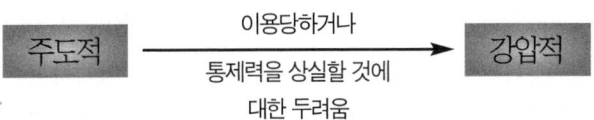

　종종 주도형 부모가 갖는 가장 큰 두려움은 자녀들이 자신을 이용할 것이라는 생각이다. 그러한 두려움은 그들을 성급하게 하고, 화를 잘 내게 하며, 지나치게 요구하게 할 수가 있다. 그들은 일 중심적이기 때문에 무뚝뚝하고 냉정한 사람으로 보일 수 있다.

　강압적인 부모들은 오로지, "네가 내 슬하에 있는 한 너는 내 방식에 따라야 한다"라는 규칙만을 따르도록 하는 훈련 교관처럼 보일 수 있다.

　주로 다음과 같이 외치는 사람들은 '전형적인 주도형'이라는 소리를 듣게 될 것이다.

- "내가 말한 대로 해야 된다. 더 이상 이야기하지 말아라!"
- "내게 말대꾸를 하지 말아라!"
- "시키는 대로 해라. 그렇지 않으면…"
- "이유는 묻지 말고, 단지 하기만 하면 돼!"
- "네 친구들이 얼마나 많이 거기에 오는지 난 상관하지 않는다. 어쨌든 넌 갈 수 없어!"
- "나는 네가 빈둥거리는 데 진력이 났다. 우리는 모두 할 일이 있고, 너도 네 몫을 해야 한다!"

　강압적인 부모들은 자기 자녀들을 통제하려 한다. 통제한다는 것은 자신이 모든 것을 결정한다는 것을 의미한다. 자녀들이 규칙을 지키고 즉시 복종하기를 원한다.

　그들은 자녀의 행동을 통제하기 위해서 화를 내기도 한다. 그럴 때마다 아이들은 "엄마 아빠는 항상 나를 몰아붙여요"라거나 "엄마 아빠는 나를 너무 이해하지 못해요"라는 등 자주 불평을 털어놓는다.

그들은 자녀가 자신이 원하는 대로 따르게 하기 위해서 부모의 권위를 남용하는 경향이 있다. 어떤 상황이라도 말대꾸 특히 장황한 설명은 변명이나 버릇없는 행동으로 간주한다.

이 유형의 부모들은 자신의 잘못을 인정하려 들지 않는다. 그들은 상황을 바로잡고 계속해서 앞으로 나아가기 위해 오직 자신에게 필요한 부분만 선택적으로 듣는다.

'나의 방식 또는 나의 뜻' 이라는 구호는 업무 현장에서는 통할지 모르지만, 집에서는 어린 자녀들에게 지워지지 않는 부정적인 영향을 끼칠 수 있다.

이러한 가정에서 자란 아이들은 낮은 자긍심을 보일 수 있다. 아이들은 행동 유형에 따라서 집에서 수동적이 되거나 공격적이 되고 또 고함을 지르거나 지나치게 요구하며, 강하게 반항하는 등 거칠게 반응할지도 모른다. 학교에서는 아마 선생님과 친구들의 주의를 끌기 위해 친구들과 자주 다툴 것이다. 심하게는 환각제를 복용하거나 불법적인 활동에 연루될지도 모른다.

강압적인 가정 환경 속에서 자라난 아이들은 부모에게서 받은 억눌린 감정이 마음 속에 쌓이다가 어느 날 노여움과 상처로 밖으로 터져나올 것이다.

강압적으로 행동하는 많은 부모들은 자기 자녀들이 성인이 되어서도 적응하기 어렵게 만든다. 자녀들이 50대가 되어도 '이렇게 해라 저렇게 해라' 하고 계속 얘기한다.

"저는 엄마와 마주칠 때마다 싸웁니다"라고 어떤 여성은 자기 어머니를 두고 이야기한다. "만약 제가 일주일만 엄마와 함께 있으면, 두세 번은 싸울 겁니다."

"엄마는 항상 자신이 옳다고 생각하시는 분입니다. 저에게 분명 귀에 거슬리는 말을 할 것이고, 만약 제가 어떤 식이든지 엄마에게 말대꾸를 한다면 오히려 저를 공격해서 기분을 엉망으로 만들 겁니다. 최근에 엄마는 제가 듣는 음악을 못마땅하게 여기고는 화를 내셨어요. 엄마에게 '왜 그렇게 화를 내세요?' 라고 물어보았더니 화낸 게 아니라고 말씀하셨어요. '그렇지만 엄마, 화난 것처럼 보이는 걸요. 그리고 화내고 있잖아요' 라고 했더니 엄마는 그렇게 말하는 제가 문제라고 하셨어요."

강압적인 부모에게 필요한 것

만약 당신이 강압적 성향이 있는 주도형 부모라면, 자녀의 말에 더 귀기울이고 타협하며, 깊은 애정을 보이고, 자녀들과 함께 더 많은 시간을 보내야 한다. 앞으로 좀더 아이들과 재미있게 지내고 아이들의 말을 느긋하게 듣는 것이 필요하며, 다른 사람의 기분에 좀 더 민감해야 한다.

- **통제에 대해**: 언제나 책임지지 않아도 된다는 것을 인식하라. 당신은 다른 사람을 통해서 그리고 다른 사람과 함께 일하는 것이 필요하며, 당신이 겸손한 마음을 겸비하지 않는다면 그들은 당신의 리더십에 동의하지 않을 것임을 알라.
- **대화 방법에 대해**: 너무 빠르게 대답하지 않도록 주의하라. 특히 아이들에게 일을 끝내도록 지시할 때 자신의 생각을 좀더 구체적으로 설명하라. 긍정적인 감정으로 말하라. 자신을 방어하려고 하지 말고 다른 사람들이 질문하도록 허용하라. 다른 사람들은 어쩌면 당신이 하는 말 한 마디와 지시가 너무 강해 상처를 받거나 압도당할 수도 있음을 고려하라.
- **속도에 대해**: 좀 느리게 일하는 것에 대해 조바심을 갖지 말라. 당신 자신과 가족 모두가 편안하고 재미있는 시간을 보낼 수 있도록 속

도를 조절하라.
- 우선 순위에 대해: 인간 관계에 좀더 주의를 기울여라. 아이들이 한 일의 결과가 아니라 인간적인 면에서 자녀들에게 초점을 맞추라.
- 정신적인 면에 대해: 틀리거나 실수했을 때 솔직히 인정하라. 용서를 구함으로써 겸손함을 나타내라.

단호한 아이

나이가 9살이건 19살이건 혹은 39살이건 59살이건 상관없다. D형은 D형 행동을 한다. 단지 활동 무대만 바뀔 뿐이다. 비록 다른 특성의 강점이 아직은 발달하지 않았을지라도 주도형의 7가지 일반적 특성은 D형의 아이에게서도 나타난다.

마크와 제니는 단호한(주도형) 아이의 부모다. 아들 데이빗에 대한 그들의 이야기를 들어보자.

"데이빗은 매우 강한 아이에요. 그 아이는 수영장에서나 식사 시간, 노는 시간에 관계 없이 모든 상황을 자기 뜻대로 하려고 합니다.

어느 날 우리는 식품점에 갔어요. 거기서 제가 어떤 상표의 딸기잼을 살까 하고 이것저것 고르려 할 때였어요. 데이빗은 참지를 못하고 이렇게 말했습니다. '하나만 집으세요. 아빠!' 그 아이는 자신이 결정하고 그 결과를 얻기 원했습니다.

그 아이는 언제나 힘이 넘치고, 열정적이며 매우 활동적이죠. 그 아이는 공부를 열심히 하기 때문에 학교 성적도 좋습니다.

그 아이는 또 경쟁하기를 좋아하죠. 지는 것을 무척이나 싫어합니다. 그 아이는 축구를 잘하지만 다른 팀이 골을 넣으면 화를 냅니다. 우리가 집에서 게임을 할 때도 자기가 이기지 못하면 토라지죠."

데이빗은 훈육하기 어렵다. "우리는 정말 그 아이를 바로잡아야 합니다. 우리 딸아이는 아주 민감해서 우리가 자기의 잘못을 보는 것만으로도 마음 아파하지요. 하지만 데이빗에게는 엄격하고 강하게 할 필요가 있습니다."

제니는 사교적인 높은 I 유형의 부모다. 그래서 그녀는 데이빗에게 '짓눌리는' 듯한 기분을 종종 느낀다고 말한다. "어느 날인가 저는 '데이빗, 곧 백화점에 가야 한다'라고 말했습니다."

"'지금 비디오 봐야 돼요!' 하고 데이빗이 말했죠."

"'잠시 후에 나가야 하기 때문에 안 된다'고 했죠. 그 아이는 자기 뜻대로 되지 않자 아주 못된 짓을 하기 시작했습니다. 저는 한동안 참다가는 폭발하고 말았지요. 언제나 전쟁입니다."

마크가 끼여들었다. "제가 퇴근해서 집에 돌아오면 제니는 기진맥진한 채 지쳐 있죠. 제가 데이빗과 놀아주어야 할 때라는 것을 압니다."

마크와 제니를 가장 지치게 하는 것은 아마도 데이빗의 끊임없는 질문일 것이다. 마크가 말한다. "그것은 우리를 완전히 지치게 합니다. 우리는 정말로 쉴 틈이 없어요. 그 아이는 지독합니다. 대답을 하지 않고는 못 배기게 하지요. 그 아이에게 있어서 대답이 충분치 않다는 것은 '충분히 물어보지 않았다'는 것을 의미합니다. 심지어 그 아이는 가끔 제게 와서는 이렇게 말합니다. '아빠, 저는 아빠가 안 된다고 하실 것은 알지만요, 오늘 밤에 아이스크림 사주시러 가실 생각은 없으세요?'"

D형 아이는 선천적으로 지도자적 기질이 있기 때문에 매우 의지가 강하다. 결과를 예측하고, 부모가 가장 취약한 때를 감지하고서는 공격한다. 또한 일이 자기 뜻대로 되지 않을 때 큰 소리로 화를 내면서 불만을 토로한다.

이 아이는 자기가 생각한 대로 말하기 때문에 종종 다른 사람들의 기분을 상하게 한다. 그리고 무뚝뚝하며 심지어 거칠게 행동한다.

'미안하다'라고 사과하거나 자기 잘못을 잘 시인하지 않는다.

이 아이는 자신이 남을 통제할 필요가 있다고 강하게 느낀다. 통제의 필요성은 하나의 선택이 아니라 그 아이가 삶을 살아가는 원동력이다.

D형 아이는 만화 영화에서 이렇게 외치는 주인공 소년과 같다. "온 세상이 평화롭다. 나는 더없이 평온하다… 내 삶의 목적을 찾았고… 내가 원하는 것을 할 수 있는 다른 사람과 함께 여기에 있다. 일단 모든 사람들이 그것을 받아들이면 그들도 역시 평온해질 것이다."

D형 자녀 양육하기

D형 자녀가 잠재 능력을 발휘할 수 있게 하는 몇 가지 방법이 있다.

- 자녀에게 약간의 통제와 선택을 경험할 수 있도록 책임을 부여한다. 책임의 정도는 아이의 나이와 성숙도에 따라 증가시킨다.
- 자녀가 해낼 수 있는 특별한 목표를 준다. 할 수만 있다면 아이의 타고난 경쟁심을 이용한다. 예를 들어서 부모의 목표가 아이에게 일주일에 한 번은 아주 깨끗하게 자기 방을 치우게 하는 것이라면, 아이가 자기 방 청소를 주어진 시간 내에 끝마치면 특별한 상이나 칭찬을 해주는 게임 방식을 응용한다.
- 목표를 설정하고 그것을 추구해나가는 것이 현명하며, 실패는 삶의 일부이지 자신이 곧 실패자를 의미하는 것이 아님을 이해시킨다.
- 느긋한 마음을 갖도록 도와주고, 언제 어떻게 여유를 가져야 하는지를 알게 한다.

- 자녀가 당신의 말에 동의하지 않을지라도 자신이 지켜야 할 한계와 범위의 중요성을 받아들이도록 가르친다.
- 자녀와 다투었던 일로 상처를 받았거나 실망하고 있을지도 모르는 다른 친구를 동정하고 이해하도록 가르친다.
- 가능한 많은 선택권을 주라. 예컨대 다음과 같이 말하면서 잠자리에 일찍 들도록 준비시킨다. "지금 잘래? 아니면 이 TV 프로를 다 보고 잘래?"
- 행동으로 옮겨야 할 때는 아주 짧고 강하게 지시한다. "이제 그만 잘 시간이다!" "지금부터 네 방을 청소해라!" 등등.
- 이 유형의 아이에게는 육체적인 활동이 매우 필요하기 때문에, 달리고 뛰고 움직일 수 있는 기회를 많이 제공한다. 오랫동안 앉아서 하는 활동은 피한다.
- 무엇보다도 D형 아이와는 힘 겨루기를 하지 않는다. 아이의 행동을 바로잡을 때는 고칠 점만 강조하고 행동에 초점을 맞춘다. 다정다감하고 논리적으로, 그러나 장황하지 않게 이유를 설명한다. 꾸짖으려 할 때 이 아이는 솔직하게 일이 어떻게 되어야 하는지 묻거나 벌을 덜 받기 위해서 협상하려고 할 수도 있다. 간단히 요점만 이야기하라. 누구의 책임인지를 아이에게 알려주라.

나는 어느 날 한 레스토랑에서 D형 자녀를 어떻게 다루어야 하는지에 대한 아주 좋은 본보기를 볼 수 있었다. 한 아빠가 두 딸과 함께 식당 안으로 들어왔다. 그는 테이블에 앉았다. 그 때 5살 난 딸아이가 다른 테이블 쪽으로 가 자기 동생을 위해서 나무로 된 높은 의자를 끌어당겼다.

"다나, 이리 오너라." 그가 말했다.
"싫어요, 아빠. 이 테이블이 좋아요. 우리 여기에 앉아요."
"봐라, 이 테이블이 공간이 더 넓잖니? 높은 의자에 앉아서 식사하기에는 여기가 더 좋단다."

다나는 자기가 선택한 테이블에 앉아서 계속 버티고 있었다. 이 실랑이는 마침내 그 남자가 자기 딸이 앉아 있는 테이블로 가서 아이를 데려다 높은 의자에 앉힐 때까지 그치지 않았다.

그는 그렇게 함으로 아이를 확실하게 통제하였다. 그러나 나는 그 전쟁이 그 정도에서 그치지 않으리라는 것을 느꼈다. 그들이 식사를 마치고 떠날 때, 나는 다나가 묻는 것을 들었다. "아빠, 다음에는 그 테이블에 앉을 수 있지요?"

나는 얼마나 높은 D형인가?

다음에는 D 행동 유형을 가진 사람의 특성을 열거해놓았다. 당신의 행동과 다른 사람들과의 상호 작용에 대해 생각해보라. 당신을 설명하고 있다고 느끼는 문장에 표시하라.

- ☐ 나는 빠르게 결정을 할 수 있다.
- ☐ 나는 일(과제)을 시작하면, 반드시 그것을 끝낸다.
- ☐ 나는 내 능력에 자신감이 있다.
- ☐ 나는 사람들과 얘기할 때 바로 핵심 사항에 대해 말하는 것을 좋아한다. 나는 장황하게 이야기하는 사람들을 싫어한다.
- ☐ 나는 목표를 설정하고 그것을 달성하기를 좋아한다.
- ☐ 나는 사람들이 나를 좋아하게 만들기보다 일을 완수하는 데 더 관심이 있다.
- ☐ 나는 앞장서서 일을 추진하는 것을 좋아한다.
- ☐ 나는 계속해서 도전할 것이 없으면 싫증을 느낀다.
- ☐ 나는 누군가가 가까이에서 나를 지켜보는 것을 좋아하지 않는다. 나

는 자유스럽게 내 방식대로 일하기를 좋아한다.
- ☐ 나는 압력을 받게 되면 공격적이고 단호해진다.
- ☐ 나는 다른 사람의 기분이나 견해를 수용하는 것이 부족하다.
- ☐ 나는 해결해야 할 문제가 있을 때 기운이 넘친다.
- ☐ 나는 과제를 수행할 때 아주 세부적인 것에는 관심이 없다. 큰 일에 관심이 있고 세부적인 일은 차라리 다른 사람에게 맡기는 것이 낫다.
- ☐ 나는 종종 냉정하고 무관심하다는 말을 듣는다.
- ☐ 나는 경쟁심이 강하고 남에게 지는 것을 싫어한다.

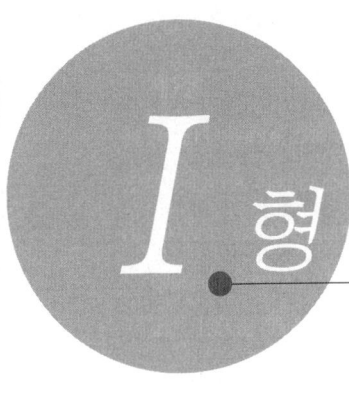

I. 형 사교적인 부모, 설득력 있는 아이
Interactive Parents • Influencing Children

 수잔은 할머니와 쇼핑하면서 3천 원짜리 작은 플라스틱 시계를 발견하고는 할머니에게 사달라고 졸라대며 말했다.

"할머니, 시계 하나 사주세요. 저는 시계가 없어요. 저는 시계가 필요하거든요, 할머니. 만약 할머니가 저를 사랑하신다면 저에게 저 시계를 사주실 거예요."

수잔의 할머니는 그 싸구려 시계는 오래 사용하지 못할 거라고 하면서 그 아이를 설득하려고 애썼다. 그러나 수잔은 고집을 부리면서 할머니가 사주실 때까지 애교를 부렸다. 단단히 마음을 먹고 끈질기게 들러붙는 사랑하는 손녀의 간청을 거절할 수 있는 할머니는 거의 없다.

다음 날 아침에 수잔이 시계의 태엽을 감으려고 했지만 이미 고장 나 있었다. 할머니는 생각했다. 이번 일은 수잔에게는 큰 교훈이 될 거야. 할머니는 손녀를 보고 말했다. "그것 봐라, 이 할머니 말을 들었어야지. 내가 그 시계는 싸구려라고 그랬잖니. 만약 내 말을 들었다면 이런 문제는 생기지 않았을 게다."

수잔은 할머니를 돌아보면서 말했다. "저는 아직 어리잖아요. 그러니까 할머니는 제가 할머니 말씀을 듣도록 했어야지요!"

할머니는 그 후 이렇게 말했다. "그 아이는 아주 설득력이 있어요. 나는 무슨 일이 있었는지, 아니 누가 옳았었는지 몰랐지요. 나는 그 자리에서 오히려 아이에게 미안하다고 했어요."

짐작할 수 있듯이, 수잔은 전형적인 I형이다. 높은 I형의 사람은 사교적이고 설득력이 있다. 다른 사람들에게 영향력을 미치고 자신을 믿게 하는 데 에너지를 쏟는다. 그들은 낙천적이고 이야기하기를 좋아하며, 다른 사람들을 기쁘게 해주고 싶어하는 경향이 있다. 그들은 사회적으로 인정을 받으려고 애쓰며, 또한 감정적이다. 그들은 자신들이 사물에 대해서 어떻게 느끼고 있는지를 말한다.

높은 I형의 사람은 역동적이고, 생각보다는 행동 지향적이다. 그들은 빨리 결정하고 지체하지 않고 행동으로 옮기는 경향이 있다. 그들은 자신들의 감정을 믿으며, 자신들이 느끼는 것을 바탕으로 해서 직관적으로 결정한다.

그들은 다른 사람들과 상호 작용함으로 자극을 받고 열정적이다. 그들은 혼자서 일하는 것을 좋아하지 않고 그룹 활동과 행사에 관심을 쏟는다.

사교적인/설득력 있는 I 유형의 7가지 주요 특징

• 사람 중심적이다. 높은 I형의 사람은 진심으로 사람들을 좋아하고 사회성이 아주 높다. 이들이 '가장 지향하는 것'은 친구들을 사귀

고 사람들에게 영향력을 미치는 것이다. 이들의 에너지와 열정은 다른 사람들에게 그들과 함께 행동하도록 부추긴다. 대다수의 I형은 다른 사람들의 감정 상태를 잘 느끼며 마음을 읽는 능력이 있다. 이들은 다른 사람들을 믿기 때문에 다양한 계층의 사람들을 무조건 받아들이는 경향이 있다.

- 감정적이다. 이들은 자신의 감정을 자유롭고 숨김없이 나타내며, 활기 차고 역동적이다. 사람들과 사건에 대해 감정적으로 반응한다. 대부분은 육체적으로 애정을 표시하고, 사랑을 듬뿍 받는 것을 필요로 한다. 반면에 감정을 통제하는 것을 어려워하고, 개인적인 비판에 아주 민감하다. 혼자 지내는 것을 싫어한다.

- 이야기하기를 좋아한다. 높은 I형은 설득력 있는 대화자이며, 이야기하는 것을 좋아한다. 이들은 다양한 화제로 즐겁게 이야기하며, 농담을 잘한다.

- 삶을 즐긴다. 이 유형의 사람들은 파티나 모임을 즐긴다. 이들은 잘 웃고, 또한 다른 사람들을 잘 웃긴다. 이들은 늘 무언가 일을 만들어내며, 변화가 많고 빠른 삶을 살기 때문에 따분하거나 지루해할 겨를이 없다.

- 낙천적이다. 사교적인 사람들은 어떤 상황에서도 긍정적인 면을 본다. 이들은 최상의 결과만을 예상하고 실패 가능성을 염두에 두지 않는다. 이들의 좌우명은 '걱정하지 마라! 즐거워해라!' 이다. 이들은 모든 일이 다 잘될 거라고 진지하게 믿으며 최선을 다해서 어려움을 극복하려 한다. 동시에 이들은 유쾌하지 않은 현실들을 무시함으로써 스트레스에 대처하는 경향이 있다.

- 자발적이다. 이들은 다양한 활동들을 즐기며, 자신의 감정에 따라서 자유스럽게 행동한다. 자유에 대한 열망이 크기 때문에 충동적이고 체계적이지 못하다. 이들은 구조화된 환경이나 개인적인 자유를 제한하려는 그 어떤 것도 좋아하지 않는다. 이들은 타고난 계획

가는 아니며, 세부적인 것에 신경을 쓰지 않는다.
- 사회적인 인정과 칭찬을 중요시한다. 높은 I형은 찬사와 칭찬과 감탄을 받을 때 의기충천해진다. 이들은 다른 사람들에게 자신이 두드러져 보이는 것을 좋아하며, 스스로 관심의 대상이 되려는 경향이 있다. 이들은 모든 사람들의 눈이 자신에게 집중될 때 활력을 얻는다. 이들은 외부로부터 자신의 존재를 인정받기 원하므로, 그들의 가장 큰 두려움은 다른 사람들에게 거부당하는 것이다. 그들의 자아상은 다른 사람들이 그들을 어떻게 보는가에 따라서 달라진다. 만약 당신이 높은 I형의 사람에게 자기 자신을 설명해보라고 하면 다음과 같은 말을 듣게 될 것이다. "내 친구가 그러는데 나는… 라고 합니다." 또는 "다른 사람들은 나에 대해서… 라고 말합니다."

성경 속의 I형 인물

예수님의 수제자인 베드로가 전형적인 I형 인물이다. 그는 자신감이 강해 제자 중에 제일 먼저 말하고 아주 충동적으로 반응했다.

만약 사복음서에서 열두 제자들의 질문과 대답의 양을 본다면 베드로가 말한 내용이 다른 열한 제자의 반응을 합한 것보다 더 많음을 알 수 있다. 그는 재빠르게 말하고 때로는 아주 성급했다. 그러나 사도행전에서의 그의 설교와 신약의 서신서는 그가 정규 교육을 제대로 받지 못했음에도 타고난 의사 소통의 재능이 있음을 보여준다.

어느 날 밤 제자들이 배를 타고 나갔는데 예수님께서 물 위로 그들에게 걸어오셨다. 오직 베드로만이 물 위를 걸어올 수 있는 사람이 누구일까라고 생각했다. "물 위를 걸어오시는 분이 예수님입니까? 저도 물 위를 걷고 싶습니다." 베드로는 물 위를 걸었다. 그는 항상 새로운 일을 시도했다.

그는 빨리 말했다. 마태복음 16장에 예수님이 제자들에게 "사람들이 인자를 누구라 하느냐?"라고 물었을 때, 베드로가 제일 먼저 "주는 그리스도시요 살아계신 하나님의 아들이십니다"라고 대답했다. 그리고 예수님께 칭찬을 받았다. 몇 구절 후에 예수께서 제자들에게 자신은 예루살렘에 가야 하고 죽어야 한다고 말씀하셨다. 이 때 베드로는 펄쩍 뛰면서 "주여 그리 마옵소서. 이일이 결코 주에게 미치지 아니하리이다"(22절)라고 했다. 이 때 예수님께서 "사탄아 내 뒤로 물러가라"고 대답하셨다.

마가복음 14장에서 예수님이 죽음을 앞에 두고 말씀하실 때 베드로는 힘 있게 자신의 충성심을 다짐했다. "내가 주와 함께 죽을지언정 주를 부인하지 않겠나이다." 그러나 I형의 열성만큼 그 이후의 행동은 그렇게 좋지 못했다. 예수님이 잡히신 후에 한 하녀가 베드로를 가리키며 예수를 따르던 자 가운데 하나라고 지적하자 반복해서 예수님을 모른다고 강하게 부인했다.

십자가에 못박혀 돌아가신 후 부활하신 예수님께서 배에서 고기를 잡던 제자들에게 다가가 말씀하셨다. 베드로는 그가 부활하신 예수님이라는 것을 즉각 알아차리고 다시 다른 제자들과 함께 해변가로 모였다.

성경을 통해서 하나님은 I형들의 특성들을 그의 사역에 쓰셨다. 모세는 바로 왕을 설득해 이스라엘 백성들을 해방시키기 위해 누구와 함께 갔는가? 높은 I형인 그의 형 아론이다. 하나님께서는 이스라엘 역사상 어려운 시기에 이스라엘 왕으로 누구를 세우셨는가? I형의 특성이 강한 다윗이었다. 누가 1세기 교회를 이끌어갔는가? 베드로였다. 누가 낙심한 제자들을 격려하였는가? 바나바였다. 하나님께서는 그를 믿는 백성들을 설득하고 영향력을 행사하기 위해 높은 I형의 사람들을 사용하셨다.[1]

사교적인 부모

이 세상에는 두 부류의 사람들이 있다. 하나는 포옹하는 사람들이고, 또 하나는 악수를 잘하는 사람들이다. 악수하는 사람(대부분 D형과 C형)들은 팔을 뻣뻣하게 뻗은 채로 손을 내밀어 상대방과 일정한 거리를 유지한다. 포옹하는 사람들은 처음 만나는 낯선 사람도 껴안는다. 높은 I형은 포옹을 잘 한다.

높은 I형 부모는 친구나 자녀와 끊임없이 이야기하기를 좋아한다. 이들은 자녀들과 이야기하고 장난하기를 좋아하기 때문에 자녀들과 함께 자유롭게 노는 것을 즐긴다.

이들은 자신과 자녀들이 즐거워할 수 있는 다양한 활동들을 하며 빠르게 행동한다. 또한 자녀들과 함께 일하고 싶어한다.

사교적인 부모는 따뜻함과 이해심이 있다. 그래서 다른 사람들은 문제가 생기면 이들에게 호소한다. 이들은 아주 세세한 것이나 집안을 청소하는 것 같은 일상적이고 반복적인 일은 지루해한다. 이들에게는 오히려 다른 사람들과 함께 어울려서 일하는 것이 더 좋다.

어느 토요일 오후 나는 아내와 함께 이웃에 있는 수영장에 앉아서 다양한 부모 유형에 대해 이야기하고 있었다. 이야기 도중 한 여인이 우리가 하는 대화를 옆에서 듣고 있다는 것을 알았다.

갑자기 이 여인은 우리들의 대화에 끼여들어서는 약 5분 동안 숨도 쉬지 않고 이야기했다. "당신들이 얘기하고 있는 그런 부모 유형이 누구인지 아세요? 바로 저예요."

'설마 농담이시죠?' 나는 생각했다.

그 여자는 말을 이어나갔다. "당신은 완벽하게 저를 설명하셨어요. 저는 제 아이들을 사랑합니다. 그리고 늘 아이들과 즐거운 시간을 가지려 하지요. 여름 내내 전 두 딸아이와 함께 매주 모험하는 시간을 정해놓았어요. 지난 주에는 동물원에 갔고, 이번 주에는 달라스에 있는 놀이 공원에 갈 겁니다. 다음 주에는 아이들의 친구 두 명을 초청해서 가장 멋진 잠옷 파티(잠옷을 입고 밤새도록 노는 10대들의 모임)를 가질 겁니다.

그 밖의 다른 재미있는 일을 알고 있으시면 말씀해주세요. 저는 아이들을 훈계하는 것이 정말 힘들어요. 어떤 상황이든지 분위기가 무거워지는 것은 정말 싫거든요. 저는 우리 아이들과 친구가 되길 원해요. 아이들이 저를 좋아하지 않을까봐 걱정하지요. 그것이 잘못됐다고 생각하시나요? 물론 제가 너무 관대하다는 것을 알아요. 하지만 저는 안 된다고 말하고 싶지 않아요. 게다가 제가 자랄 때 누릴 수 없었던 것들을 아이들이 모두 누리기를 바래요. 아이들이 자라서 우리 집을 즐거웠던 곳으로 기억하고, 여기서 자란 것을 긍정적으로 생각하기 원합니다."

그 이야기를 들으면서 내 눈빛은 조명을 받은 사슴의 눈처럼 이글거리기 시작했다.

아마도 이보다 더 좋은 I형 부모의 예는 찾을 수 없을 것이다. I형 부모는 집을 따뜻하고 재미있는 곳으로 만든다. 이들의 자녀들에게 애정 결핍은 결코 있을 수 없는 일이다.

하나님이 보여주신 I형 행동 모델

하나님께서는 I형 부모의 행동으로 그를 믿는 자녀들을 양육하기 원하신다. 많은 사람들이 하나님은 우리와 멀리 떨어져서 초연하게 계신다고 잘못 생각한다. 이들은 멀리서 우리를 정신적으로만 주시하시는 하나님으로 알고 있다.

우주 만물의 창조주이신 하나님이 우리가 그분을 잘 알기를 원하신다는 사실을 생각하면 놀랍다. 하나님은 우리 삶의 일부가 되셔서 우리와 대화하기를 원하신다. 사실 성경이 전하는 전체 내용은 하나님은 우리가 하나님을 개인적으로 알기 원하신다는 것이다.

예수님은 요한복음 17장 3절에서 "영생은 곧 유일하신 참 하나님과 그의 보내신 자 예수 그리스도를 아는 것이니이다"라고 말하신다. 하나님을 알고 또 그분과 개인적인 관계를 맺도록 우리를 초청하신 하나님께 대한 마땅한 반응은 그의 초청을 받아들이는 것이다. 우리는 믿음으로 하나님의 아들, 예수 그리스도를 구주로 받아들인다.

효과적이지 못한 I형 부모

수영장에서 만난 그 사람은 많은 I형 부모가 직면하고 있는 문제에 대해 언급했다. I형 부모는 자녀들이 자신을 좋아하길 원하며 거부당하는 것을 못 견딘다. 그렇기 때문에 이들 부모는 자녀에게 지나치게 관대해질 수 있다.

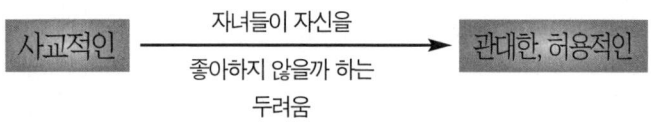

관대한 부모들은 자기 자녀들을 위해서 일하기 원하지만 그 과정에서 자녀들에게 너무 자유를 주는 실수를 한다. "나는 아이들을 행복하게 하는 것이라면 그 무엇이든지 할 것이다"는 것이 그들 삶의 신조다.

그들은 자녀들에게 안 된다고 말하고 싶어하지 않는다. 아이들에게 제한 규정이나 선을 그어주어야 할 때 다른 한계선을 그어서 문제를 무시하거나 그 문제가 사라지기를 바란다. 그들은 심지어 심각하게 받아들여야 할 것조차도 웃어넘긴다.

한 친구의 집을 방문하는 동안 나는 그 사실을 확인하였다. 높은 I 형의 아버지는 어린 아들 샘이 위험을 무릅쓰고 차도로 뛰어나가는 것을 발견하고는 소리를 쳤다. "샘, 차 다니는 길로 나가지 말아라."

몇 분 후에 샘은 다시 차도로 달려나갔고, 내 친구는 말했다. "샘, 아빠가 뭐라고 이야기했니? 차 다니는 길에서 놀지 말아라. 거기는 위험하단다." 그로부터 몇 분이 더 지나고 나서 "샘, 마지막으로 경고하는데 차도로 나가지 말아라." 그러고 나서 친구는 나를 쳐다보면서 이야기했다. "나는 저 아이를 어떻게 해야 할지 정말 모르겠어."

내 친구는 더 강하게 할 필요가 있었다. 말하는 것만으로는 아이가 차도에서 노는 것을 막을 수가 없었다. 이 아버지는 빠르고 단호한 행동을 취할 필요가 있었으며, 샘이 자기 말을 듣지 않을 때는 벌을 주어야만 했다.

구약 성경 사무엘상 2-3장에 나오는 엘리 제사장에 관한 내용을 읽어보라. 엘리의 아들들이 백성들이 바친 제물을 훔쳤고 또 성전에서 봉사하는 여인들과 잠자리를 같이 했다. 이런 사실을 들은 엘리 제사장은 아들들을 불러 잘못된 행실을 나무랐지만 그들은 아버지 말을 듣지 않았다. 엘리 제사장은 그런 자식들에게 더 이상 어떤 조처도 취하지 않았다. 후에 하나님께서는 어린 사무엘에게 엘리 제사장과 그의 아들들에 대해서 심판하시겠다고 다음과 같이 말씀하셨다. "나는 엘리의 아들들이 행하는 악에 대해서 그 가족을 영원히 심판하겠다고 그에게 말해 주었으나 그는 자기 아들들이 저주받을 짓을 계속하는 것을 보고도 그것을 제지하지 않았다"(삼상 3:13, 현대인의 성경).

관대한 부모는 자세히 조사해보거나 물어보지도 않고 자녀들이 말하는 것을 액면 그대로 받아들이는 경향이 있다. 그들은 오직 자녀들의 좋은 점만을 보려 한다. 자녀들은 이 점을 교묘하게 이용할 수도 있다.

관대한 부모들이 갖는 부모 역할에 대한 철학은 '네가 행복하다면 어떤 일이라도 해라. 어떤 방식이든지 네가 원하는 대로 해라'이다.

그들은 특히 자녀들이 자신들과 함께 있을 때 아이들이 행복해하지 않는 것을 원치 않는다. 또한 만약 자신들이 너무 엄격하다면 자녀들이 어떤 식으로든지 상처를 받을지도 모른다고 걱정한다.

관대한 부모에게 필요한 것

사교적인 부모는 자신들이 비효과적이고 지나치게 관대해지지 않기 위해 주도형(D)과 신중형(C) 부모의 몇 가지 기술을 배우고 적용할 필요가 있다.

- **대화 방법에 대해**: 대화할 때 그 한계와 경계를 더욱 확고히 한다. '할 수 있는 것' 과 '할 수 없는 것' 을 분명하게 한다. 논쟁에 휘말려들지 말라. 왜 그 일이 이루어지기를 원하는지 아이들에게 일일이 설명하지 않는다. 장황하게 이야기하여 본래의 주제에서 벗어나지 않도록 한다. 요점만 언급한다.
  상대방의 이야기를 경청한다. 마음 속에 있는 말을 나누기 위해서는 다른 사람의 감정이나 생각을 이해해야 한다. 너무 과장해서 말하지 않는다. 또한 자녀들이 말하는 것을 액면 그대로 받아들이지 않도록 주의한다. 중요하고 세부적인 사항들을 놓치지 않으려면 더 질문해야 한다.
- **속도에 대해**: 서두르지 말라. 특히 자녀가 좀 느린 아이라면 더욱 그렇다. 만약 당신이 주의하지 않으면 당신의 '빨리 빨리' 는 아이들에게 심적으로 상당한 스트레스가 될 수 있다.
- **관대함에 대해**: 당신은 '안 돼' 라고 말하는 것을 어려워한다. 다정

한 부모일수록 때에 따라서는 확고한 태도를 취해야 한다. 비록 아이들이 당신의 태도에 당황해하거나 화가 날 수도 있지만 결국에는 당신에게 감사하게 될 것이다.
- 우선 순위에 대해: 우선 순위를 정해서 그대로 이행해야 한다. 당신이 관대해지는 것은 우선 순위를 놓쳤을 때 당신이 느슨해지는 것을 다른 사람들이 모른 체하기 바라는 것처럼, 당신 또한 남들에게 그렇게 해야만 한다고 느끼기 때문이다.

처음부터 끝까지 계획을 세워서 일을 하고, 그 세부적인 내용을 실천하도록 노력한다. 자기 훈련은 자녀들을 양육하는 데 하나의 기틀을 만들어줄 것이다.
- 정신적인 면에 대해: 믿음과 긍정적이고 낙척적인 생각은 다르다는 것을 기억하라. 그 둘을 혼동할 때 자신과 가족에 대해 비현실적인 기대를 하게 될 것이다.

설득력 있는 아이

높은 I형 부모처럼 설득력 있는 아이의 삶의 목표 또한 재미있고 사람들과 즐기는 것이다.

어느 날, 카렌과 나는 우리 교회의 젊은 목사 브라이언 부부를 저녁 식사에 초대했다. 카렌과 아들 차드는 물건을 사러 백화점에 갔다. 장난감들이 놓여 있는 통로를 지나칠 때 차드(높은 D/I 유형)는 소리나는 방석을 집어들면서 말했다. "엄마, 이거 가지고 가서 목사님 의자 밑에 놓아요!"

카렌은 높은 C형이지만 차드가 I형이라는 것을 알기 때문에 "좋은 생각이다. 그렇게 하자"라고 했다. 그녀는 차드와 함께 어떻게 해야 이 방석을 눈치채지 못하게 갖다 놓을 수 있을까 궁리하기 시작했다.

높은 I형의 아이들은 또한 쉴새없이 이야기할 수 있다. 에스더의 경우를 보자. 이 아이는 전화기를 한 번 잡으면 도대체 내려놓을 줄을 모른다. 어느 날 에스더의 아버지는 그 아이가 자기 어머니에게 말대꾸를 하는 소리를 듣고는 이렇게 말했다. "에스더야, 네 마음은 이해할 수 있지만, 엄마에게 그렇게 말하면 안 된다." 그는 딸아이에게 일주일 동안 전화를 사용하지 못하도록 제한하였다.

물론, 높은 I형에게 전화를 사용하지 못하도록 하는 것은 목마른 사람에게서 물을 빼앗는 것과 같다. 그 다음 날, 에스더는 말했다. "아빠, 회초리로 저를 때려주시고 그만 용서해주실 수 없으세요? 전화하지 못하게 하는 것은 저를 죽이는 거예요!"

설득력이 있는 아이들은 활동적이며, 다른 사람들과 같이 활동하고 싶어한다. 높은 I형의 딸을 가진 친구가 말하기를 "우리 아이는 혼자 있지를 못해. '아무것도 할 게 없어요'라고 그 아이가 말하면, 나는 '이 아이가 지금 같이 놀 사람이 아무도 없구나'라고 알아듣지. 만약 아내와 내가 함께 집안 일을 하지 않으면 딸아이는 그 일을 하지 않으려 하지. 물론 그 일이 재미도 있어야 하고."

이런 아이들은 훌륭하고 창의적인 생각들로 가득 차 있지만 주의 집중력이 짧기 때문에 그것들을 실행에 옮기지 못할 때도 있다. "그 아이는 잠시도 쉬지 않고 줄기차게 움직인답니다" 또는 "그 아이는 잠시도 가만히 앉아 있지를 못해요"라는 말은 흔히 I형의 아이들을 묘사하는 말이다. 이 유형의 아이들은 충동적으로 행동하고 나중에 생각하는 경향이 있다. 그들은 다른 사람들을 쉽게 믿는다. 처음 만나는 사람도 낯설어하지 않는다. 모든 사람이 그들의 좋은 친구가 될 수 있다.

이 아이들은 다른 아이들이 자신을 어떻게 생각하고 있는지에 대해 대단히 예민하다. 그래서 그들은 같은 또래 아이들의 압력에 특히 상처받기 쉽다. 이 아이들은 사람들을 좋아하고 그들도 자신을 좋아해주기를 원한다. 동료들에게 인정받아야 한다는 욕구가 강하다.

사람들을 사랑하는 그들의 천성은 어떤 일이나 사람들이 자신의 일을 방해할 때 즉시 분노로 바뀔 수 있다. 그들의 감정은 높고 낮음이 서로 교차되어 나타나기 때문에 웃다가 기분이 상하면 울고 다시 분위기가 바뀌면 웃곤 한다. 그들의 기분은 빠르게 변하기 때문에 그들은 실망감에서 쉽게 벗어날 수 있고, 좋지 않은 상황에서도 최선을 다할 수 있다.

설득력이 있는 아이들은 자신의 감정을 솔직하게 이야기한다. 이들은 자주 안아주고 볼에 입을 맞춰주는 등 애정 표현이 필요하다. 차드는 높은 I형이다. 그래서 매일 밤 나는 잠자리에 든 아이 위로 몸을 굽혀 온 몸으로 안아준다. 1, 2분 정도 서로 뒹굴고 난 다음 함께 기도한다. 그러면 아이는 꼭 껴안고 볼에 뽀뽀를 한다. 그 아이는 자기 친구들 앞에서는 이런 행동을 좋아하지 않을지 모르지만, 잠잘 시간에 우리 둘만 있을 때는 그렇게 하지 않으면 잠을 자려고 하지 않는다.

I형 아이 양육하기

I형의 아이가 잠재 능력을 잘 발휘하게 도울 수 있는 방법이 있다.

- 재미있는 시간을 계획한다. 따뜻하고 친근감이 느껴지는 가정 분위기를 만든다.
- 끊임없이 용기를 북돋아준다. 그의 강점과 그가 해낸 일에 대해서 구체적으로 이야기해준다(이 부분에 대해서는 뒷장에서 상세히 이야기할 것이다).

- 아이가 해야 할 일을 종이에 적어준다. 자신이 말한 것을 행동으로 옮길 수 있는 아이디어들을 제공한다.
- 자녀와 함께 꿈을 꾸어본다. 비록 꿈을 실현시킬 수 있는 가능성은 적을지라도 마치 꿈꾸듯이 아이와 함께 하고 싶은 일, 가고 싶은 곳에 대해서 상상의 날개를 펼쳐라. 이렇게 이야기해본다. "우리 온 가족이 함께 하와이로 여행을 살 수 있다면 멋질 거야. 만약 그렇게 된다면 너는 제일 먼저 뭘 하고 싶니?" 현실로 되돌아오게 해야 한다고 생각하지 말고 아이가 마음껏 꿈을 꾸게 하라.
- 아이가 어떤 일을 잘했을 때 특별한 상을 주거나 칭찬을 해주는 등 그 즉시 보상을 해주라.
- 수없이 껴안아주고 쓰다듬어준다. 이 아이는 끊임없이 애정이 듬뿍 담긴 행동을 필요로한다.
- 다른 사람들이 하고 있는 것을 이 아이도 하고 싶어한다는 점을 이해하라. 또래 집단의 압력과 비우호적인 상황에 대해 확고하고 주도적으로 대처하도록 도와준다.
- 어떤 일에 대해 세부 사항까지도 철저히 생각하게 한다.
- 아이에게 냉정하거나 지나치게 일 중심적으로 대해서는 안 된다. 그러면 아이는 자기에게 무슨 잘못이 있거나 혹은 당신이 자기를 좋아하지 않는다고 단정할 것이다.
- 비판하거나 잘잘못을 너무 따지지 않는다. 여러 사람 앞에서, 특히 친구들 앞에서 결코 이 아이를 깎아내려서는 안 된다.
- 친구를 사귀고 싶어하는 소망이 강하므로 특히 아이가 부모와 함께 지내기를 바라는 시기에는 아이와 함께 놀아줄 친구가 되어야 한다.

나는 얼마나 높은 I형인가?

다음에는 I형의 독특한 특성을 열거해놓았다. 당신의 행동과 다른 사람들과의 상호 작용에 대해 생각해보라. 당신을 설명하고 있다고 느끼는 문장에 표시하라.

- ☐ 나는 말하기를 좋아한다. 나는 결코 다른 사람 앞에서 말을 못해 당황해본 적은 없다.
- ☐ 나는 많은 사람이 모이는 모임에서도 편안함을 느낀다.
- ☐ 나는 대체로 처음 보는 사람과 이야기하는 데 별 어려움이 없다.
- ☐ 나는 다른 사람들과 함께 일을 하는 한 그 일에 깊이 몰두할 수 있다.
- ☐ 나와 함께 어떤 활동이나 프로젝트를 하도록 다른 사람들을 설득할 수 있다.
- ☐ 나는 다른 사람들과 함께 있을 때 활력이 넘친다. 오랫동안 혼자 있는 것이 싫다.
- ☐ 나는 항상 열정적으로 다양한 활동에 참여할 수 있다.
- ☐ 나는 일반적으로 일이나 사물의 긍정적인 면을 본다.
- ☐ 사람들은 내가 어떻게 느끼고 있는지를 쉽게 추측한다.
- ☐ 내가 생각하고 있는 것을 표현하는 데 그다지 어려움이 없다.
- ☐ 나는 모임에서 앞에 나서기를 좋아하며 인정받기를 원한다.
- ☐ 나는 친구가 많다.
- ☐ 나는 일을 체계적으로 해야 함에도 불구하고 체계적이지 못한 때가 많다.
- ☐ 나는 한 가지 일을 하다 말고 다른 일을 하는 경향이 있기 때문에 때때로 한 과제를 끝까지 완성하는 데 문제가 있다.
- ☐ 나는 창의적이고 상상력이 풍부한 아이디어를 낼 수 있다.
- ☐ 나는 일을 다른 방식으로 하기 좋아한다.

1. DISC 모델로 성경에 나온 인물에 대해 더 자세히 알려면 켄 보그 (Ken Voges)와 론 브라운드(Ron Braund)가 지은 '다른 사람들은 당신을 어떻게 오해하는가(Understanding How Others Misunderstand You(Chicago: Moody Press, 1990)'를 보라. 켄이 쓴 '성경 인물 프로파일(Biblical Personal Profile: 한국교육컨설팅연구소에서 국내 보급함)'은 성경에 나온 여러 남녀 인물을 비교하는 데 도움이 된다.

S.형 지원적인 부모, 인정 많은 아이
Supportive Parents • Soft - Hearted Children

벅이 고양이들과 함께 노는 모습을 바라보며 바바라는 그가 좋은 아버지가 될 것이라고 확신했다. "그는 조용하고 온화하게 고양이들에게 애정을 보여주었어요."

"그는 변함이 없습니다. 그는 항상 다른 사람을 위해서 준비되어 있지요. 믿음직스러워요"라고 덧붙였다.

그리고 다정하다. 바바라는 감정을 솔직하게 표현하지 않는 가정에서 자라났다. 그래서 벅이 처음 "당신을 사랑해"라고 말했을 때 그녀는 같은 말을 벅에게 할 수가 없었다. "나는 남편에게 '당신을 사랑해'라는 말이 쑥스러우니 너무 자주 하지 말라고 부탁했어요." 그녀는 말했다.

우리 주변에도 벅과 같은 사람들이 있다. 벅처럼 높은 S형의 사람은 집에서나 사무실에서나 감정 변화가 거의 없다. 그들과 함께 있을 때 사람들은 편안함을 느낀다.

지원하려는/인정 많은 S형의 7가지 주요 특징

- **변함이 없다.** 그들은 시종일관 같은 태도로 사람을 대한다. 그들은 참을성이 있고 헌신적이며 충실하다. 그들은 일이 끝날 때까지 그 일에만 매달리며, 나이에 비해 매우 일관성이 있다. 이런 긍정적인 강점이 지나치면 그들은 자신들의 방식에만 집착하게 될 수 있다.
- **잘 협력한다.** 이 유형의 가장 좋은 면은 그 팀이 가족이든 업무 관계든 팀에 충실하고 사려 깊으며 팀의 결정에 따른다는 것이다. 이들은 협동심이 강하고, 현 상태를 급하게 뒤바꾸는 결정은 좋아하지 않는다.
- **친근감이 있다.** 그들에게는 안정적인 구조와 반복적인 것이 필요하므로, 규칙적이고 일관된 절차에 따라 일하기를 원한다. 그들은 이미 정해져 있는 반복되고 일상적인 일에서 가장 편안함을 느낀다. 그들은 예기치 않은 변화나 뜻밖의 일을 좋아하지 않으며, 변화가 불가피할 경우에는 적응할 시간이 많이 필요하다. 그들은 변화가 자신들의 안정을 위협하기 때문에 싫어한다. 그래서 그들은 현 상태를 유지하려고 한다. 그들은 자기 가족 내에서의 안정을 상당히 중요시한다.
- **도우려 한다.** 높은 S형의 가장 두드러진 경향은 다른 사람들을 도와주려는 것이다. 그들은 도와달라는 부탁을 기다리지 않으며, 다른 사람들의 요구를 충족시켜줄 때 행복감을 느낀다. 그들은 앞장서기보다는 뒤따라간다.
- **겸손하다.** 그들은 스포트라이트를 받거나 관심의 대상이 되는 것을 좋아하지 않는다. 그들은 자기가 이룬 것에 대해서 자랑하지 않는

다. 비록 인정받고 싶은 욕구를 느껴도 드러내려 하지 않는다. 그들은 예의 바르고 조심하면서도 친근한 태도를 보인다. 그들은 잘난 체하거나 나서는 것을 경계하기 때문에 특히 대중 앞에서는 그다지 적극적인 태도를 보이지 않는다.

- **사람들에게 헌신적이다.** 그들은 따뜻하고 편한 인간 관계를 맺는다. 서로간의 우애를 깨뜨리지 않기 위해 다른 사람들의 실수에 대해 너그럽다. 그들이 다른 사람들의 잘못을 바로잡을 때 귀에 거슬리는 말을 하는 경우는 거의 없다. 그들은 I형 만큼 친구가 많지는 않지만 친구들에게 충실하고 헌신적이다. 그들은 가족 사진을 지갑에 넣고 다니는 사람들로서, 친밀한 관계를 오래 유지한다.
- **실용적이다.** 그들은 순서대로, 실질적인 방식으로 일을 한다. 행동하기 전에 깊이 생각하는 경향이 있으며, 어떤 일이 처음부터 끝까지 어떻게 진행되어가는지를 알아야 한다. 실용적인 행동과 사고를 지향하는 특성 때문에 대부분의 사람들은 그들을 느긋하고 편안하게 일하는 사람이라고 말한다.

높은 S형들은 선천적으로 상담 능력이 있으며 지원적이다. 그들은 인정 많은 훌륭한 청취자이다. 그들은 또한 훌륭한 외교관이자 중재자이다.

그들은 뻔뻔스럽고 공격적인 행동을 싫어하며, 비인간적인 관계를 싫어한다. 그들의 주된 관심사는 "당신 제안이 나와 내 일, 내 가족, 내 인생에 어떤 영향을 미칩니까?"라는 것이다.

그들의 가장 큰 강점은 믿음직스럽고, 지원적이며, 협력적이라는 것이다. 가장 큰 약점은 사람들이 이런 점을 이용할 수 있다는 것이다. 그들은 지나치게 민감해질 수 있다. 변화가 그들에게 있어서 가장 중요한 것이라고 해도 그들은 쉽게 변하지 않을 것이다.

성경 속의 S형 인물

S형의 행동 특성을 가장 많이 보여주는 성경 인물로는 아브라함이 있다. 예를 들면 창세기 13장은 아브라함이 조카 롯과 벧엘에 어떻게 정착했는지를 묘사하고 있다. 아브라함과 롯은 각자 많은 가족과 가축 무리를 거느리고 있었기 때문에 제한된 땅에서 가축을 치는 목자들끼리 서로 다투지 않고 지내기가 쉽지 않았다.

갈등 관계를 불편하게 생각하는 아브라함은 롯에게 "우리는 한 친척이다. 나와 너, 그리고 내 목자와 네 목자끼리 서로 다투지 말자. 네 앞에 온 땅이 있지 않느냐? 자, 서로 갈라서자. 네가 원하는 땅을 택하라. 네가 동쪽으로 가면 나는 서쪽으로 가고 네가 서쪽으로 가면 나는 동쪽으로 가겠다"(8-9절, 현대인의 성경)며 선택권을 주었다.

만약 D형이 강했던 사도 바울이라면 이 상황을 어떻게 다루었을까? 롯에게 이렇게 말했을 것이다. "롯아! 너는 나를 따라 여행을 하고 있지. 내가 책임을 지고 있으니까 네게 호의를 베풀고 싶구나. 네 가축과 목자들이 내 것으로부터 멀리 떨어졌으면 한다. 네 목자들에게 이 사실을 알려라."

그러나 아브라함은 롯에게 먼저 자신이 원하는 땅을 선택하도록 했다. 롯은 물이 넉넉한 요단, 에덴 동산과 애굽과 같은 동쪽 땅 소돔과 고모라를 선택했다. 그러나 아브라함에게는 큰 변화가 없었다. 그는 가나안 땅에 계속 살았다. S형들은 평화롭게 지내기를 원하고 관련된 모든 사람들을 위해 가장 좋은 대안을 찾는다.

지원적인 부모

높은 S형 부모는 자녀들에게 강한 안정감을 준다. 그들은 자녀들의 요구를 들어주기 위해 자기를 희생한다. 그들은 특히 자녀들이 어렸을 때 온갖 정성을 다해서 키운다. 자녀들에게 많은 관심을 보이고 그들의 안전을 보살핀다.

그들은 자녀들에게 집과 가족에 대한 강한 인상을 심어준다. 그들은 친숙한 일상들로 둘러싸여 있는 따뜻하고 안락하며, 지원적인 가정 환경을 만들어낸다. 그들은 또한 가족의 전통을 세우고 싶어한다.

작가인 토니 알렉산드라(Tony Alessandra)의 책 '지혜로운 사람들(People Smart)'에서 전형적 S형 어머니는 에디트 벙커다. 아취가 계속해서 가정을 어렵게 만들어도 에디트는 흔들리지 않고 가정을 안정적으로 지켜가는 모습을 보여주었다. 아취가 미트헤드와 심하게 의견을 대립해도 에디트는 두 사람 모두와 잘 지냈다.

저자는 그녀를 '어려운 세상을 이기는 다리(Bridge over Troubled Water)'라고 불렀다.[1] 그녀는 가정의 중심이었다. 또한 각자 개성이 다른 가족, 이웃과도 즐겁게 지냈다. 그녀는 사람들의 긍정적인 면만 보고 부정적인 면은 안 보는 것처럼 보였다. 그녀는 침착하고 이웃에 호의적이며 예측 가능한 S형의 성향을 가진 사람이었다.[2]

나는 S형 어머니에게서 자랐다. 어머니는 집과 가족을 그 무엇보다도 우선시하셨다. 어머니는 사랑이 많았고 조심스러웠으며, 아버지와 내 요구를 모두 잘 들어주셨다. 어머니는 모험을 하지는 않으셨으나 일을 순탄하게 하는 것을 좋아하셨다. 나는 우리 집을 안전하고 평화로운 곳으로 기억한다. 우리 가족은 함께 앉아서 이야기꽃을 피우면서 평온하고 조용하게 저녁 시간을 보냈다.

어머니는 또한 사람들에게 봉사하기를 좋아하셨다. 그것은 어머니의 천성이셨다. 어머니는 특히 다른 사람이 부탁하기도 전에 그 사람이 필요로 하는 일에 대해서 생각해내는 것을 즐기셨다. 만약 아버지와 내가 거실에 앉아서 텔레비전을 보고 있으면 어머니는 "마실 것

좀 줄까요?"라고 묻곤 하셨다.

"글쎄요, 주스나 한 잔 주세요"라고 하면, 어머니는 우리에게 금방 시원한 주스 한 잔씩을 주셨다. 어머니는 우리 손발처럼 시중을 들어주셨다.

그리고 요즈음… 아내 카렌(높은 C형) 역시 내 시중을 들어주고 있다. 그녀는 내가 직접 내 손발을 움직여서 원하는 것을 얻도록 시중을 들어주고 있다.

그녀는 자기 어머니에게서 그렇게 배웠다. 나와 카렌이 데이트를 하던 시절, 그녀의 집에서 TV를 보면서 "카렌, 마실 것 좀 주겠어?"라고 이야기하던(그녀의 어머니 앞에서) 일이 기억난다. 장모님은 나를 쳐다보고는 내게로 걸어와서 나를 일으켜 세우시더니 팔을 잡고 냉장고 앞으로 데리고 가서는 스스로 필요한 것을 꺼내먹도록 하셨다.

내가 대학에 진학한 후 어머니는 다시 직장을 다니셨다. 시청에서 어머니와 함께 일했던 사람들은 맡은 바 책임을 다하는 어머니의 착실함과 능력에 칭찬을 아끼지 않았다. 1984년에 어머님은 돌아가셨다. 장례식에 참석했던 수백 명의 사람들이 나에게 어머니의 다정다감하고 순수한 정신에 그들이 얼마나 많이 감사하고 있는지를 말해주었다.

하나님이 보여주신 S형 행동 모델

시편 23편이 하나님의 지원적인 부모상을 잘 보여준다. 이 시편은 조용히 평화로운 관계로 우리를 인도하시는 하나님을 잘 표현하고 있다.

여호와는 나의 목자시니 내가 부족함이 없으리로다.
그가 나를 푸른 초장에 누이시며 쉴 만한 물가로 인도하시는도다.
내 영혼을 소생시키시고 자기 이름을 위하여 의의 길로 인도하시는도다.
내가 사망의 음침한 골짜기로 다닐지라도 해를 두려워하지 않을 것은 주께서 나와 함께 하심이라.
주의 지팡이와 막대기가 나를 안위하시나이다.
주께서 내 원수의 목전에서 내게 상을 베푸시고 기름으로 내 머리에 바르셨으니 내 잔이 넘치나이다.
나의 평생에 선하심과 인자하심이 정녕 나를 따르리니 내가 여호와의 집에 영원히 거하리로다.

다른 성경 구절에도 하나님은 우리를 도우시는 자로 묘사되어 있다(시 33:20, 46:1, 121:1, 124:8, 사 41:10, 히 13:6). 시편 103편 3절에는 '죄를 대속해 주시는 구세주'로, 고린도후서 1장 3-4절에는 '자비의 아버지, 위로의 하나님'으로, 요한복음 15장 13-15절에는 '친구를 위해 목숨을 버리는 친구'로 묘사되어 있다. 이 모든 성경 말씀이 안정적이며 헌신적으로 돌보시는 하나님의 성품을 나타낸다.

하나님의 지원적인 부모 스타일에 대한 반응으로 우리는 예레미야애가 3장 22-26절을 따를 수 있고, 또 그의 돌보심 안에 우리의 소망을 굳건히 둘 수 있다.

여호와의 자비와 긍휼이 무궁하시므로
우리가 진멸되지 아니함이니이다.
이것이 아침마다 새로우니 주의 성실이 크도소이다.
내 심령에 이르기를 여호와는 나의 기업이시니

그러므로 내가 저를 바라리라 하도다.
무릇 기다리는 자에게나 구하는 영혼에게
여호와께서 선을 베푸시는도다.
사람이 여호와의 구원을 바라고 잠잠히 기다림이 좋도다.

편의를 봐주는 것의 위험

S형들의 일반적인 약점은 지나치게 다른 사람의 편의를 봐준다는 것이다. 그들은 다른 사람들의 행복에 대해 너무 걱정하고, 또한 가까운 친분 관계를 잃게 되는 것을 두려워하여 다른 사람들이 자신을 무시하더라도 개의치 않는다.

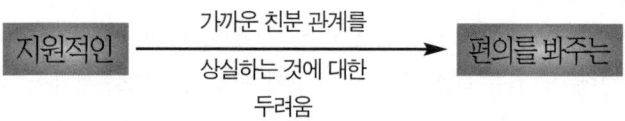

한 친구가 예전에 상담했던 부부에 대해서 내게 이야기해주었다. 부인이 다른 남자를 사귀고 있다는 것을 그 남편이 알았다. "나는 아내가 다른 남자를 만나는 것이 싫지만 아내가 행복하기를 바랍니다"라고 그 남편이 말했다.

상담원은 놀랐다. 어떻게 이 남자는 자기 아내가 다른 남자와 데이트하고 있는 것을 뒤에 앉아서 지켜보고만 있을 수 있단 말인가? 그래서 이 상담원은 그 남자의 DISC 행동 유형을 진단해보았으며, 그가 극단적으로 높은 S형이라는 것을 알게 되었다.

그 남편에게 말했다. "다른 사람들을 기쁘게 하고 싶어하는 당신의 바람은 알지만, 이건 너무 거리가 먼 이야깁니다. 당신이 진정으로 아내를 사랑한다면 다른 사람하고 데이트하고 있는 아내를 그냥 내버려둘 수는 없지요." 이런 식으로 지나치게 다른 사람의 편의를 봐주는 행동은 그의 아내로 하여금 남편이 자신들의 결혼 생활에 관심이 없다고 단정하게 하는 원인이 될 수도 있다.

이 이야기가 좀 극단적일지는 모르지만, 편의를 봐주는 것이 얼마나 위험한지를 시사하고 있다. 지원적인 부모들은 때때로 지나치게 자녀들의 요구를 들어주기 때문에 아이들의 독립심을 약하게 해서 자신들이 스스로 살아갈 준비도 못한 채 험한 세상으로 아이들을 떠나게 할지도 모른다.

포스터 클라인과 짐 페이(Foster Cline and Jim Fay)는 '사랑과 이성을 통한 자녀 양육(Parenting with Love and Logic)'에서 이러한 사람들을 헬리콥터형 부모라고 불렀다.

> 어떤 부모들은 사랑이란 자기 자녀들의 주위를 맴돌면서 사는 것이라고 생각한다. 그들은 헬리콥터형 부모다. 그들은 자녀들의 주위를 맴돌다가 문제가 생길 때마다 아이들을 구해낸다. 그들은 자녀의 도시락과 각종 사유서, 숙제와 과제물 등을 학교에 가져다준다. 그들은 자녀가 다 성장해서 보살핌이 크게 필요하지 않을 때까지 대개 아이에게 필요하거나 가치가 있는 것을 경험할 수 있는 기회조차 주지 않을 수도 있다. 자기 자녀들이 SOS 신호를 보내자마자 가까운 곳을 맴돌고 있던 헬리콥터형 부모들은 순식간에 달려가서 선생님들이나 같이 노는 친구들, 적대감을 나타내는 다른 사람들로부터 자기 아이들을 보호한다.[3]

저자의 말에 의하면 이들 '애정 어린' 부모들은 자기 자녀들이 성인으로 수월하게 성장하리라고 느낄지는 모르지만, 실제로 자신들은 가진 고생을 다하면서 아이들이 살아가는 방편을 마련해준다. 자신들의 모든 삶을 보호받아 온 헬리콥터형 부모의 자녀들은 인생에 도전하기 위한 아무런 준비와 각오가 되어 있지 않다.

내가 아는 한 헬리콥터형 어머니는 자기 아이들이 감기에라도 걸릴까봐 겁이 나서 이웃에 사는 아이들과 놀지도 못하게 한다. 병으로부터 자기 아들과 딸을 보호하는 동안 그녀는 아이들의 감정이 성숙되고 사회성이 자라게 하지 못하였다.

편의를 봐주는 부모들의 또 다른 문제는 논쟁을 피하기 위해 쉽게 양보한다는 것이다. 그들은 어떻게 해서든지 평온이 유지되기를 바란다.

아이: "엄마, 이 빨간 구두 사주세요."

엄마: "안 돼. 전부터 이야기했잖아. 부활절에 입을 드레스에는 하얀 구두가 필요하고, 교복을 입을 때는 검정 구두가 필요하잖니. 그러니까 오늘은 흰 구두나 검정 구두 하나만 살 수 있단다."

아이: (흥분해서 큰 소리로) "나는 빨간 구두를 사고 싶어요."

엄마: "안 돼, 두 켤레씩이나 살 돈은 없어요."

아이: "엄마 미워. 엄마는 내가 원하는 것을 들어준 적이 한 번도 없어요."

엄마: "무슨 말을 그렇게 심하게 하니. 너는 엄마를 미워하지 않잖아. 그리고 또 좀 조용하게 이야기해라. 사람들이 우리를 쳐다보잖아."

아이: (오히려 더 크게) "나는 엄마가 정말 미워. 그리고 누가 들으면 어때요."

엄마: "알았다, 알았어. 좀 조용히 해라. 이번에는 빨간 구두를 사줄게. 그렇지만 또 다른 것을 사달래지 않겠다고 약속해야 한다."

아이: "약속할게요."

아이들에게 분명하게 한계를 긋지 못하는 것은 결국 아이들을 위해서 현명하지도 유익하지도 않다. 편의를 봐주는 부모 밑에서 자란 아이들은 심지어는 성인이 되어서도 부모들의 도움에 지나치게 의존하게 될 수 있다.

한 가지 더 있다. 편의를 봐주게 되는 높은 S형의 부모들은 특히 자기가 속고 있거나 이용당하고 있다는 것을 알아도 자기 감정을 드러내는 것을 어려워한다. 이런 부모들은 다른 사람들의 요구를 들어주기 위해서 개인적인 희생을 감수하는데 익숙하기 때문에 상대방이 감사해하지 않더라도 그다지 섭섭함을 느끼지는 않을 것이다. 그들은 당연한 일을 했다고 생각한다.

높은 S형의 사람들은 도움을 주는 쪽이 자신들임에도 다른 사람들에게 진심으로 감사해한다는 것을 기억하라.

편의를 봐주는 S형 부모에게 필요한 것

- 대화할 때 : 자신의 느낌을 좀더 솔직하게 말한다. 당신이 어떤 일에 대해 불안하거나 화가 났을 때 자신의 감정과 좌절감을 안으로 삭이지 말고 털어놓는다. 좀더 단호하게 자신이 정한 규칙들을 고수한다.
- 속도에 대해 : 당신이 편안함을 느끼는 상황에서 벗어나서 속도를 내야만 할 때가 있다. 적절한 때에 주도권을 잡는다.
- 우선 순위에 대해 : 자기 가족에 대한 사랑과 배려는 필요한 것이다. 그렇지만 당신 아이들을 계속해서 어려움에서 벗어나도록 도와주어서는 안 된다. 아이들이 자신의 행동에 대한 책임을 경험하도록 내버려둔다. 아이들이 책임감 있는 성인으로 성장하기 위해서는 자신이 처해 있는 어려움을 헤쳐나갈 방법을 배워야 한다. 이러한 일들을 얼마나 자주 경험하게 할지는 자녀들의 나이와 행동 유형

에 따라 달리해야 한다.
- 변화에 대해 : 변화는 피할 수 없다는 사실을 인식한다. 가족들이 이사를 하고, 아이들이 자라서 집을 떠나는 등 모든 일들이 단순하게 똑같은 상태로 머무르지는 않는다. 과거의 전통과 물건들 그리고 기억들은 소중히 여기고 보존한다. 하지만 건전한 변화를 두려워해서는 안 된다.
- 자기 자신에 대해 : 자기 자신을 위한 시간을 갖는 것이 속물스럽고 가족들에게 애정이 없는 것이 아니다. 적어도 일주일에 한 가지 일은 당신이 다른 사람들을 위해 써서 없어진 자신의 감정 탱크를 재충전하기 위한 시간을 갖는다.

인정 많은 아이

대체로 S형 아이에게 친구가 있는지 없는지를 걱정할 필요는 없다. 그들은 I형 아이들만큼 빨리 사귀지는 않겠지만 몇 명의 좋은 친구들을 선택해서 사귈 것이다. 그들은 조용히 그리고 편안하게 다른 사람들을 기쁘게 하는 일에 관심을 기울이는 경향이 있다.

이 아이들은 기꺼이 다른 사람들의 편의를 봐주기 때문에, 다른 사람들은 그들을 아주 좋아한다. 만약 우리의 아이가 S형이라면 다른 부모들이 우리에게 이렇게 말할 것이다. "댁의 아이는 우리 아이에게 참 좋은 친구예요. 그 아이는 대하기가 아주 편해요!"

인정 많은 아이는 그룹의 일원이 되는 것을 좋아하고, 운동할 때 훌륭한 팀 플레이를 펼친다. 그들은 일하는 속도가 느리기 때문에 과제들을 빠르게 처리하지는 못하지만 질서 정연하게 한다.

그들은 또한 일을 어떻게 해야 하는지를 알고 싶어한다. S형 자녀에게 참치 샌드위치를 만들라고 부탁했을 때, 그 아이가 스스로 그것을 어떻게 만들지 생각해낼 것이라고 기대하지 말라. 대신 그 아이에게 참치 샌드위치를 어떻게 만드는지를 순서대로 보여주는 것이 좋다. 그러면 다음부터 그 아이는 정확하게 그 순서대로 참치 샌드위치를 만들 것이다. 이것은 아이를 가르치는 선생님이나 부모가 알아야 할 중요한 사실이다. 종종 S형의 아이는 숙제나 일하는 방법을 제대로 이해하지 못하고, 또한 질문하는 것을 부끄러워하거나 어려워하기 때문에 그 일을 잘 못하는 경우가 있다.

S형의 아이들은 잘 정리되어 있고 분명하게 정해진 일상적인 것을 좋아한다. 그들은 주위 환경이 친숙할 때 안전함과 안정감을 느낀다. 그들은 변화를 두려워하며, 자신들이 해오던 대로 모든 것들을 유지하려고 애쓴다. 그들은 예상치 못한 일이나 늘 해오던 것이 방해받는 것을 좋아하지 않는다. 끊임없는 변화와 혼돈, 위기 상황은 그 아이들의 마음 속에 상당한 혼란을 불러일으킨다. 이 아이들에게 아주 중대한 변화가 다가오고 있을 때는 미리 알려주어야 한다.

그들은 다른 아이들보다 가정 불화에 더 쉽게 상처받는다. 만약 당신 가족이 화목하지 못하면 그들은 상당한 스트레스를 받을 것이다.

많은 부모들은 S형의 아이들은 기르기가 아주 쉽다고 말한다. 이런 아이들을 키우는 어른들의 과제는 다른 사람의 편의를 봐주는 그들의 본성을 지나치게 사용하지 않게 하는 것이다.

이 아이들은 어떤 사람들과도 잘 지내지만 사람 중심적인 유형의 부모와 더 잘 지내는 경향이 있다. 부모 모두가 높은 D 또는 높은 C형이거나, 일 중심적인 가정 환경에서 이 아이들이 성장한다면 속으로 무척 힘들어할 것이다. 이 아이들이 잘 자라기 위해서는 친밀한 관계를 느끼게 해주어야 한다.

내 친구 산드라 머윈은 미네아폴리스에서 카운셀러이자 교사, 작가로 활동하고 있다. 그녀는 서로 다른 DISC 행동 유형을 보이는 아이들에 대한 풍부한 이야깃거리를 가지고 있다.4 그녀는 선천적으로 태평한 높은 S형 아이에 대한 실례로서 학교 농구부에 들어가려고 했던 짐이란 아이에 대해서 이야기해주었다. 짐의 부모는 그 아이에게 재능이 있다는 것을 알았기 때문에 아이가 테스트를 받고 집으로 돌아와서 농구부에 들어가지 못했다고 이야기했을 때 놀라워했다.

어찌 된 일인지를 묻자 짐은 코치가 각 후보에게 자유투 라인에서 한 번씩 공을 넣을 수 있는 기회를 주었다고 했다. 그리고 오직 공을 넣은 사람만이 농구부에 들어갈 수 있었는데 짐은 공을 넣지 못했던 것이다.

부모는 깜짝 놀랐다. 그 코치는 어떻게 그런 말도 안 되는 방식으로 선수들을 선발할 수 있단 말인가? 마이클 조던조차도 그런 상황에서 단 한 번에 슛을 성공시키지는 못했을 것이다.

그들은 나중에 그 코치가 실제로 자유투를 이용해서 각 선수들의 욕망과 경쟁심을 테스트한다는 것을 알게 되었다. 코치에게 다시 한 번 기회를 달라고 간청한 선수들에게는 계속해서 농구부 선발 시험 기회가 주어졌다. 그러나 이 태평스러운 아이는 자신의 실패를 받아들이고 시험장을 나왔던 것이다.

짐은 그후 만회할 기회를 가졌다. 그는 후보 선수로 들어가 이 태평스러운 아이조차도 경쟁할 수 있다는 것을 보여줄 수 있었다. 몇 주일만에 그는 주전 멤버가 되었다.

인정이 많은 아이들은 변화를 싫어한다. 그들은 자기 일정을 바꾸는 것을 좋아하지 않으며, 다른 집이나 다른 동네로 이사한다는 사실로 심한 스트레스를 받는다. 변화를 즐기는 속도가 빠른 D형 가족들과 함께 살았던 한 여자 아이는 학교 과제물에 다음과 같이 썼다. "우리 가족 중에는 같은 일을 또다시 하는 것을 좋아하는 사람은 한 사람도 없다. 나는 항상 똑같은 일을 하는 것을 좋아한다. 우리 엄마는 항상 많은 일로 바쁘시다. 나는 여러 가지 일을 하는 것을 좋아하지 않는다. 나는 한두 가지 일만 하는 것이 좋다. 매일 저녁 우리는 항상 어딘가에서 일을 해야 한다. 내가 어른이 되면 이렇게 일하지는 않을 것이다."

이 가엾은 아이에게는 가족과 함께 있는 것이 숨이 막히는 것처럼 느껴졌다. 그 누구도 그 아이의 바람을 이해하려고 하지 않았다.

S형 아이 양육하기

S형의 아이가 잠재 능력을 발휘하도록 도울 수 있는 몇 가지 방법이 있다.
- 가정을 가능한 안정되게 유지한다. 아이에게 미리 준비할 시간을 주어 빠른 변화에 대비하게 한다. 이 아이는 변화하기 위해 준비 시간이 많이 필요하다. 아이에게 빠르게 결정하거나 빨리 적응하도록 강요하지 않는다.
- 아이가 자신의 감정을 좀더 솔직하게 표현하도록 격려한다.
- 아이가 목표를 정할 수 있도록 도와주고, 아이의 가치를 진심으로 인정해준다.
- 개인적인 확신과 지지를 해준다.
- 약속을 지키도록 모든 노력을 기울인다. 만약 당신이 어떤 사정이 생겨서 약속을 지키지 못하면 그 아이는 실망감으로 괴로워한다는 것을 이해하라. 아이에게 그 일에 대해 이성적으로나 논리적으로 설명하기보다는 사과하고 아이의 마음을 헤아린다.
- "어떻게?"라는 아이의 질문에 대해 확실히 대답해준다. 아이는 차근차근 설명해주기를 바란다.
- 아이에게 일을 시키기에 앞서 따뜻하고 인격적으로 대한다.
- 자신이 선택할 사항에 대해서는 어려서부터 스스로 결정하도록 도

와준다. 어떻게 할 것인가를 물어보는 아이에게 "모르겠다. 너는 어떻게 생각하니?"라고 말한다.
- 이 아이에게 말할 때는 말투에 유의한다. 큰 목소리나 화난 말투는 아이가 심적으로 위축되어 말문을 닫아버리게 한다.
- 억압하거나 너무 많이 요구하지 않는다.
- 아이를 대신해서 결정해주지 않는다. 아이에게 스스로 결정하는 법을 가르쳐준다.
- 부모에게 동의하도록 강요하지 않는다. 아이는 자신의 희망 사항을 말하기보다는 부모의 의견에 그냥 따르려 할 것이다. 아이는 당장은 자기 감정을 누그러뜨리겠지만, 나중에 그 감정을 터뜨릴 것이다.

나는 얼마나 높은 S형인가?

다음은 S형 행동 유형의 독특한 특성들이다. 당신의 행동과 다른 사람들과의 상호 작용에 대해 생각해보고, 자신을 설명하고 있다고 느끼는 문장에 표시하라.

☐ 나는 사람들이 필요로 할 때 그들을 돕는 것이 좋다.
☐ 나는 상대방의 말을 귀담아 잘 듣기 때문에 감정이 격해 있는 사람들을 진정시킬 수 있다.
☐ 나는 변화에 적응하는 데 시간이 걸린다. 나는 환경이나 일이 변하지 않는 것이 더 좋다.
☐ 나는 대체로 느긋한 편이다.
☐ 나는 당황하게 되면 대체로 감정을 속으로 삭인다.
☐ 나는 견고하고 언제까지나 변함없는 우정이 좋다.

☐ 나는 단기간의 계획을 세우는 데 능하다.
☐ 사람들은 나를 인내심이 있고 불평을 하지 않는 사람으로 본다.
☐ 나는 대체로 갈등을 피하고 평온을 유지할 방법을 찾는다.
☐ 성급한 사람들은 내가 느리게 일하기 때문에 실망한다.
☐ 나는 새롭게 처리 방법을 생각해내야 하는 과제들을 좋아하지 않는다. 그 일을 어떻게 하는지 알려주면 나는 더 잘 할 것이다.
☐ 사람들은 보통 나를 편안하게 느낀다.
☐ 나는 때때로 너무 인정이 많다.
☐ 만약 내가 필요하다면 앞장서겠지만 대체로 나는 다른 사람을 잘 따른다.
☐ 나는 팀의 구성원으로 일하는 것이 좋다.
☐ 나에 대한 진심 어린 칭찬은 좋지만 너무 지나친 관심은 오히려 불편하다.
☐ 나는 믿을 수 있는 일꾼이다. 나는 내 일을 성실하게 수행한다.
☐ 나는 빠르게 의사 결정하는 것이 어렵다.

1. Tony Alessandra and Michael O'Conner, *People Smart* (La Jolla, Calif, Keynote Publishing Company, 1990), 221.
2. Ibid., 221.
3. Foster Cline and Jim Fay, *Parenting with Love and Logic* (Colorado Springs, Nav Press, 1990), 23-24.
4. Sandra Merwin's excellent book, *Figuring Kids Out*, can be obtained by writing her in care of TigerLily Press, 4655 Baker Road, Minnetonka, MN 55343.

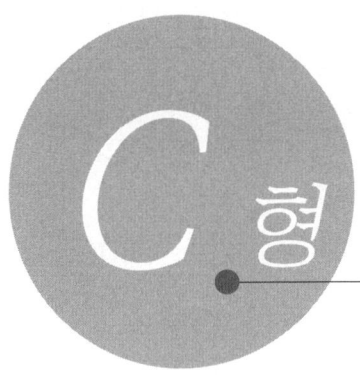

7

엄격한 부모, 신중한 아이

Corrective Parents • Conscientious Children

4가지 주요한 행동 유형 중에서 C형(신중하고, 양심적이고, 유순하고, 엄격한)이 아마도 가장 복잡한 형일 것이다. 높은 C형은 대체로 자기 절제력이 강하고 조용하지만, 그들의 내면에서는 겉으로 보이는 것보다 훨씬 더 많은 것이 이루어지고 있다.

높은 C형에 대해 다른 사람들에게서 들은 몇 가지 이야기가 있다.

"그 사람을 보면 매우 조용하지만, 그 속을 들여다보면 정말로 재미있는 사람이라는 것을 알게 됩니다."

"그 아이는 수업 시간에 토론하는 동안 전혀 말을 하지 않지만, 그 아이가 쓴 글을 보면 수업 시간 내내 이야기한 아이들보다 더 많이 이해하고 있다는 것을 알게 된답니다."

"나는 그 아이가 그렇게 창의력이 뛰어난지 몰랐습니다."

"그는 내게 감정을 잘 내보이지 않지요. 어느 날 그가 자기 아내와 딸들에게 얼마나 자상한지 알게 되었을 때 나는 무척 놀랐습니다."

"그는 2시간 동안의 회의가 끝날 때까지 조용히 앉아서 우리가 직면한 문제에 대해 다른 사람들이 제시하는 의견을 듣고 있지요. 그러다 회의가 끝날 무렵 마침내 말문을 열고는 대개 우리에게 가장 좋은 해결책을 제시하지요."

"나는 가끔 그녀가 나를 좋아하지 않는다고 생각하지요. 그러나 어떤 때는 그녀가 그렇게 따뜻하고 다정할 수가 없어요. 그녀를 이해하기가 어려워요."

높은 C형은 선천적으로 자기 절제가 강하기 때문에 충동적인 구매와 같은 행동은 잘 하지 않는다. 첫인상만으로도 이 유형을 충분히 가려낼 수 있다.

높은 C형은 매우 일 중심적이고 유능하며 명석하다. 그들은 혼자 있거나 독자적으로 일을 할 때에 편안함을 느끼는 개인주의적인 경향의 사람이다.

그들의 독립성은 외부보다는 내적 사고력을 강조하는 데서 나온다. 이러한 경향은 다른 사람에게는 자신감 있고 독립적이며, 자기 주도적인 사람처럼 보인다.

그들은 감정적으로도 잘 참고 지내기 때문에 자신의 감정을 겉으로 나타내기보다는 가슴 속에 품어둔다. 그들은 조심스럽게 새로운 인간 관계를 맺으며 처음에는 다른 사람들이 주도하도록 기다린다.

엄격하고 신중한 C형의 7가지 주요 특징

• 기준이 높다. 엄격한 내적 기준에 따라 자신과 타인의 행동을 측정한다. 자신이 책임졌던 일에서 탁월하게 비춰지기를 바란다. 자신의 내적 기준을 충족시키지 못했을 때 종종 죄책감과 불안감을 느

낀다. 질적 우수함이 자신의 기준에 미치지 못하기 때문에 자존심이 상해 괴로워하기도 한다. 자기가 한 일에 대해 비판받는 것을 두려워하기 때문에 어떻게 해서든지 비판을 받지 않도록 열심히 일한다.

- 핵심적인 세부 사항에 주의를 기울인다. 높은 C형은 중요한 세부 사항에 주의를 기울인다. 자신의 임무나 과제가 마지막 세부 사항까지 실수나 결점 없이 완성되기를 좋아한다. 세세한 것까지 주의를 기울이기 때문에 좀처럼 잘못을 저지르지 않는다.
- 자신을 잘 다스린다. 자신의 일을 진지하게 받아들이며, 매우 성실하게 노력한다. 그들은 자기를 잘 다스리는 것이 좋은 성과를 내고 성공하는 데 꼭 필요한 것이라고 생각한다.
- 신중하다. 삶의 모든 영역에서 신중하고 계산적이며, 조심성이 있기 때문에 모험을 피하는 경향이 있으며, 단념하거나 지나치게 행동하지 않는다. 성공에 대한 확신이 없이는 어떤 일도 하지 않는 경향이 있다. 그들에게는 감정을 표현하는 것이 쉽지 않다. 그렇기 때문에 다른 사람들은 그들을 무관심하고 무뚝뚝한 사람이라고 생각한다.
- 분석적이다. 그들은 머리로 움직인다. 행동하기 전에 계획하고 상황을 살펴본다. 행동보다는 사고에, 느낌보다는 사실에 더 집중한다. 매우 객관적이기 때문에 감정이나 일시적인 기분 또는 충동적인 반응에 치우치는 경우는 거의 없다.
- 매우 직관적이다. 높은 C형은 끊임없이 자료를 수집하고 처리하기 때문에 논리적인 근거와 내적 통찰력에 의해 사람과 상황을 정확하게 읽을 수 있다.
- '올바른 방법'으로 일한다. 자신의 분석적인 경향을 이용하여 서로 다른 절차들을 수행하는 '정확한' 방법을 찾아낸다. 그들은 수천만 원에 달하는 투자 분석이든 아니면 식기 세척기를 설치하는 사

소한 일이든지 간에 자신의 방법이 최선이라는 확신이 있다. 그들은 옳고 그른 것은 쉽게 구분하지만, 두 개의 '좋은 것'이나 '옳은 것' 가운데서 하나를 선택하는 것은 어려워한다.

높은 C형은 조심스럽게 우정을 나눈다. 처음에 그들은 인간 관계적인 측면보다는 해야 할 일의 수준을 유지하는 데 더 관심을 갖는다. C형은 다른 사람들과의 우정을 중요시 여기지 않는 것처럼 보일 수도 있지만 그들에게도 우정은 매우 중요하다.

높은 C형은 사람들과 함께 있을 때는 말과 행동을 삼가하기 때문에 사람들 앞에서 말이나 행동을 하기까지에는 많은 격려가 필요하다. 그래서 그들은 과감하게 리더십을 발휘하지는 못한다. 그렇다고 그들이 리더십을 발휘할 수 없다는 것이 아니라 단지 리더십을 보이려면 자신이 편안한 상태에서 벗어나야 하기 때문에 더 많은 에너지를 소모한다.

그들은 '올바른' 결정을 내려야 하기 때문에 의사 결정이 비교적 느리다. 그들은 모든 사실을 수집하고 아주 세세한 것과 모든 가능성을 충분히 고려해서 신중하고 침착하게 결정한다. 그러나 일단 결정을 내리면 그것을 끝까지 밀고 나간다.

높은 C형에게서 공통적으로 볼 수 있는 한 가지 흥미로운 점은 때때로 쉽게 잠들지 못한다는 것이다. 수없이 많은 것을 생각하느라 쉽게 잠들지 못하기 때문에, 잠자기 전 한 시간 정도는 아무것도 생각하지 않는 노력이 필요하다.

높은 C형인 친구가 말하기를 자신은 특히 바쁘게 보낸 날 밤에는 몹시 지쳐서 잠에 떨어진다고 한다. 그렇게 피곤한 어느 날 "당신 내일은 뭐할 거야?"라고 남편이 묻자 그녀는 "당신이 알고 싶어서 묻는 건가요, 아니면 단지 얘기를 하고 싶은 거예요? 내일 일을 지금부터 생각하고 싶지 않아요"라고 대답했다.

남편은 "아니, 그냥 이야기해본 거야. 알 필요가 있는 것은 아니야"라고 말했다. 그러나 그 땐 이미 늦었다. 그녀의 머릿속은 다시 내일 할 일에 대한 생각으로 돌아가고 있었고 그녀는 잠을 자기 위해 애를 써야 했다.

높은 C형의 가장 큰 강점은 정확성, 신뢰성, 독립성, 지속성 그리고 조직력이다. 가장 큰 약점은 성미가 까다롭고, 비판적이며, 지나치게 조심스러워하는 것이다.

한 주부는 강한 C형인 자기 남편이 정장 구두 한 켤레를 결정하는 데 일 년이 걸렸다고 했다. 그녀는 이번에는 남편이 새 차를 사는 데 관심이 있는 것을 걱정하고 있었다. "구두를 고르는 데 일 년이나 걸렸는데 새 자동차가 우리 집 차고에 들어오는 것은 다음 번 혜성이 나타날 때쯤일 거예요!"

성경 속의 C형 인물

하나님께서 돌에 십계명을 새겨주실 때 높은 C형인 모세를 찾으셔서 정확하게 기록하고 이스라엘에 선포하게 하셨다. 구약 성경인 모세오경에 기록된 세세한 역사적 설명을 보면 하나님의 계명을 기록하고 유지하기 위해 고통을 참고 분석적이며 조직적인 사고를 하는 사람이 필요했음이 명백하다.

하나님께서 모세를 택하신 방법도 사도 바울과는 달랐다. 다메섹 도상에서 하나님은 바울을 직접 대면하며 강한 빛으로 그의 눈을 멀게 하고 무릎을 꿇게 하셨다. 하나님께서 모세를 택하실 때는 산에서 깜박이는 작은 불빛을 사용하셨다. 높은 C형인 모세는 호기심이 발동해 그 불을 확인하러 갔다.

출애굽기 3장에서 하나님은 유대 민족을 노예 상태에서 해방시키려는 계획에 대해 C형이 원하는 대로 자세하게 설명하신다. 모세에게 하나님은 왜 하나님께서 행동을 취하셨는지와(7절) 그 계획에 대해 설명해주시면서(8절), 그것을 실행하기 위해 모세가 해야 할 역할에 대해 말씀하셨다(10절). 하나님은 모세가 그의 백성들에게 누가, 무엇을, 왜, 어떻게 전달해야 할지에 대해 구체적으로 말씀하셨다.

모세는 하나님께서 하시려는 일에 대해 많은 질문을 했다. 하나님은 인내심을 가지고 질문에 대해 하나씩 대답해주셨다. 그러나 모세는 모든 것이 계획된 대로 진행될 수 있다는 구체적인 증거를 원했다. 출애굽기 4장에서 하나님은 모세에게 어떻게 그의 메시지가 타당한지를 3가지로 보여주셨다.

- 지팡이를 뱀으로 변하게 하심.
- 모세의 건강한 손을 나병이 걸리게 하시고 다시 깨끗하게 고쳐주심.
- 나일강 물을 피로 변하게 하심.

모세는 하나님의 요구를 더 이상 사양할 수 없는 처지가 됐지만 바로 왕을 혼자 대면하는 것은 원치 않았다. 높은 C형인 모세는 자신은 여러 사람 앞에서는 연설을 잘 못하므로 그 일에는 적임자가 아니라고 이유를 댔다. 하나님께서는 그의 형 아론에게 대변인 역할을 하도록 허락하셨다.

모세의 이야기와 앞의 D, I, S형의 성경 인물 사례에서 볼 수 있듯이 하나님은 다른 유형의 사람들을 각기 다른 방식으로 대하신다. 하나님은 각자의 행동 유형에 따라 필요한 것을 채워주시고 동기를 부여해주신다. 하나님은 이렇게 각자에게 맞는 방식으로 우리 각자에게 지시하신다.

엄격한 부모

　엄격한 부모는 자녀들이 바르게 자라도록 하는 것이 자신들의 주요한 책임이라고 생각한다. 그들은 자녀들에게 최선을 다하고 유능한 자질을 갖추도록 노력하는 것이 중요하다는 것을 가르치려고 한다. 그들은 자녀들이 잠재 능력을 최대로 발휘하여 자기가 선택한 어떤 일이든지 충분히 감당해내기를 바란다.

　C형 부모는 자녀들이 관심 있어 하는 일에 대해 조사하고, 연구하며, 질문하도록 용기를 북돋아준다. 그들은 자녀들과 함께 사물에 대해 보다 분석적으로 보다 깊이 있게 토론하는 것을 즐긴다. 그들은 결정을 내리게 된 이유를 설명하고, 아이들에게 행동하기 전에 생각하도록 가르친다.

　그들은 의사를 결정하는 데 필요한 좋은 의견을 아이들이나 배우자가 제시하면 잘 경청한다.

　대체로 그들은 쉽게 화내지 않으며 평온한 환경에서는 매우 효과적인 부모가 될 수 있다. 사물에 대해 설명하기를 좋아하기 때문에 그들은 강의하듯이 부모 역할을 하며, D와 I형 자녀들이 들으려고 하는 것보다 더 세세하게 설명하기도 한다.

　그들은 천성적으로 말이 없는 까닭에 감정이 없는 사람처럼 느껴지고 거리감을 두는 것처럼 보일 수도 있다. 그들은 마음 속에 있는 생각을 쉽게 드러내지 않는다.

　내 아내 카렌은 높은 C/S형이다. 그녀는 나보다 훨씬 조심성이 많은 까닭에 우리 가정의 조화가 잘 이루어진다. 휴가를 떠나려고 할 때면 그녀는 필요한 모든 물품 목록을 작성한다. 그녀는 할인점에 가서 여행 필수품들을 사고는 짐을 꾸린다. 우리가 가져갈 모든 여행 가방들을 열어놓은 채 방 한쪽 구석에 죽 늘어놓는다. 그녀는 식구들 옷을 따로따로 침대 위에 올려놓은 다음 그 옷들을 여행 가방에 옮겨

담기 때문에 나는 가끔 그녀를 우리 가족의 '조종사'라고 부른다.

여행 계획을 세우면서도 그녀는 여행할 때 필요한 모든 일, 예컨대 어디서 묵고, 여행하는 동안 참가할지도 모르는 각종 행사에 입을 옷이며 비상 약품 등을 준비한다. 그녀는 정말 모든 일들을 실행 가능한 계획으로 바꾸어 조직화하는 것을 즐기는 것 같다. 때때로 나는 너무 세세히 준비한다고 느끼지만, 그녀는 필요한 물품을 하나라도 빠트리고 떠나는 일이 거의 없다.

우리 아이들조차도 엄마의 행동 패턴을 이해하고 있다. 한번은 차드의 선생님이 그 아이에게 가족과 자기 자신에 대해 말해보라고 한 적이 있었다. 그 아이가 말한 첫 마디는 "우리 어머니는 계획을 잘 세우시는 분이에요. 어머니는 모든 일들을 일일이 다 생각하고 나서 하시지요. 저는 계획을 못해요. 저는 일이 닥치면 그때서야 하거든요."

과거 수년 간 나는 카렌의 조심성 있는 천성을 인정하고 가치 있게 여겨왔다. 한번은 중고차를 사려고 한 적이 있었다. 나는 일제 자동차를 사고 싶었는데 마침 주행 거리가 적은 상태가 좋은 차를 하나 발견하였다. 집에 돌아와서 카렌에게 그 이야기를 하자, 그녀는 "잘 됐군요. 당신이 원하시는 걸 찾았다니 기뻐요. 다만 제가 바라는 것은 그 차를 판매 대리점에 가져가서 점검해보면 하는 거예요. 사고가 났던 차인지도 모르잖아요?"라고 했다.

나는 그 차를 원했고, 그런 입씨름이나 하면서 시간을 낭비하고 싶지는 않았다. 그래서 나는 "글쎄, 이 회사 영업 사원이 그 차는 사고난 적이 없었다고 보장했어. 게다가 나도 그 차를 찬찬히 살펴보고 모든 것을 점검했어요."

그녀는 "전 당신이 그 차를 사는 것을 반대하는 것은 아니에요. 당신이 그 차를 점검해보면 좀더 안심이 될 거라는 거지요"라고 말했다. 나는 결국 그 말에 동의하고 그 차를 판매 대리점에 가져갔다. 그 차는 사고가 난 적이 있었다. 정비 공장의 기술자가 사고가 났던 흔적을 감쪽같이 없애려고 얼마나 많은 손질을 했는지를 내게 설명해 주었다.

그는 이렇게 말했다. "보이드 씨, 선생님께서 이 차를 좋아하신다는 것을 압니다만, 저같으면 제 딸에게 이런 차를 사주지는 않겠습니다. 이 차는 안전하지도 않고, 그렇다고 차 앞쪽에다 타이어를 붙이고 다닐 수는 없으시겠죠."

나는 우리 가족의 파수꾼으로서 카렌의 신중하고 조심성 있는 천성이 필요하다는 것을 의심하지 않는다.

엄격한 유형의 부모들은 갈등과 대립을 싫어한다. 그들은 이치에 맞고 이성적으로 바르게 행동하려고 애쓴다. 그들은 자녀들에게 자신들이 했던 일에 대하여 생각해보도록 하는 방식으로 훈육하는 것을 좋아한다.

엄격한 부모들은 사랑도 그 한계를 그어야만 한다고 생각하고 있으며, 모든 것을 제한하려는 경향이 있다.

하나님이 보여주신 C형 행동 모델

하나님은 자비하시며 용서하는 분이시지만, 당신의 자녀들이 자기 뜻대로 독자적으로 살 때는 훈육하시고 고치려 하신다. 하나님은 우리에게 궁극적으로 최상의 것이 무엇인지 아시고 그것을 원하시기 때문에 깊은 사랑으로 우리를 고쳐주신다. 우리가 그분의 방식대로 행하고 진리를 따르기 바라신다. 히브리서 12장 6-11절에서 그 방법을 보여주신다.

> 주께서 그 사랑하시는 자를 징계하시고 그의 받으시는 아들마다 채찍질하심이니라 하셨으니 내가 너희가 참음은 징계를 받기 위함이라. 하

나님이 아들과 같이 너희를 대우하시나니 어찌 아비가 징계하지 않는 아들이 있으리요. 징계는 다 받는 것이거늘 너희에게 없으면 사생자요 참 아들이 아니니라. 또 우리 육체의 아버지가 우리를 징계하여도 공경하였거든 하물며 모든 영의 아버지께 더욱 복종하여 살려 하지 않겠느냐. 저희는 잠시 자기의 뜻대로 우리를 징계하였거니와 오직 하나님은 우리의 유익을 위하여 그의 거룩하심에 참예케 하시느니라. 무릇 징계가 당시에는 즐거워 보이지 않고 슬퍼 보이나 후에 그로 말미암아 연달한 자에게는 의의 평강한 열매를 맺나니.

하늘에 계신 아버지의 엄격한 부모 스타일에 잘 반응하는 것은 우리의 잘못이나 현명하지 못한 행동을 고백하는 것이다. 하나님은 당신의 진리의 말씀대로 가르침을 받을 수 있는 열린 자세를 원하신다.

디모데후서 3장 16-17절에서 바울은 이렇게 말한다. "모든 성경은 하나님의 감동으로 된 것으로 교훈과 책망과 바르게 함과 의로 교육하기에 유익하니 이는 하나님의 사람으로 온전케 하며 모든 선한 일을 행하기에 온전케 하려 함이니라."

성경은 하나님과 다른 사람들과의 관계에서 바르게 사는 방법을 보여준다. 그의 진리의 길에서 벗어나면 지적해주시고 어떻게 바른 길로 되돌아 올 수 있는지 정확하게 말해주어 바르게 살도록 훈련시키신다. 똑같은 잘못을 저지르지 않게 하고, 현명한 삶의 길로 우리를 인도하신다. 하나님 아버지께서 성경을 통해서 우리를 도와주신다.

효과적이지 못한 C형 부모

C형 부모가 실수하는 것을 두려워하게 되면 지나친 완벽주의자가

될 수 있다.

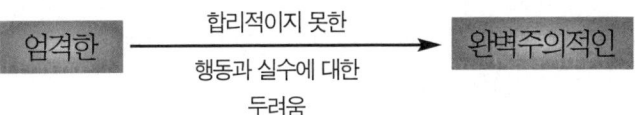

완벽주의적인 부모는 일이 '올바른' 방법으로 이루어지기를 바라고, 조금이라도 벗어나는 것을 용납하지 않으려 한다. 그들은 자신의 높은 기준에 자녀들이 따르도록 해서 아이들을 통제하려고 한다.

그들은 상당히 높은 기준을 가지고 있기 때문에 부모 역할에 있어서도 성과를 중시하는 경향이 있다. 그들에게 있어서 좋은 부모란 일정하게 미리 그려진 청사진에 자녀들이 따르도록 하는 것이다.

그들은 깊이 생각하고, 억제하며, 조직적이고, 규율을 중시한다. 그들은 감정적인 면에서 자녀들과 의기 투합하기가 어렵다. 그들은 보통 사람들을 친밀하게 대하지 못하기 때문에 자녀들과의 관계가 소원해지기도 한다.

한 완벽주의적인 어머니는 자신은 아이들에게 사랑한다고 이야기할 필요를 못 느낀다고 했다. "저는 우리 아이들에게 사랑한다고 이야기할 필요가 없습니다. 제가 자기들을 위해서 일해주고 있음을 아이들은 당연히 알 거예요."

이런 부모는 실수하는 것을 두려워하며, '나쁜' 부모처럼 보이는 것을 가장 싫어한다. 강압적인 부모(D형)처럼 완벽주의적인 부모(C형) 또한 자신의 잘못을 인정하기 어려워한다.

교과서대로 움직이려고 하는 그들의 욕망 때문에 자녀가 '올바르게' 한 일에서조차도 이 완벽주의 부모는 다음 번에 고쳐야 할 것을 발견한다. 아이들에게 "참 잘했다, 하지만…"이라고 말한다.

무언가를 해내지 못했다고 하는 이와 같은 느낌을 오랫동안 받을 때 아이의 자긍심은 상처를 입을 수 있다. 그 아이는 아마 "노력해봐야 소용없어. 나는 결코 그 일을 잘 해내지는 못할테니까"라고 생각하며 포기하고 말 것이다.

완벽주의적인 부모의 접근 방식은 분명하다. '제대로 하지 않으려거든 아예 시작하지도 말아라.'

완벽주의 부모에게 필요한 것

엄격한 부모들이 부모 역할을 좀더 잘하기 위해서는 사교적인 부모(I형)와 지원적인 부모(S형)들의 강점을 일부 응용할 필요가 있다.

성과에만 집착하기보다는 자기 자녀들을 하나의 인격체로 보아야 한다. 자녀들과 함께 좀더 즐겁게 지내려 하고, 모든 일을 너무 심각하게 받아들이지 않아야 완벽주의적인 면을 줄일 수 있다.

- 올바르게 하려는 것에 대해: 그 누구도 항상 옳을 수만은 없다는 사실을 받아들인다. 완벽주의자 부모를 기쁘게 해주려는 자신들의 노력에 대해 부모가 결코 만족하지 않을 것임을 아이들은 느낀다. 가끔 실수하는 것도 좋다. 만약 자녀가 다른 방식으로 일하는 것을 좋아한다면 그 방식대로 하도록 내버려둔다.
- 갈등이 있을 때: 갈등을 피하지 말고 직접 부딪힌다.
- 대화할 때: 명심해야 할 사항이 몇 가지 있다. 첫째, 마음을 열고 자기 느낌을 더 많이 말하라. 가족들이 자기 마음을 읽을 수 있을 것이라는 기대는 하지 말라. 둘째, 지나치게 분석하지 말고 다른 사람들에게 일에 대해 너무 상세하게 설명하지 않도록 유의하라. 모든 사람들이 자신처럼 세세한 것이 필요하거나 생각하는 것을 즐기지는 않는다. 셋째, 조심스럽게 질문하라. 때때로 너무 많은 질문은 대화라기보다는 심문한다는 인상을 줄 수 있다. 넷째, 허락하

지 않거나 비판하는 말을 할 때는 상대방 기분이 상하지 않도록 조심하라.
- 우선 순위에 대해: 꼭 해야 할 일이나 사소한 집안일, 과제가 가정에서 자녀보다 더 중요시되어서는 안 된다. 계획에 따라 하루를 보내는 것은 중요하다. 그러나 계획이 자녀와의 관계보다 앞설 수는 없다. 높은 I형은 "마음을 편하게 가지세요!"라고 말할 것이다. 매사를 너무 진지하게 생각하지 말라.
- 속도에 대해: 여유를 갖고 좀더 자연스럽게 가족들을 대한다.
- 분석적인 강점에 대해: 때때로 너무 나무만 보고 숲을 보지 못한다. '분석을 위한 분석'에 빠지게 되는 것을 경계한다.

최근에 한 C형의 어머니가 나에게 자신은 지나치게 엄격하고 완벽주의가 되지 않으려고 자기 자신과 싸우고 있다고 말했다. "제가 딸에게 요리를 가르치려고 했을 때 그것을 알게 됐어요. 제 딸 엘리슨은 높은 I형이고 요리하는 것을 좋아합니다. 그런데 그 아이는 요리법대로 하지를 않는 거예요. 그 아이는 좀더 창의적이고 새롭게 요리를 해보려는 것이었지요. 저는 '그것은 이렇게 해라!'고 간섭하지 않으려고 무척 애를 썼습니다."

신중한 아이

C형 아이들은 분석적으로 생각하는 아이들이다. 이들은 삶에 대해 진지하다. 무슨 일을 하든지 수준 높게 잘 하려 한다. 이 아이들의 조직적인 감각은 어릴 때부터 남다르다. 이들은 장난감을 차곡차곡 쌓아올리고, 한 줄로 늘어세우며, 퍼즐 놀이를 하고, 무엇이든 정확하게 하려고 한다. 이 아이들은 일반적으로 모든 것에 자리를 정해놓

고 항상 그 자리에 놓는다.

어느 날 다림질한 옷들을 걸어두려고 크리스티의 방에 들어갔다. 나는 붙박이 책장 칸칸마다 다른 장난감이 놓여 있는 것을 보게 되었다. 한쪽 칸에는 인형이, 다른 칸에는 박제된 동물이, 또 다른 칸에는 컵과 작은 도자기 인형이 놓여 있었다. 칸막이가 되어 있는 붙박이 책장은 완벽하게 정돈돼 있었다.

크리스티는 자기 방에 있는 모든 것들을 깔끔하게 정돈하기를 좋아한다. 아이 엄마나 내가 밑바닥을 청소할 수 있도록 그 아이는 작은 가구들을 들어올리고, 바닥에 있던 물건들을 침대 위에 올려놓곤 한다.

C형 아이들은 완벽주의적인 경향이 있으며, 성공할 기회가 아주 적으면 어떤 일도 하지 않는다. 크리스티가 글짓기를 배울 때 그녀의 선생님은 걸프전에 참가하고 있는 군인들에게 편지 쓰기를 숙제로 내주었다. 먼저 크리스티가 하고 싶은 이야기를 말하면 내가 종이에 그 말을 받아쓰는 방식으로 그 아이는 편지를 '제대로' 쓸 수 있었다 (이것은 내가 시킨 것이 아니라 그 아이가 제안한 것이다). 그리고 나서 그 아이는 내가 쓴 편지 위에 편지지를 겹쳐놓고 글씨를 따라서 베껴 썼다. 그 아이는 편지를 처음부터 끝까지 조심스럽게 모두 베껴 썼다.

높은 C형의 아이들은 자기 자신의 높은 기준에 도달하지 못하면 자존심이 상한다. 그들의 목표는 정확하게 하는 것이다. 그들은 혼자서 일하는 것을 더 좋아하는 경향이 있다. 자신들의 기준에 따라서 일하는 것이 일을 확실하게 할 수 있는 방법인 것이다.

세세한 것을 지향하는 그 아이들의 태도는 종종 그림에서도 나타난다. 한 어머니는 자기 딸에 대해서 다음과 같이 말한다. "나는 그 아이가 어렸을 때 집을 그리는 것을 눈여겨보았어요. 만약 집 앞에 계단이 네 개가 있으면 그 아이도 어김없이 네 개의 계단을 그렸지요. 만약 창문에 경첩이 빠져 있다면 그림에도 그렇게 그릴 겁니다."

이 아이들은 관찰력이 아주 예리해서 자기 주변에서 일어나고 있는 모든 것을 주의 깊게 살펴보고, 자신들이 경험하는 것을 가공하고 평가한다. 보통 그들은 감각적이며 예술적 소질이나 음악적 재능이 있다. 그들은 놀랄 정도로 정보를 축적하는 경향이 있다. 이 '지적 능력'은 사정을 잘 알지 못하는 어른들을 당황하게 만든다. 그들은 다른 아이들보다 말을 빨리 시작하거나 책을 일찍 읽을지도 모른다. 그들은 보통 다른 아이들보다 책 읽기를 더 좋아하거나 오랫동안 책을 읽는다.

그들은 논리적이고 사실적이지 못한 사람들을 용납하지 않는다. 그들은 또한 다른 아이들이 일을 '옳은 방식'으로 하도록 도우려 한다. 나는 간식을 먹는 동안 턱받이를 하지 않은 몇몇 친구를 주의 깊게 살핀 한 유치원생에 대한 이야기를 들었다. 그 아이는 그들 가운데 한 명에게 턱받이를 하게 했고, 선생님은 그 아이를 칭찬해주었다. 그 이후 몇 주 동안 그 아이는 스스로 간식 시간에 도우미로 행동했다.

선생님이 그 아이 부모와 면담했을 때 "제가 간식 시간에 미처 하지 못한 것을 조슈가 도와주는 것을 좋아하게 되었지요!"라고 말했다.

높은 C형 아이들은 친구와의 다툼을 피하려 한다. 그들은 보통 다투기보다는 동의한다. 그들은 다른 사람들이 무엇을 기대하는지 알아내서 그 기대에 맞추려고 노력함으로써 다른 사람들과 사이좋게 지내는 방법을 빨리 배운다. 그들은 요구가 많지 않고, 자신의 느낌을 다른 사람과 공유하지 않으려는 경향이 있다. 그들은 보통 간접적인 방식으로 요구한다.

그들은 매우 내성적인 경향이 있다. 한 높은 I형 어머니가 자녀 양육 워크숍이 끝난 후에 눈물을 흘리면서 이렇게 말했다. "저는 이

제야 딸을 이해하게 되었어요. 그 아이는 높은 C형입니다만 아주 슬프고 심각한 듯이 보여서 걱정입니다. 어느 날, 그 아이가 학교에서 돌아와서는 이렇게 말하는 거예요. '학교에서 나를 좋아하는 사람은 오직 나밖에 없는 것 같아요.' 그 말을 듣는 순간 가슴이 무너져 내렸지요. 나는 그 아이가 행복해지기를 바랍니다. 제가 어떻게 해야 되나요?"

나는 이 어머니에게 딸을 위해 해야 할 첫번째 일은 C형인 딸을 그대로 내버려두는 것이라고 말해주었다. 그녀는 자기 딸이 어떤 일을 걱정하고 천천히 생각하는 것은 좋다는 것을 알게 해주어야 했다. 그녀는 딸아이가 얘기하기를 원할 때 그 아이가 어떻게 느끼는지에 대해 얘기하게 하며, 또한 말하고 싶어하지 않을 때는 강요하지 않도록 조심해야 한다.

나는 또한 엄마가 지나치게 걱정하며 아이를 대하면 딸아이는 오히려 엄마를 더 걱정할 거라고 설명했다. 그 아이는 더욱 깊은 자기반성에 빠져서 걱정이 오히려 걱정을 낳게 되는 결과를 초래하게 될 것이다.

신중한 아이들은 다른 사람들로부터 유능하고 능력 있는 사람으로 인정받길 원한다. 왜냐하면 그들은 '옳은' 일을 하기 원하고 너무 분석적이 되는 경향이 있기 때문이다. 다른 행동 유형을 가진 어른들은 이렇게 이야기할 수도 있다. "네 문제가 뭔지 아니? 너무 지나치게 생각한다는 거야!"

그들은 내면적으로 강하기 때문에 비판받거나 특히 그것이 불공정하다는 생각이 들면 힘들어한다. 일례로 초등학생인 한 여자아이는 자전거를 타고 학교에서 집으로 오는 도중에 중간중간 도로 공사를 하고 있어서 엄마가 일러준 길을 따라서 올 수가 없었다. 아이 엄마는 딸이 집에 돌아왔을 때 문 밖에 서 있었고, 다른 길로 온 아이를 보고 자기가 일러준 대로 오지 않았다고 꾸짖었다. 전형적인 C형인 딸은 울먹이면서 자기 감정을 설명하지를 못한 채 결국에는 울면서 그 자리를 떠났다. 그 아이는 일단 자기 감정을 추스르고 난 다음에야 비로소 어머니에게 무슨 일이 있었는지 설명할 수 있었다.

높은 C형의 아이들은 자신들이 해야 할 일에 대해 그 이유를 알고 싶어한다. 그들의 '왜' 라는 질문은 일부 부모들에게는 성가실 수가 있다. 이 아이들은 호기심이 많기 때문에 실험하고 탐구할 기회가 필요하며, "만약에 ~이라면"이나 "만약에 ~이라면 무슨 일이 일어났을까"라고 질문하고 답을 얻는다.

C형 아이 양육하기

- "네 생각이나 느낌은 어떠니?" 등과 같은 질문을 하면서 그들의 생각이나 감정을 겉으로 표현하게 한다. 그러나 때를 잘 맞추고, 아이의 개인적인 부분을 침범하지 않도록 주의한다.
- 수준 높은 일을 하도록 시간적인 여유를 준다. 밀어붙이거나 재촉하지 않는다. 이 아이가 늑장을 부리는 것은 그 일을 '올바로' 하고 싶기 때문이다.
- 완벽하지 못한 것에 대해 관대해진다.
- 아이가 무슨 일을 하는가에 관심을 두지 말고 그 아이가 어떤 사람인가에 초점을 맞춘다. 아이가 한 일이 어떻든지 간에 인간으로서의 그의 높은 가치를 확신한다.
- 아이와의 약속을 지키고, 아주 작은 것이라도 실행한다.
- 아이에게 직접적이고 직선적으로 접근한다. 주제에서 벗어나지 않는다.
- 아이의 행동이나 말에 동의하지 않을 때는 그 이유를 명백히 설명한다. 아이의 "왜?"라는 질문에 항상 대답해준다. 질문할 시간을

주고 상세하게 설명한다.
- 재충전할 수 있도록 혼자 있는 시간을 준다. 아이에게는 생각할 시간이 필요하다. 또한 아이가 자신의 높은 기대 수준에 미치지 못했을 때는 격려해주기 전에 실망감을 경험하도록 내버려둔다.
- 아이가 일에 대해 사려 깊고 분석적으로 접근하는 것을 지지한다. 아이는 결코 많이 생각하지 않고서는 행동하거나 말하지 않는다.
- 아이가 잘한 일을 인정해준다. 칭찬할 때는 구체적으로 한다. "참 잘했구나!" "야, 굉장한데!" 또는 "노래 정말 잘했다!"와 같은 포괄적인 칭찬보다는 무엇이 훌륭한지를 구체적으로 이야기해준다. "피아노 독주를 완벽하게 해내기 위해서 네가 얼마나 열심히 연습했는지 알겠구나."
- 아이가 가진 문제나 관심, 질문이 어리석다거나 중요하지 않다고 말하지 않는다.
- 아이에게 의사 결정하도록 너무 재촉하지 않는다.
- 부모가 무엇을 기대하고 있는지를 애매하게 말하지 않는다.
- 크고 화난 목소리로 겁을 주지 않는다. 아이는 주눅이 들고 겉으로는 힘에 순응하는 듯이 보일지 모르지만 마음 속 깊은 곳에서는 반발하고 다음 행동을 계획할 것이다.
- 아이가 어떤 일을 하게 하려고 거짓 약속을 하지 않는다. 아이는 그것이 속임수라는 것을 안다.
- 지나치게 감정적으로 납득시키기보다는 사실과 믿을 만한 근거들을 제시한다.
- 어떤 반응을 기대하기 전에 생각할 시간을 준다.
- 아이가 일하고 있을 때는 방해하지 않는다.
- 관례에 따르게 한다.
- 아이가 잠자러 가기 전에 '머리를 식힐' 시간을 갖게 한다. 어떤 아이들에게는 책을 읽는 것이 도움이 될 것이다. 자리에 눕기 전에

아이가 그 날 하루를 어떻게 보냈는지 생각해보도록 도와줄 필요가 있을 것이다. 실패한 것과 성공한 것 그리고 자신이 결정한 것들을 생각하고 그것들을 검토해보도록 도와준다.
- 너무 높은 기준을 설정하지 않도록 주의한다. 아이가 이미 높은 기준을 가지고 있으므로 너무 과하게 요구하지 않는다.

나는 얼마나 높은 C형인가?

다음은 C 행동 유형의 독특한 특성들이다. 자신의 행동과 다른 사람들과의 상호 작용에 대해 생각해보고, 자신을 설명하고 있다고 느끼는 문장에 표시하라.

☐ 나는 일을 올바르게 하기를 좋아한다.
☐ 나는 일을 조직하는 데에 능숙하다.
☐ 정확성은 나에게 있어서 중요하다.
☐ 나는 규칙과 권위를 존중한다.
☐ 나는 기준이 높다.
☐ 사람들은 나를 격식을 차리고, 자제하며, 진지한 사람으로 생각한다.
☐ 때때로 나는 성미가 까다롭다.
☐ 나는 의사를 결정하기 전에 가능한 모든 사실과 정보를 수집한다.
☐ 나는 실수하는 것을 싫어한다.
☐ 나는 계획을 잘한다. 나는 큰 과제를 작게 세분화시킬 수 있다.
☐ 나는 일이나 사물을 철저히 분석한다.
☐ 압력을 받을 때 나는 대결을 피하려는 경향이 있다.
☐ 어떤 사람들은 내가 느리다고 생각한다. 나는 '꼼꼼하다'는 말을 듣는다.

☐ 나는 내 감정을 가슴 속에 묻어둔다. 편안하게 느끼는 상황에서만 감정을 밖으로 표현한다.
☐ 일반적으로 나는 빈틈이 없고 예의 바르다.

자녀를 올바로 이해하기
Becoming a Student of Your Child

 이러한 책을 읽는 것은 위험스러운 일이다. 부모 역할에 관한 책들이 본래부터 내포하고 있는 똑같은 위험스러움이다.

나는 양육에 관한 책을 50여 권이나 가지고 있다. 다른 부모들처럼 나도 내 아이들에게 최선을 다하고 싶기 때문에 더 많은 것을 배우기 위해 책과 카세트 테이프, 세미나 등을 이용한다. 위험은 내가 내 아이들에 대해 배우기보다는 부모 역할의 기술에 대해서 배우게 될 때 다가온다.

무엇보다도 이 책에서 말하고자 하는 것은 자기 자녀에 대해 연구해야만 한다는 것이다. DISC 모델은 자녀의 행동 유형을 가치 있게 여기고 인정할 수 있도록 자녀의 행동 유형을 찾아내어 이해하기 위한 언어를 제공할 뿐이다.

마지막 네 장을 읽고 난 후에 당신은 아마도 자신의 행동 유형에 관한 아이디어를 얻게 될 것이다. 또한 자녀가 D형(단호한), I형(설득력 있는), S형(인정 많은), C형(신중한) 가운데 어떤 유형인지 명확하게 판단할 수 있게 될 것이다.

어떤 부모들은 어떤 행동 유형이 자기 자녀를 가장 잘 설명하고 있는지를 쉽게 구분한다. 그들은 다음과 같이 말한다.

"우리 아이는 전혀 우리에게 걱정을 끼친 적이 없어요. 그 아이는 아기 때부터 아주 순했어요."

"그 아이는 가만히 앉아 있지를 못했어요. 진흙탕이든 어디든 마구 뛰어들어가는 거예요!"

"어느 날인가 저는 우리 아이가 변호사가 되려고 한다는 것을 알았습니다. 그 아이는 모든 것에 대해서 논쟁을 잘 한답니다."

"우리 두 아이들은 완전히 정반대예요. 한 아이는 자기 방에서 몇 시간이고 혼자 인형을 가지고 놀아요. 다른 아이는 집에 혼자 있는 것을 벌이라고 생각해요."

그러나 이것은 한 사람의 행동 유형이 반드시 태어날 때부터 명확하게 구분된다는 것을 의미하지는 않는다. 많은 사람들은 아마 자기 아이가 6, 7살 또는 더 나이가 들 때까지 아이의 행동 유형을 구별할 수 없을지도 모른다.

자기 아이의 행동 유형을 판단하기 어려운 데에는 몇 가지 이유가 있다.

아이는 '자라고 있는중'이다. 아이는 다양한 성장 단계를 거침으로써, 다른 사람들과 어떻게 어울리는지를 경험한다. 아이는 자기가 생각하고 느끼는 방식이 다른 사람들의 방식과 맞는지 안 맞는지를 알고 싶어한다. 결과적으로 아이는 자신에게 편안한 행동들을 반복하게 되고, 문제를 일으키거나 자연스럽지 않다고 느끼는 행동들은 피한다. 이런 식으로 아이는 어떤 행동은 하고 어떤 행동은 하지 않음으로써 행동 패턴들을 발달시킨다. 이것은 자녀를 이해하려고 하는 부모들에게 혼동을 일으킬 수 있다.

아이가 성장해감에 따라, 점점 더 제한된 범위 안에서 아이를 보게 된다. 아이는 자라면서 점점 더 부모와 떨어져서 친구들과 학교에서 많은 시간을 보내게 된다. 이런 다른 환경에서 아이는 다르게 행동할지도 모른다. 아이는 달라진 상황들의 요구에 맞추기 위해 자신의 행동을 적응시킬 필요성을 느낀다. 그래서 아이는 다른 집단에서는 다른 행동을 보일 수 있다.

어릴 적에 나는 대부분 집에서 태평스럽고 고분고분한 아이로 자랐다. 고등학교 시절, 나는 록밴드에서 로큰롤을 연주했고, 학급 오락부장을 했다. 나는 교실 앞에 나가서 코미디를 하곤 했다. 담임 선생님이 바뀌었을 때 나는 스페인에서 온 교환 학생인 체했었다.

선생님이 내 행동에 대해서 집으로 전화했을 때, 부모님은 믿지 못하셨다. "누구요? 저희 애가 그런 일을 했단 말이에요?" 분명히 '집에서'의 내 행동은 '학교에서'의 행동과는 달랐다. 집에서는 부모님에게 순종적이었다.

아이와 너무 가까워서 아이를 객관적으로 볼 수 없다. 아직까지 자신의 행동 유형이 어떻게 판단에 영향을 미치는가를 깨닫지 못할 수 있지만, 자신의 희망, 꿈, 아이를 보는 자신의 인식에 대한 두려움 때문에 자녀의 전반적인 개성을 제대로 보지 못할 수도 있다.

아이의 행동 유형은 몇 가지가 복합적으로 결합되어 있다. 아이들은 정도의 차이는 있지만 네 가지 DISC 행동 유형 모두를 가지고 있다. 대부분의 사람들은 주된 DISC 행동 유형을 가지고 있지만, 대체로 그들은 하나나 때로는 두 개의 다른 유형에서 높은 점수를 보인다.

따라서 자녀를 오직 하나의 유형에만 맞추려고 하지 말라.

내 아들 차드의 경우가 그랬다. 우리는 그 아이가 높은 D형이라는 것은 알았지만, 잠시나마 우리는 그 아이가 I 유형의 점수도 높았다는 사실을 잊어버렸다. 카렌과 나는 일 중심적이다. 그래서 아마도 우리는 차드의 행동을 읽으려고 하기보다는 차드에게서 우리 자신의 행동을 읽고 있었던 것 같다.

우리는 우리가 보지 못했던 차드의 전반적인 면을 주목하기 시작했다. 그 아이는 잘 모르는 아이들의 모임에 나가서도 말할 수가 있었다. 그 아이가 우리 일을 방해하고, 우리가 자기 숙제를 도와주는 동안 다른 주제에 대해 묻는 그 아이의 경향이 항상 우리를 조정하려고 하는 것이 아니라 때때로 이야기하고자 하는 솔직한 욕망이었다는 것을 깨달았다. 그 사실을 깨달은 다음 차드에 대한 우리들의 인식은 급격하게 바뀌었다.

내가 이야기하고자 하는 것은 당신이 자녀에 대한 모든 것을 이해하고 있다고 단정한 어떤 틀 안에 자녀를 가두지 말라는 것이다. 이 책의 목적은 자녀가 성장함에 따라 자녀의 독특한 장점을 발견하고 북돋아주도록 부모에게 도움이 되는 도구를 제공하는 것이다. 우리의 궁극적인 목표는 자녀가 성장했을 때 그가 진정으로 머물게 될 자신의 삶의 '스타일'을 발견하도록 부모가 자녀를 도와주는 것이다.

자녀를 이해하는 단계

자녀를 제대로 이해하기 위해 몇 가지 방법을 제안한다.

1. 가능한 다양한 상황에서 자녀를 관찰한다.
행동 경향을 살펴보라. 학교 운동장이나 공원에서 놀고 있는 아이를 지켜보라. 그 아이가 다른 아이들과 또는 어른들과 어떻게 상호 작용을 하고 있는가? 새로운 사람을 만났을 때 아이는 어떻게 행동하는가? 그 아이는 휴식을 취하기 위해서 어떤 일을 좋아하는가? 아이가 관심 있어 하는 것은 무엇인가? 아이가 즐기는 과제는 무엇인가? 그 아이가 상상하고 있는 것은 무엇인가?

자녀를 관찰할 때, 지시하고 바로잡아줄 행동을 찾지 말라. 단지 아이를 지켜보기만 하라. 만약 당신이 일 중심적인 부모(D 혹은 C형)라면, 이것은 힘든 도전이 될 것이다.

2. 다른 상황에서 자녀를 보는 다른 사람들의 의견을 듣는다.

아이 친구의 엄마와 아빠, 학교 선생님과 이야기해본다. 친구와 친척들이 알고 있는 자녀의 행동에 대해 물어본다. 마음을 활짝 열고 그들의 말을 경청한다. 만약 자녀에 대해 더 알기를 원한다면, 이전에 가졌던 아이에 대한 생각이 전혀 맞지 않을 수도 있다는 가능성을 받아들여야 한다.

3. 최선을 다해서 추측해본다.

자녀에 대해 수집한 정보를 사용하여 가정한 다음, 지켜본다. 자신이 관찰한 행동은 아이의 DISC 행동 유형과 일치하는가? 어떤 행동이 같고 다른가? 선생님은 아이를 어떻게 보고 있는가? 선생님에게 다음 페이지에 있는 '자녀 행동 유형 진단'을 해달라고 부탁한 다음, 당신의 것과 비교하라. 당신이 알고 있는 것과 어떤 차이가 있는가?

4. 2차 행동 유형을 주시한다.

자녀에게 맞는 유형을 알기 위해 DISC 행동 유형에 대한 설명을 끝까지 읽는다. 자녀가 주도적인 1차 행동 유형과 2차 행동 유형을 가지고 있다는 것을 알게 될 것이다.

5. 자녀에 대한 인식을 언제든지 바꿀 수 있어야 한다.
자녀는 변하고 있으며 또한 성장하고 있다. 자녀를 당신이 원하는 형태로 만들려고 하지 말고 자연스럽게 내버려둔다. 자녀를 어떤 유형의 틀에 끼워 맞추려고 하지 말라. 하나님이 어떻게 사람들을 서로 다르게 만들었는지를 이해하고 평가하는 데 DISC 모델을 사용하라. 자녀가 자신만의 성향에 따라서 성장해가도록 DISC 모델을 이용하라. 그러나 아이를 일정한 틀 안에 가두어버리지 않도록 주의하라.

6. 배우자의 이야기를 듣는다.
한 아이를 두고 부모가 서로 다르게 인식하는 것은 드문 일이 아니다. 왜 그런가? 그 아이와의 상호 작용이 서로 다르기 때문이다.
한 회사의 부사장은 자기 아들을 D형으로 보았고, 그의 아내는 S형으로 보았다. 이 아버지가 아들과 갖는 상호 작용은 저녁과 주말로 한정돼 있었다. 그들의 관계는 목표 지향적, 즉 해야 할 일과 가야 할 곳 등을 정하는 것이다. 그래서 그는 자기 아들을 그러한 시각으로 보았다. 가정을 지키는 엄마인 그의 아내는 보다 개인적인 측면에서 아들과 관계를 가져왔다. 그녀는 자기 아들을 협조적이고 느긋한 아이로 보았다. 두 사람은 자기 아들이 그 두 가지 유형을 복합적으로 가지고 있다는 결론을 내리게 되었다.

7. 진단지를 활용한다.
많은 부모들이 '자녀 행동 유형 진단'이 자녀들을 아는 데 좋은 도구가 된다는 것을 알게 되었다. 아이들이 자기 자신을 어떻게 보는가를 알아보기 위해 '자아 발견 프로파일(i-sight or Personal Profile Systems)'[1]을 구입해서 진단해볼 것을 권한다. 진단지 등을 이용하는 것은 자기 자녀의 행동 유형이 무엇일 것이라는 가정을 확인하는 데 도움을 줄 것이다.

일단 자녀의 행동 유형에 대해 어떤 생각을 갖게 되었을 때 우리는 이 DISC 지식을 부모 역할을 하는 데 어떻게 적용할 것인가?
좋은 질문이다. 그에 대한 대답은 아주 조심스럽게 해야 한다.
성경 시편 127편에는 이렇게 쓰고 있다. "자식은 여호와의 주신 기업이요 태의 열매는 그의 상급이로다." 각자의 재능은 하나님께서 독특하게 창조하셨다. 일단 하나님께서 우리의 자녀를 독특하게 만드신 것을 이해한다면, 자녀를 '그들이 가고자 하는 방식대로' 양육할 수 있다. 그렇게 함으로써 우리는 하나님이 자녀에게 주신 잠재 능력을 극대화시킬 수 있다.

자녀 행동 유형 진단

자녀의 이름: _____

> 주의 사항 : 다음 진단을 할 때 다음 두 가지 사항을 명심하라.
> 1. DISC 정보는 행동 경향을 설명하는 것이다. 그것은 사람들이 어떻게 행동하는 경향이 있는가에 대해 보편타당하도록 신중하게 설계되었다. 그것은 한 개인의 특성에 대해 완전한 모습을 보여주거나 혹은 고정불변의 범주 안에 사람들을 규격화하기 위해 만들어진 것은 아니다.
> 2. 행동주의 심리학자들은 사람은 두 가지 기본적인 요인에 의해 동기화된다고 말한다. 우리들의 개인적인 에너지는 욕구 지향적 행동과 가치 지향적 행동으로 나뉘는데 이 진단은 욕구 지향적 행동에 초점을 둔다.

다음 1에서 8까지 각 항목마다 기술되어 있는 네 가지 특성 중에서 자녀의 특성과 행동을 가장 잘 설명한 문장을 최대치(4)로, 가장 거리가 먼 문장을 최소치(1)로 해서 순위를 정하라. 각 항목에는 4, 3, 2, 1번이 한 번씩 들어가야 한다.

1

a. ____ 매우 의지가 강하고 고집이 세다. 어떤 것을 원할 때 그 원하는 것을 얻기 위해 단호하다.

b. ____ 조용히 앉아 있는 법이 없다. 심지어 노는 시간이 끝나고 마음을 가라앉힐 시간인데도 더 재미있기를 바란다.

c. ____ 대체로 긍정적이다. 고함을 지르기보다는 미소를 띄우고 잘 웃는다.

d. ____ 보통 낯선 사람을 보면 피하거나 부모에게 매달린다. 새로운 사람을 받아들이는 데 시간이 걸린다. 아이는 처음에는 움츠러들었다가 서서히 적응한다.

2

a. ____ 빠르게 그리고 독립적으로 행동한다. 스스로 일하는 것을 좋아한다.

b. ____ 감정의 기복이 심하다. 재미있거나 즐겁거나 슬픈 감정을 그대로 드러낸다.

c. ____ 일반적으로 조용하고 태평스러워 보인다. 부드럽게 반응한다.

d. ____ 개인적인 것을 좋아해서 보통 혼자 있으려 하고, 다른 사람들과 쉽게 어울리지 못한다.

3

a. ____ 부모의 애정 표현에 대해 무뚝뚝한 편이다.

b. ____ 낙천적이고 열정적이다.

c. ____ 새로운 것을 시도하는 데 적극적이지 못하며, 대체로 오래되고 익숙한 것을 더 좋아한다.

d. ____ 질문이 많으며, 결정하기 전에 깊이 생각할 시간이 필요하다.

4

a. ____ 대체로 매우 활동적이다. 탐구하고 모험하는 것을 좋아한다.

b. ____ 사람들을 쉽게 만나고 사람들과 함께 있는 것을 좋아한다.

c. ____ 다른 사람들과 협력하면서 잘 지낸다.

d. ____ 새로운 상황으로 접근할 때 신중하고 머뭇거린다.

5

a. ____ 친구들을 앞장서서 이끌기를 좋아한다.

b. ____ 한 가지 일을 다 끝마치기도 전에 또 다른 일을 시작한다.

c. ____ 압력을 받게 되면 쉽게 포기한다. 교칙, 규칙, 습관을 잘 지킨다.

d. ____ 육체적 활동 수준은 대체로 낮거나 중간 정도다.

6

a. ____ 쉽게 화를 내고, 자기가 원하는 것을 얻기 위해 힘을 사용한다.

b. ____ 꼭 해야 할 숙제나 과제일 경우에도 귀찮아하거나 체계적으로 하지 못한다.

c. ____ 갑작스러운 변화에 대해 힘들어한다. 모든 것들이 그대로 있기를 원한다.

d. ____ 자기 절제가 강한 이 아이는 비우호적인 상황에 대해 조용하고 유순하게 반응한다. 그러나 내면적인 반응은 겉으로 보이는 것보다 훨씬 강하다.

7

a. ____ 경쟁하기를 좋아한다.
b. ____ 다른 사람들이 무엇을 하는지에 지나치게 관심이 많다.
c. ____ 남과 싸우는 것을 싫어하고 대립을 피한다.
d. ____ 자주 심각하게 생각하거나 우울해 보인다.

8

a. ____ 자기가 생각하는 것과 원하는 것을 부모에게 솔직하게 말한다. 자기가 싫어하는 것이나 사람에 대해 퉁명스럽고 귀에 거슬리게 말할 수 있다.

b. ____ 끊임없이 이야기한다. 자기가 성취한 것들과 친구들에 대해 이야기하는 것을 좋아한다. 자기가 원하는 것을 하기 위해 사람들을 설득하는 능력이 아주 뛰어나다.

c. ____ 보통 자신이 말하기보다는 다른 사람들의 이야기를 듣는 편이다.

d. ____ 특정한 것(가끔은 복잡한)에 대해 질문을 많이 하고, 상세하게 설명해주기를 바란다.

[점수 집계표]

　다음의 점수 집계표에 8개 문항 별로 각각 순위를 매긴 네 개의 각 특성에 대한 점수를 옮겨 적으라. 그리고 a, b, c, d의 점수를 각각 위에서 밑으로 합하고, 그 점수를 〔합계란〕에 적으라. a, b, c, d 네 개의 합계 점수 중 가장 높은 점수가 나온 것이 자녀의 주된 행동 유형을 나타낸다. 두번째로 높은 점수가 자녀의 2차 행동 유형을 나타낸다.

1. a. ___	1. b. ___	1. c. ___	1. d. ___
2. a. ___	2. b. ___	2. c. ___	2. d. ___
3. a. ___	3. b. ___	3. c. ___	3. d. ___
4. a. ___	4. b. ___	4. c. ___	4. d. ___
5. a. ___	5. b. ___	5. c. ___	5. d. ___
6. a. ___	6. b. ___	6. c. ___	6. d. ___
7. a. ___	7. b. ___	7. c. ___	7. d. ___
8. a. ___	8. b. ___	8. c. ___	8. d. ___

〔합계〕　a. ___　　b. ___　　c. ___　　d. ___

(a. = D　b. = I　c. = S　d. = C)

자녀를 더 잘 이해하기

자녀를 연구하는 것은 매일 해야 할 일이다. 우리는 날마다 자녀에 대해 배울 수 있는 기회와 경험을 끊임없이 갖는다. 가까이에서 그들의 행동을 지켜보고 그들의 말에 귀를 기울임으로써 그들이 누구인지를 이해하고, 그들이 자라야 하는 방식대로 그들을 양육하기 위한 결정적인 힌트와 징후를 포착하게 될 것이다.

자녀에 대해 고려해야 할 중요한 질문들이 또 있다.

- 자녀의 활동성은 빠른가, 느린가?
- 자녀는 일하는 것을 좋아하는가 아니면 사람들과 어울리기를 좋아하는가?
- 자녀는 대부분 말을 하는 편인가 아니면 듣고 질문하는 편인가?
- 자녀는 어떨 때 동기가 부여되는가?
- 자녀는 무엇을 가장 두려워하는가?
- 자녀에게 가장 큰 좌절감을 주는 것은 무엇인가?
- 자녀가 반복적으로 얘기하는 것은 무엇인가?
- 자녀는 어떤 활동과 행동을 계속해서 반복하는가?

자녀에 대해 연구하기 위해서는 자녀와 함께 토의하는 시간을 가져야 한다. 매일 다음과 같이 자유롭게 대답할 수 있는 질문들을 준비한다.

- 너에게 가장 흥미 있는 일은 무엇이니? _____
- 오늘 너는 무슨 일 때문에 가장 힘들었니? _____
- 오늘 학교에서 일어났던 가장 행복했던 일은 무엇이었니? 가장 슬펐던 일은 무엇이었지? _____

- 네가 가장 좋아하는 것은 무엇이니?_____
- 네가 제일 잘하는 것은 무엇이니?_____

　이와 같은 질문들을 통해 자녀가 무슨 생각을 하고, 무엇을 느끼며, 어떤 행동을 하는지 더욱 잘 이해할 수 있을 뿐만 아니라 자녀의 일관된 행동 패턴들을 파악하는 데 도움이 될 것이다.

1. 자아 발견 프로파일(i-Sight와 Personal Profile System)과 전형적인 행동 유형 해설집은 미국 칼슨 러닝사의 한국내 공급처인 한국교육컨설팅연구소(KECI)에서 구입할 수 있다. 이 프로 파일과 해설집은 자녀의 독특한 DISC 행동 유형의 결합에 대한 자세한 정보를 제공한다.

Part 3

가족 세우기

서로 다른 개성을 가진 가족들이 왜 그렇게 의견이 일치하지 않는지 모르면서 서로 맞추어나가는 것은 쉽지 않다. 그들은 자기와 다른 사람들을 어떻게 대해야 하는지 배워야 한다. 직장에서, 훌륭한 관리자는 밑에서 일하는 사람들 각자의 욕구와 동기를 인식할 수 있어야 한다. 그는 구성원들에게서 최상의 성과를 이끌어내기 위해 자신의 리더십 스타일을 구성원 각각에게 맞추어야 한다.

가족에게 적용하기

Family・Fit

 다른 사람들처럼, 나도 '비버에게 남겨라' '오지와 해릿' '아빠는 잘 아신다' '도나 리드 쇼' 등의 텔레비전 쇼를 보며 자랐다. 나는 그것들을 즐겨보았지만, 한 가지 불만은 이 프로그램들이 모두 비슷하다는 것이었다.

미디어 비평가들은 이들 오랜 쇼들이 전통적인 부모를 둔 가족을 묘사했기 때문에 비판적이다. 나는 이 프로들을 좋게 생각한다. 다만 내 불만은 이들 프로에 나오는 부모들과 아이들이 모두 똑같은 방식으로 행동한다는 것이다. 그것을 이 책에 나오는 용어에 맞추어본다면 그들은 비슷한 행동 경향을 보여준다.

클레버 가족이든, 넬슨 가족이든, 앤더슨 가족이든 혹은 스톤즈 가족이든 부모들과 아이들은 신념이 확고하고, 단정적이며, 성실하고, 느긋하며 그리고 사람 중심적이다. 그들은 S 성향이 높은 사람들이다. 이 프로의 어머니들은 높은 C형의 전형을 보여준다. 그들의 집은 항상 흠 없이 깨끗하고 완벽하게 잘 정돈되어 있다.

이들 가족 안에서 모든 사람들은 콩깍지 안의 콩처럼 서로서로 꼭 어울리게 맞춘 것 같다. 그들이 갈등을 겪을 때나 혹은 아이들이 곤경에 처했을 때, 부모들은 조용하게 그 문제에 파고들어 30분 이내에 모두 해결책을 찾아낸다.

카렌과 내가 부모가 된 지금, 옛날 시트콤 드라마에서 본 부모 역할 모델은 잘 들어맞지 않는다는 것을 알았다. 카렌은 저녁 식사를 준비할 때 진주 목걸이를 하고 드레스를 입는 준과 도나처럼 하지 않는다. 가족 세미나에서 드러난 가족 간의 불화들은 드라마에서보다 더 심각하고 더 풀기 어려운 것처럼 보인다.

어떤 집이든지 가족은 각각 서로 다른 성향을 가진 사람들로 이루어져 있다. 당신은 이 책을 읽는 동안, 자신과 배우자가 서로 다른 행동 양식을 가지고 있으며, 또한 자녀들과도 다르다는 사실을 발견했을 것이다. 우리들은 각자 자신이 좋아하고 싫어하는 것들이 있다. 우리는 서로 다른 감정과 에너지 수준을 가지고 있다. 어떤 사람은 열정적인 성격을 갖고 있으며, 어떤 사람은 느긋하다. 우리는 같은 이야기를 듣더라도 그것을 서로 다르게 받아들인다.

작가인 앤 캐시디(Anne Cassidy)는 '패밀리 서클(Family Circle)' 지에서 다음과 같이 말한다.

> 실제로 가족은 한 줌의 눈송이와 같다. 가족들은 서로 다르다. 어떤 사람은 특히 더 많이 다르다. 다르다고 해서 그들이 서로 잘 지낼 수 없다는 것을 의미하지는 않는다. 행복한 가정은 가족 개개인의 개성을 인정하고 서로 존중할 때 이루어진다.[1]

17세기, 로체스터 백작 가의 존 윌모트(John Wilmot)는 다음과 같이 이야기했다. 그는 가족 사이에 서로 다른 행동 양식들이 충돌할 때마다 긴장했다고 한다.

"결혼하기 전에, 나는 육아에 관하여 6가지 이론을 습득하고 있었다. 그러나 지금은 6명의 아이들이 있지만 이론은 하나도 없다."

대부분의 부모들은 이러한 경험을 해보았을 것이다. 특히 우리와 잘 맞지 않거나 이해할 수 없는 아이가 있을 때는 더욱 그럴 것이다. 아이들을 일률적으로 다루기보다 아이들을 매일매일 다르게 다루는 것이 더 어렵다.

자녀와 얼마나 잘 맞는가?

지금까지 나는 자녀들의 행동 양식뿐 아니라 부모인 자신의 행동 양식도 이해할 수 있도록 설명했다. 또한 각 유형의 아이들을 어떻게 다룰지에 대한 몇 가지 방법을 제시하였다.

이제부터는 하나님께서 디자인해주신 방식에 따라 자녀를 양육하는 확고하고 실제적인 방법을 제공할 것이다. 먼저 생각해야 할 것은 '당신은 자녀와 얼마나 잘 적응하고 있는가?' 라는 점이다.

이 주제는 스텔라스 체스(Stellas Chess) 박사와 알렉산더 토마스(Alexander Thomas) 박사에 의해 깊이 연구되었다. 그들의 저서 '당신의 자녀를 알라(Know Your Child)'에서 '좋은 적합도'[2]라는 용어로 부모-자녀 간의 관계성을 이야기했다. 이것은 가족 구성원 개개인이 나머지 가족과 잘 어울린다고 느낄 때 일어난다. 아이들의 기질과 능력이 성격 특성과 잘 조화되도록 부모가 자녀들의 요구와 기대에 맞춰줄 때 아이들은 부모와 잘 맞는다고 느낀다. 좋은 적합도는 부모가 자녀들의 장점을 살려주고 선천적인 약점들과 한계를 극복하도록 도울 수 있다.

반면에 '부적합도'는 부모가 자신의 리더십 스타일을 바꾸지 않고 모든 자녀들을 똑같은 방식으로 다룰 때 일어난다. 이럴 때, 아이들은 심한 스트레스를 받게 되어 건강한 정서 발육에 방해를 받을 수 있다.

활동적이고 모험심이 있는 부모는 조용하고, 수동적이며 집에만 있는 자녀에게 계속해서 나가 놀도록 지나치게 요구할 수도 있다. 반면 조심스런 부모는 모험을 즐기고 과감한 행동을 취하는 매우 활동적인 자녀에게 그러한 행동을 하지 못하도록 불필요하게 제한할 것이다.

S형 자녀들이 완벽함을 요구하는 부모에게서 태어나 긍정적인 확신과 애정, 무조건적인 사랑을 받지 못할 수도 있다. 쉽게 산만해지는 I형의 아이들이 만약 부모에게서 휴식 없이 오랫동안 숙제나 공부에 집중하도록 강요받는다면 문제아가 될 수도 있다. 갑작스럽고 계획되지 않은 변화를 즐기는 부모들은 변화에 대해 미리 알려줄 시간이 필요한 S형 아이에게 불안감을 조성할 수도 있다.

부모의 양육 스타일을 자녀의 특성에 맞추라

당신은 부모 역할을 자녀들의 성향에 맞추어 얼마나 잘 대응하는가? 만약 자녀가 한 명 이상이라면, 당신은 이미 한 아이에게 맞는 방법이 다른 아이에게는 맞지 않을 수도 있다는 것을 알았을 것이다. 이것은 당연한 것이다.

티나의 첫아이인 나탄은 흔히 이야기하는 아주 순한 아이였다. 그녀가 아이를 병원에서 집으로 데려온 날부터 아이와 잘 맞는 것 같았다. 그녀는 아이의 기분을 이해했고 아이의 리듬에 맞추었다. 아이가 울면, 그녀는 아이가 우는 원인이 젖은 기저귀인지, 배가 고파서인지, 아파서인지를 금방 알 수 있었다. 아이가 울지 않도록 바로 조처를 취한다.

그녀의 둘째 아이인 로렌은, 첫아이 때와는 많이 달랐다. 로렌은 나탄보다 더 많은 것을 요구했다. 로렌이 한 번 울음을 터뜨리면 아무리 달래도 잘 그치질 않았다.

로렌이 자라면서 그녀는 로렌의 감정을 맞추기가 더욱 어려워졌다. 아장아장 걸을 무렵에는 활동적이고 지칠 줄을 몰랐다. 이제 10대가 된 로렌은 계속해서 자신의 개성만을 고집한다.

티나는 왜 자신이 로렌보다 나탄과 더 잘 맞는지를 그들의 행동 유형을 알기 전까지는 이해하지 못했었다. 티나와 나탄은 모두 S 행동 성향이 높았다. 반면 로렌은 D형이 높았다. 그렇기 때문에 그녀가 나탄과 잘 맞는 것은 당연한 일이었다. 게다가 나탄은 로렌보다 티나를 더 좋아한다. 이제 그녀가 해야 할 일은 두 아이들과 함께 지낼 때 자신의 자연스러운 행동 유형을 어떻게 맞추어야 하는지를 배우고 적용하는 것이다. 지금 그녀는 아이들에게 맞추어 행동하고 있다. 비록 조용한 그녀의 가정에 가끔 파문이 일더라도 이제 그녀는 로렌의 강한 개성을 인정한다.

우리 가족의 경우, 카렌과 나는 처음 시작할 때부터 서로 달랐다는 것을 언급하였다. 우리는 서로 맞추기 위해 조정해야 한다는 것을 일찍 깨달았다.

첫째 아이인 차드는 I형이 많이 혼합된 높은 D 유형이다. 아장아장 걸을 무렵에도 차드는 밤새도록 거의 잠을 자지 않았고, 새벽 5시만 되면 벌써 잠에서 깨어났다. 그 아이는 우리가 관심을 가져주길 원했고 혼자서는 잘 놀지 않았다.

차드가 22개월쯤 된 어느 날 저녁 나는 침대에 차드를 뉘었다. 나는 그 아이와 함께 기도를 한 후 방에서 나와 안락의자에 앉았다. 그리고는 텔레비전 리모콘을 막 집어들려고 할 때, 차드가 어느새 방에서 나와 내 옆에 서 있는 것이었다. 차드를 다시 침대로 데리고 가서 조용히 눕힌 다음 자라고 했다. 그러나 1분도 지나지 않아서 아이는 다시 거실로 나왔다.

아이와 나의 이런 실랑이는 한 시간 이상이나 계속되었다. 나는 차드가 뒤따라서 나올 때마다 즉시 잡아서 침대에 다시 눕혔다. 다음 날 저녁 똑같은 일이 반복되자 나는 이 싸움에서 지지 않기 위해 끈질기게 씨름한 끝에 마침내 내 뜻을 관철시켰다. 그 때의 단호한 결심은 이루 다 말할 수 없다!

이런 유형의 아이를 제임스 돕슨이나 다른 가족 연구 전문가들은 '강한 아이' '힘든 아이' 혹은 '고집 센 아이' 라고 부른다. 사람들은 이런 아이들을 '엄마를 힘들게 하는 아이' 라고 한다.

둘째 딸 크리스티가 태어났다. 그 아이는 조용하고 내성적이며, 유순하고 적당히 독립적이다. 그래서 가끔 아이가 어디에 있는지 모를 때도 있다. 식구들은 크리스티가 밖으로 나가지는 않았다는 것을 알기 때문에 집안 구석구석을 찾은 끝에 마침내 옷장 구석에 앉아 인형과 장난감을 가지고 놀고 있는 크리스티를 발견하곤 했다. 크리스티는 자라면서 자기 방을 아주 깨끗하게 정돈해놓았다. 그 아이는 일을 하는데 자기만의 방식을 가지고 있었다

차드가 갓난아이였을 때, 내 가슴 위에 아이를 얹어 재우곤 하였다. 나는 차드가 잠들 때까지 위아래로 들어올렸다 내렸다 하곤 했다. 크리스티가 갓난아이였을 때 이 아이에게도 이 방법을 쓰려고 하였다. 그러나 크리스티는 그렇게 하는 것을 싫어하였다. 그 아이는 몸을 흔들고 꿈틀거렸다. 오히려 혼자 잠들도록 침대에 눕혀놓으면 매우 만족해하였다.

셋째 딸 캘리 역시 다르다. 이 아이는 차드와 크리스티의 특징을 섞어놓은 것 같다. 그 아이는 혼자서 놀기도 하지만 어떤 때는 아빠를 꼭 붙어다녔다. 그 아이는 내 무릎에 앉아서 텔레비전이나 책을

보는 등 나와 함께 앉아 있기만 하면 무엇을 하든 좋아했다. 그 아이는 사랑스럽고 다정하지만, 때때로 고집쟁이가 되기도 했다.

이처럼 아이들은 저마다 독특하며, 그 차이점들은 여러 상황에서 나타난다.

어느 날 저녁 나는 부엌으로부터 자지러질 듯한 비명 소리를 들었다. 순간 캘리가 칼이나 날카로운 것에 손가락을 베었다고 생각했다. 급히 부엌으로 달려들어가보니 세 아이 모두 "독거미다! 독거미!"라고 소리지르며 뛰어다니는 것이었다. 작은 거미 한 마리가 벽 위를 기어다니고 있었다. 그리고 아이들은 거미에다 살충제를 뿌리고 있었다.

나는 집에서 유일하게 벌레를 잡을 수 있는 사람이다. 카렌과 아이들은 벌레를 찾아내고, 나는 죽인다. 심지어 나는 24시간 내내 벌레를 감지할 수 있는 벌레 경보기도 가지고 있다. 거미를 보자마자, 나는 구두를 벗어들고서 힘껏 내리쳤다. 거미의 피와 내장이 사방으로 튀었다.

D 유형인 차드가 말했다. "그 거예요. 잘하셨어요, 아빠!"

S 유형인 캘리는, "그 거미, 정말 죽었나요? 아빠?"

C 유형인 크리스티는 이렇게 말했다. "아빠는 하나님이 창조하신 것은 벌레 하나라도 죽여서는 안 된다는 것을 모르시나요? 아빠는 그 거미를 밖으로 던져버렸어야지요."

C와 S 유형의 혼합형인 카렌은 이렇게 말한다. "당신이 무엇을 했는지 한번 보세요. 더러운 것이 사방으로 튀었잖아요!"

그리고 D와 I의 혼합형인 나는 카렌에게 말한다. "아, 그래. 무척 지저분하군. 이제 당신이 할 일만 남았군!"

가족 관리하기

　카렌과 나는 하나님이 우리에게 바라시는 조화와 협력이 충만한 가정을 이루기 위해서는 습관적인 부모로서의 행동 방식을 일부 바꾸어야 할 필요를 느꼈다. 융통성은 가정에서의 혼란을 줄이고, 아이들이 건전한 자긍심을 갖게 하는 데 필수적이다.
　시편 133편 1절에 "형제가 연합하여 동거함이 어찌 그리 선하고 아름다운고"라고 말한다. 그러나 이런 행복이 하늘에서 우리 가정에 저절로 떨어지지는 않는다. 우리는 그렇게 되도록 노력해야 한다.
　성경은 가족을 잘 관리해야 한다고 가르친다. 디모데전서 3장 4-5절에서 교회 지도자의 리더십에 대해 다음과 같이 이야기한다. "자기 가정을 잘 다스려 자녀들로 깍듯이 순종하게 하는 사람이어야 합니다. 자기 가정도 다스릴 줄 모르는 사람이 어떻게 하나님의 교회를 돌볼 수 있겠습니까?(현대인의 성경)"
　서로 다른 개성을 가진 가족들이 왜 그렇게 의견이 일치하지 않는지 모르면서 서로 맞추어나가는 것은 쉽지 않다. 그들은 자기와 다른 사람들을 어떻게 대해야 하는지 배워야 한다.
　직장에서, 훌륭한 관리자는 그 밑에서 일하는 사람들 각자의 욕구와 동기를 인식할 수 있어야 한다. 그는 구성원들에게서 최상의 성과를 이끌어내기 위해 자신의 리더십 스타일을 구성원 각각에게 맞추어야 한다. 어떤 사람은 끊임없는 관심과 용기를 필요로 할지 모른다. 반면에 다른 사람은 단순히 도전적인 프로젝트와 그것을 자기 방식대로 자유롭게 할 수 있는 것을 필요로 할 것이다.
　스티븐 브라운(W. Steven Brown)은 저서인 '관리자들의 13가지 치명적인 실수와 그것들을 피하는 방법(13 Fatal Errors Managers Make, and How to Avoid Them)'에서 '모든 사람들을 똑같은 방식으로 다루는 것'을 치명적인 실수의 5번째 항목으로 들고 있다.

"부하 직원 모두를 똑같은 방법으로 다루려고 하는 관리자는 실망하게 될 것이다"라고 주장한다. "그런 관리자는 결코 성공하지 못할 것이다(그리고 아마도 왜 성공하지 못하는지를 의아해할 것이다). 성공적인 관리자는 부하 직원이 갖고 있는 개성의 차이점들을 파악하고, 그들의 장점과 약점들을 인식하며, 개성을 존중하여 각각 개별적으로 관리한다."[3]

효과적으로 가정을 이끌기 위해서 부모도 똑같은 원리를 자녀에게 적용해야 한다. 가족 구성원들의 다른 행동 유형을 이해하면 가정을 화목하게 유지하는 데 많은 도움이 될 것이다.

양육 스타일을 조정하기

자녀들의 독특함을 이해하고 그들을 각각 다르게 대하는 것은 부모로서 쉬운 일이 아니다. 그렇다고 당신이 다른 사람이 되라는 의미는 아니다. 하나님이 주신 천성, 자신의 기본적인 기질을 바꿀 수는 없다. 그러나 자발적으로 잠시 다른 사람의 요구에 맞추고 서로 만족스러운 관계를 맺기 위해 당신의 행동을 조정할 수는 있다.

우리는 다른 사람의 행동 유형을 이해할 필요가 있다. 만약 자신이 조정할 필요가 있다는 것을 알게 된다면, 그렇게 해야 한다.

어떤 사람들은 자기 행동을 조정할 수 있음에도 그렇게 하려 하지 않는다. 아마 이들은 성숙한 관계를 형성하기에는 너무 자기 중심적이거나 아니면 게으른지도 모른다. 어느 쪽이든, 그런 사람의 대인 관계는 원만하지 못하며, 다른 사람들과 심리적인 거리감을 느낄 것이다.

또 다른 사람들은 자신의 행동을 조정하려고 하지만 할 수가 없다. 아마 자신에게 있는 어떤 요소가 다른 가족이 원하는 사랑의 표현을 하지 못하도록 방해할 수도 있다. 그들은 정서적으로 성숙하지 못하거나, 사회 생활을 위한 대인 관계 훈련이 부족할 수 있다. 이러한 사람들은 특별한 도움이나 상담이 필요하다.

이 책을 읽으면서 당신도 부모로서의 자녀 양육 태도를 조정해보고 싶을 것이다. 어떻게 조정할 수 있을지 몇 가지 방법을 제안한다.

1. 사람에 대한 자신의 인식이 어떻게 혼란스럽고, 바뀌고, 흐려지는지를 파악한다.

인간 관계에 있어서 대부분의 문제들은 인식의 차이(같은 상황을 다른 방식으로 바라보는 것)에서 나온다.

자녀에 대한 인식은 우리의 욕구와 가치관, 자아 개념, 과거 경험, 선입관, 좋아하고 싫어하는 것들의 영향을 받는다. 물론 우리는 자신의 행동 유형에 영향을 받는다. 몇몇 경우에 이러한 개인적인 인식은 유용하다. 만약 성경에서 말한 인간의 천성적인 이기심을 믿는다면, 이 가치는 두 자녀가 어떤 텔레비전 쇼를 보느냐로 싸우고 있을 때, 그 아이들에게 어떻게 접근할 것인가 하는 방식에 영향을 미칠 것이다. 우리는 각각 어떤 TV 프로그램을 선택할 것인가에 대해 두 아이에게 다른 이야기를 해줄 수 있다.

이런 인식은 우리를 방해할 수도 있다. 우리 자신의 행동 유형 때문에 갈등의 근원을 이해하지 못할 수도 있다. 우리가 가진 인식은 서로 다른 상황에 적절하게 반응하는 것을 방해할 수 있다. 그것은 자녀나 다른 사람에게 우리가 기대하는 바에 영향을 준다. 그것은 우리가 다른 사람들의 행동 방식을 이해하지 못하게 방해하기도 한다.

빌의 천성적인 주도적(D형) 스타일은 포춘지 선정 500대 기업의 최고 경영자로서 회사를 경영하는 데 아주 많은 도움이 되지만, 그의 10살 난 아들 커크에게는 그렇지 못하다. 전형적인 I 성향인 커크는 과제를 완수하는 것보다 친구들과 어울리는 것을 더 좋아한다.

빌은 커크가 집에서 매일 해야 할 일들을 목록으로 적어놓는다. 그는 사무실 직원들에게 지시하듯 커크에게 지시한다. 빌은 커크가 무슨 일을 해야 하는지를 말하고, 아이 스스로 그 일을 끝내기를 기대한다. 결국, 그것이 빌이 집에서도 일을 처리하는 방식이다. 그는 상사가 자기에게 할 일을 지시하고 그 일에 관여하지 않는 것을 좋아한다.

빌은 퇴근해서 돌아왔을 때 커크가 집안일을 다 끝내지 못한 것을 보면 커크에게 화내고 좌절감을 느낀다. 그는 커크가 제 할 일을 제때 못하는 무책임한 아이이므로 친구들과 놀지 못하게 해야 할 필요가 있다고 생각한다. 빌이 깨닫지 못하고 있는 것은 커크가 아빠와 함께 놀기를 원한다는 사실이다. 커크는 재미있게 일하길 원한다.

아빠와 함께 지내는 것이 커크의 마음 속에 있는 '해야 할 일' 가운데서 가장 순위가 높다. 심지어 아빠의 관심을 끌기 위해 고의로 잘못 행동하거나, 상황을 교묘하게 조정하기도 한다. 벌을 받더라도 최소한 아빠로부터 어느 정도의 관심을 받기 원한다.

2. 아이들의 단점보다는 장점을 본다.

사람들의 자연적인 성향은 다른 사람의 장점보다는 단점을 보려고 한다. 다른 사람의 관점과 행동이 자신과는 같지 않기 때문에 사람들은 자연스럽게 자기 방식이 '옳다'고 생각한다.

예를 들면, 전형적인 I형의 아빠는 전형적인 C형인 자기 딸이 생각하고 책을 읽는 데 너무 많은 시간을 보내고 있다고 생각할 수도 있다. 딸의 장점인 사고 능력을 보기보다는, 자기 딸이 너무 분석적이며 사교성이 부족해서 세상 사람들과 동떨어져 사는 아이로 보일 수 있다. 완벽할 만큼 자기 집을 정돈해놓기를 좋아하는 C형의 엄마는 '자신이 해야 할' 정리 정돈에 대해 별 신경을 쓰지 않고 있는 S형의 아들에게 몹시 화가 날 수도 있다. 이런 부모들은 자녀들을 끊임없이 야단친다.

  15장에서 논의하겠지만, 많은 부부들도 똑같은 문제를 겪는다. 그들은 배우자의 긍정적인 면보다는 부정적인 면을 보려 한다. 이런 부부들은 이 책을 통해서 어떻게 자신의 개성과 행동 유형이 함께 어우러져 서로의 강점으로 작용하게 되는지를 알게 될 것이다.

  15장은 부모들을 위한 것이다. 우리는 자녀로부터 배울 수 있다. 하나님께서 자녀에게 주신 강점이 가족을 도울 수 있다는 가능성에 대해 생각해본 적이 있는가? 아마 많은 부모들(특히 매우 어린 자녀를 둔 부모)은 그렇지 못했을 것이다. 왜냐하면 먼 장래를 내다보지 못하기 때문이다.

  당신이 S형 엄마이고, D형인 6살 난 아들과 문제가 있다고 하자. 지금 그 아이는 너무 많은 요구를 하고, 아주 활동적이어서 당신을 지치게 한다. 그러나 이렇게 생각해보자. 그 아들이 지금 17살이고, 당신과 남편은 병에 걸려 꼬박 일주일 동안을 침대에 누워 있다. 누군가 식사를 준비하고, 장을 보며, 동생들을 제시간에 학교에 보내는 일 등 집안일을 책임져야 한다.

  갑자기 당신은 아들의 다른 면을 보게 될 것이다. 당신에게는 그 아이가 자신의 주도적인 행동 특성을 발휘하는 것이 필요하다. 당신은 그 아이의 활력이 필요하다. 만약 당신이 수년 동안 아들의 행동을 비난해왔다면 그 아이가 절실히 필요한 지금, 그 아이는 자신감을 잃고 있거나 엄마를 도와줄 마음이 없을지도 모른다.

3. 부모가 아닌 자녀의 욕구에 맞춰 접근 방식을 조정한다.

  무엇이 자녀에게 용기를 북돋아주고, 동기를 주는지, 어떻게 자녀와 의사 소통을 해야 하는지를 배워야 한다. 부모가 좋아하는 방식으로 자녀가 행동할 것이라고 기대하지 말라.

  이 장의 앞 부분에서, 나는 I형의 아이인 커크를 이해하지 못하는

D형의 사업가 빌에 대해 얘기했다. 빌은 어떤 상황에서는 자녀에 대한 자신의 행동을 조정할 필요가 있다. I형 아들은 자신이 해야 할 사소한 일들을 어떻게 해야 하는지를 배울 필요가 있다. 빌은 커크가 하는 일을 도와주어야 한다. 그렇게 될 때 커크는 자기 아빠와 함께 하는 시간을 갖는 동시에 일을 완수하는 경험을 할 것이다. 일을 끝내서 결과를 만들어내는 것은 D형의 아빠 빌에게는 중요하다.

빌은 커크가 자신을 이용할지 모른다고 본능적으로 걱정한다. 커크가 아빠를 조종하는 것이 아니라 자신의 자연스런 행동 유형에 따라 행동하고 있다는 것을 빌이 안다면, 그런 걱정은 쓸데없는 것이다.

크리스틴은 혼자서 아이를 키우면서, 사회 활동에 참여하는 것을 좋아하는 I형의 어머니다. 그녀의 주말은 각종 모임으로 가득 차 있다. 그녀의 아들 마크는 혼자 있는 것을 좋아하고, 새로운 사람들과 변화에 적응할 시간을 필요로 하는 C 유형의 아이다. 그에게 매주 하나 정도의 사교 모임에 참석하는 것은 괜찮을지 모르지만, 엄마의 바쁜 일정대로 따라다니는 것은 상당한 스트레스가 된다.

크리스틴은 왜 마크가 자기만큼 사람들과 지내는 것을 좋아하지 않는지 이해하지 못한다. 그녀는 아이가 비사교적이라고 생각한다. "그 아이가 바라는 것은 집에서 책을 읽거나 놀이터에서 단짝 친구와 둘이서 노는 것입니다. 만약 그 아이가 밖에 나가서 친구들을 폭넓게 사귀지 않는다면, 인생에서 실패하는 따분한 아이가 될 것입니다."

마크는 지난 몇 년 동안 심한 두통으로 고생을 해왔다. 크리스틴은 아직 그 이유를 알지 못한다. 그녀는 아이의 스트레스를 없애는 가장 좋은 방법은 그 아이가 사람들을 만날 수 있게 해주는 것이라고 생각한다. 그러나 그런 사교적 만남을 통해 스트레스가 풀리는 사람은 마크가 아니라 그녀다.

모든 아이들은 낯선 상황과 새로운 사회 경험에 적응할 수 있는 자신감을 기를 필요가 있다. 크리스틴은 마크가 사람들과 더 어울리도록 밀어붙여야 한다고 생각할 수도 있다. 하지만 크리스틴은 마크의 행동 유형을 인정하고, 그의 속도대로 행동하도록 놔두어야 한다. 그녀에게는 그것이 매우 어려울 것이다. 그녀는 좀더 느긋해지고, 참석하는 활동과 모임의 수를 줄일 필요가 있다. 비록 새로운 환경에 대한 감정적 반응은 편안하지 못하더라도 시간이 지나면서 마크는 변화에 대처할 수 있게 될 것이다.

스타일을 조정하신 예수님

자신의 스타일을 다른 사람의 욕구에 맞추는 개념은 하나님을 모델로 삼을 수 있다. 요한복음 11장에 나사로의 죽음과 부활에 관한 이야기가 있다. 나사로가 아팠을 때 그의 누이인 마르다와 마리아는 예수님께 와달라고 요청했다. 예수님은 전에 머무셨던 곳에 이틀을 더 계셨다. 예수님께서 베다니에 도착했을 때 나사로는 이미 죽은 후였다. 성격이 급하고 일 중심적인 마르다는 예수님이 오셨다는 말을 듣고 맞으러 나갔다. 성격이 느긋하고 사람 중심적인 마리아는 집 안에 있었다.

마르다는 자신의 생각을 명확하게 말했다. "주님, 만약 당신이 여기에 일찍 계셨더라면 제 오빠는 죽지 않았을 거예요." 예수님은 마르다에게 "네 오라비가 다시 살리라"는 도전적인 말씀을 하셨다. 그 후 마르다는 집 안으로 들어가 마리아에게 예수님께서 도착하셨다고 말했다. 마리아가 예수님께 나갔을 때 그녀도 똑같은 말을 했다. "주님, 주님이 여기 계셨다면 제 오빠가 죽지 않았을 거예요."

이 때 예수님은 마리아에게 도전적으로 반응하지 않으셨다. 대신에 동정심을 보이셨다. 마리아가 눈물 흘리는 모습을 보신 예수님은

"심령에 통분이 여기시고 민망히 여기사 가라사대 그를 어디 두었느냐"고 물으시고 예수님도 눈물을 흘리셨다. 그 후에 무덤까지 함께 가셨다. 마르다와 마리아가 똑같은 질문을 했지만 예수님은 각각 다르게 반응하셨다. 높은 D형인 마르다에게는 도전이 필요했고, 강한 S형인 마리아에게는 동정심이 필요했다. 다른 사람들의 필요에 따라 자신의 행동 스타일을 조정하시는 예수님의 모델은 하나님의 양육 방식의 기본을 보여준다.

부모가 자녀와 조화를 이루려면

자녀의 욕구에 부모의 행동 스타일을 어떻게 맞출 것인지를 다음 몇 장에 정리해놓았다. 예컨대 만약 당신이 S형의 부모라면, 어떻게 D형의 자녀에게 맞출 수 있는가에 대한 정보를 얻을 수 있다.

부모와 자녀 조합의 경우 다음의 세 가지 범주에서 서로 조화를 이루는 데 필요한 정보를 얻을 수 있다.

- 강점: 비슷한 점과 차이점들을 이해하고 받아들이고 인정할 때, 모든 부모와 자녀는 강점을 갖게 된다.
- 갈등: 모든 부모와 자녀 간에는 갈등 요소가 있다. 이러한 갈등의 핵심은 일 처리 속도, 일의 우선 순위, 인식의 차이, 의사 결정, 의사 소통, 변화에 대처하기 등과 같은 문제들이다.
- 자녀 양육 전략: 부모와 자녀 간 결합의 자연스러운 역동성을 이해할 때, 좋은 부모와 자녀 관계를 만들 수 있는 구체적인 방법을 얻을 수 있다.

나는 세미나에서 많은 부모들이 자신과 자녀의 행동 유형 사이의 유사성과 차이점들을 알고 "아하! 그래서 그랬구나" 하고 놀라워하는 모습들을 수없이 보았다. 자녀와 부모 자신의 행동 경향에서 자연스러운 강점과 갈등을 인식할 때, 자녀 양육 스타일을 유연하게 조정할 수 있다.

"이제 나는 왜 아내와 14살 난 딸이 사사건건 다투고 논쟁하는지를 이해합니다. 그늘은 모두 D형들이죠"라고 한 아버지가 말했다. "그러나 일을 더 복잡하게 만드는 것은 나도 역시 D형이라는 것입니다! 세 사람 모두 주도권을 잡기 원하지요."

한 어머니는 자신과 자기 남편을 '열정적인' 사람이라고 했다. 그녀는 아들을 이해할 수 없어 항상 난감해했다. "지금까지 왜 우리가 아이에게 동기 부여를 할 수 없는지 전혀 이해하지 못했죠. 그 아이는 나쁜 아이가 아니에요. 그 아이가 옆에 있기만 해도 기쁘고 많은 도움이 되죠. 그 아이는 무슨 일이든지 힘들게 한 적이 거의 없어요. 하지만 우리는 그 아이가 어떤 일을 나서서 주도적으로 하게 할 수는 없었어요."

이제 다음의 내용을 기억하면서 다음 장을 읽기 바란다.

첫째, 모든 부모와 자녀의 조합에는 독특한 개성이 있다. 만약 당신이 I형이고 자녀가 C형이라면, 그 행동 유형에 대한 설명은 당신에게 도움이 될 것이다. 그러나 그것은 마술처럼 항상 모든 상황에 완전하게 적용되는 것은 아니다. 다음 장들은 부모와 자녀 사이에 자연적으로 존재하는 역동성을 이해하게 도우며, 부모가 할 수 있는 구체적인 방법을 제공한다.

둘째, 부모와 자녀의 조합은 부모의 자녀 양육 스타일을 비효율적으로 만들 수 있다(예를 들면 독재적, 허용적, 편의를 베푸는, 완벽주의적 스타일 등등).

자신의 취약점에 대해 잘 알게 되면 부모 역할을 보다 효과적으로 할 수 있다. 필요할 때 다른 행동 유형의 긍정적인 특성과 조화를 이루도록 자신의 행동에 유연성을 가질 수 있다.

다음에 나오는 각 유형 간 조합에 관한 내용을 읽을 때, 처음에는 가족들의 1차 행동 유형에 해당되는 내용만을 읽으라. 만약 당신이나 자녀가 한 가지 주 행동 스타일 이외의 또 다른 행동 경향을 보인다면 다른 2차 행동 유형에 관한 설명도 읽는다. 다음 단원을 읽으면서 다음 질문에 답해보라.

이 부모-자녀 조합 중에서 무엇이 맞고 무엇이 틀리는가? 주의를 기울이고 즉시 행동해야 하는 것은 무엇인가? 우리는 서로 얼마나 닮았는가? 우리는 서로 어떻게 다른가? 우리는 어떤 때에 의기투합하고, 어떤 때에 다투는가? 자녀의 행동 유형 원리가 설명되어 있으므로 구체적인 부모-자녀 조합에 적용되는 내용을 계속 읽기 바란다. 강점과 갈등이 분명히 나타나는 구체적인 때와 상황에 대해서 생각해본다. 자녀에게 가능한 해결책과 의견, 어떻게 그 전략들을 이행할 것인가에 대해 제안해보라. 모든 가족 구성원들이 서로 조화를 이루는 데 참여하게 하라.

이제는 자녀에게 초점을 맞추고, 어떻게 매일 그 아이들의 특별한 행동 유형에 맞추어 생활할 것인지를 알아내야 한다. 단, 이것은 하나의 지침일 뿐임을 기억하라. 깔끔한 공식들이 항상 마음을 끌지만 인생은 그렇게 단순하지 않다. 특히 부모와 자녀 간의 상호 관계에 있어서는 더욱 그렇다. 자녀 양육에 무엇을 이용하고 응용할 것인지를 선택하라.

1. Anne Cassidy, "Family Fit", *Family Circle*(February 1991): 89.
2. Stellas Chess and Alexander Thomas, *Know Your Child* (New York: Basic Book, 1987).
3. W. Steven Brown, *13 Fatal Errors Managers Make, and How to Avoid Them*(Old Tappan, N.J. Fleming H. Revell, 1985), 62.

주도적인 (D형) 부모와 단호한 (D형) 자녀

● 강점

부모와 자녀의 욕구가 같고 같은 방향을 지향하는 한, 부모와 자녀는 조화롭게 생활할 것이며, 한 팀으로써 많은 것을 달성할 수 있다. 두 사람의 목표와 결과 지향적 욕구는 매우 적극적이고 긍정적이 될 수 있다.

● 갈등

서로 자신이 통제하고 주도권을 가지려 할 때 다툼이 생긴다. 두 사람은 모두 경쟁심이 강해 어떤 희생을 치르더라도 서로 이기려 한다. 서로 자기 주장을 굽히지도 포기하지도 않을 것이다. "만약 내가 한 발짝 양보하면, 그 아이는 전부를 차지하려고 할 것이다"라고 부모는 생각한다. 모두 자신이 옳다고 생각한다. 만약 부모가 자녀와 타협하지 못한다면, 가정은 전쟁터가 될 것이다.

● 자녀 양육 전략

- 무리하게 논쟁하지 말라.
- 위협하거나 최후 통첩을 하지 말라.
- 자녀에게 엄격하게 대하는 것과 동시에 자녀 스스로가 자신을 통제할 수 있는 부분을 허용하라.
- 아이에게 가능한 한 선택권을 주라. 예를 들어, "네 방을 지금 깨끗이 치울래? 아니면 그 드라마를 보고 나서 치울래?"라고 선택하게 한다.
- 장황하게 이야기하지 말라.
- 가능한 한 마디로 지시하라. "수지야! 지금부터 네 방 정리해라!"

- 자녀와 함께 가장 큰 갈등의 소지가 있는 영역들을 토의하라.
- 함께 앉아서 몇 가지 행동 규칙을 만들고, 그것을 준수하게 하라. 이렇게 함으로써 아이는 책임감을 갖게 되고, 자신이 행동할 수 있는 한계를 이해하게 된다.
- 아이와 논쟁하지 말라. 아이와 논쟁한다 해도, 자녀는 부모를 이길 것이다. 왜냐하면 자녀는 부모의 감정과 반응을 조정할 수 있기 때문이다. '자식을 이기는 부모는 없다'는 사실을 그들은 알고 있다.

주도적인(D형) 부모와 설득력 있는(I형) 자녀

● 강점

부모와 자녀 모두 자신만만하고 삶에 대한 의사 결정이나 행동이 빠르다. 자녀는 부모의 리더십을 기꺼이 따를(혹은 적어도 따르는 것처럼 보일)것이다.

● 갈등

목표를 달성하고 결과를 얻으려는 부모의 욕구는 자유 분방하게 생활하는 아이의 태도로 쉽게 좌절된다. 자녀는 친구와 재미있게 함께 노는 것에 중점을 두는 데 반해 부모는 일을 성취하는 것에 중점을 두기 때문에 두 사람 사이에 갈등이 일어나게 된다. 또한 자기 주변을 정리정돈하지 않고 일을 끝까지 마무리 짓지 않는 경향의 아이는 부모를 매우 화나게 만든다.

● 자녀 양육 전략

- 이 아이는 결코 부모와 같은 관심 영역이나 목표 지향적인 성향을 가지고 있지는 않지만, 그렇다고 이 아이가 틀렸다고는 생각하지 말라.
- 일을 재미있게 만들어라. 자녀와 함께 중요한 일이나 집안일을 하라.
- 말을 행동으로 옮길 수 있도록 아이디어를 제공하라. 부모로서 기대하는 바를 자세하게 적어주고, 간단하고 쉬운 규칙을 만들어 따르게 하라.
- 아이가 장황하게 이야기를 하더라도 열심히 들어주라. 잘 들어주는 것은 자녀에게 용기를 북돋아주는 기술이다. 그는 아마도 언어

구사 능력을 필요로 하는 직업에 종사하게 될 것이다.
- 수없이 칭찬해주고, 애정을 표시하라. 인정해주라.
- 사실에 대한 주장뿐 아니라 아이의 감정과 느낌도 인정해주라.
- 어떠한 어려운 상황에서도 혼자 굳건하게 견디는 부모의 강한 모습은 친구들의 압력에 굴복하는 경향이 있는 자녀의 가장 큰 심리적인 갈등에 훌륭한 길잡이가 될 것이다.

주도적인(D형) 부모와 인정 많은(S형) 자녀

● **강점**

부모는 앞장서서 이끌고 싶어하고, 자녀는 부모를 따르는 것을 좋아한다. 자녀는 절제되고, 안정된 행동을 보이는 한 부모에게서 안정감을 느낄 것이다.

● **갈등**

만약 부모가 너무 강하게 나온다면, 아이는 쉽게 겁을 먹고, 개인적으로 감수할 것이다. 또한 책임감이 강한 D형의 부모는 인정 많고 느긋한 S 유형의 자녀를 연약한 아이라고 생각한다. 이것은 자녀의 자긍심을 낮추는 문제를 초래한다.

● **자녀 양육 전략**

- 자녀가 스스로 어떻게 과제를 완수해낼 것인지 생각하리라 기대하지 말라. 무슨 일을 해야 하는지 정확하게, 차근차근 설명하라. 아이는 당신이 기뻐하는 모습을 보고 싶어하기 때문에 부모가 원하는 일을 어떻게 해야 하는지를 알고 싶어한다.
- 자녀에게 어떻게 말하는지를 되새겨보라. 이 아이는 매우 민감하여 상대방이 직선적으로 비난하고, 화를 내면 쉽게 상처받을 수 있다.
- 아이를 지나친 경쟁 속으로 몰아붙이지 말라.
- 결코 다른 아이들과 비교하지 말라. 그러면 자녀는 의욕을 잃고, 노력하지 않으려 할 수 있다.
- 부드러운 마음을 지닌, 인정 많은 아이들은 부모의 품 안에 있다는 것을 느끼기 원한다.

- 아이가 소속감과 부모에게 인정받고 있음을 느끼게 하기 위하여 자녀와 함께 시간을 보내도록 노력하며, 많은 애정을 표현해주어야 한다.

주도적인(D형) 부모와 신중한(C형) 자녀

● 강점

D형 부모와 C형 자녀는 모두 일에 관심을 갖고 독립적으로 일하는 것을 좋아하는 등 많은 공통점이 있다. 주도적인 부모와 세부적인 것에 관심을 기울이는 자녀는 한 팀으로써 함께 많은 것을 성취할 수 있다.

● 갈등

부모는 어떤 과제나 일에 빠르게 뛰어드는 경향이 있는 반면에, 자녀는 그 일에 대해 상세한 것까지 생각하길 원한다. 부모와 자녀 모두 결과 지향적이지만, 이 아이는 일을 정확하고 올바르게 하는 것을 원하는 반면에, 부모는 지금 당장 일하는 것을 원한다. 일 처리 속도에 대한 이러한 차이가 갈등의 주요 원인이 된다. 또한 모든 것을 통제하려는 부모의 경향은 강압적인 것을 싫어하는 아이의 용기를 꺾을 수 있다.

● 자녀 양육 전략

- 인내심을 갖고 자녀를 대하라. 자녀를 조급하게 밀어붙이지 말라.
- 자녀에게 의사를 결정할 시간을 더 주라.
- 자녀가 모든 사실을 수집하고, 정확하게(자신이 생각하는 '정확함'에 따라) 일할 수 있는 시간을 주라.
- 비판할 때 주의하라. 그것은 부모에게 동기 부여가 될지는 모르지만, 아이는 그 비판을 마음 깊이 새겨 상처를 입게 될 수도 있다. 냉정한 평가나 공격적인 행동은 그 아이를 꼼짝 못하게 할 것이다.
- 자녀가 '왜'라고 질문하면 참을성 있게 상세히 설명해주라.

- 자녀의 타고난 조심성을 긍정적으로 인정하라. 그에게서 위험 부담을 감수하는 행동을 기대하지 말라.
- 자녀의 말에 귀를 기울여라. 그 아이가 하는 일은 대개 심사숙고한 끝에 나온 것이다.

사교적인(I형) 부모와 단호한 (D형) 자녀

● 강점

I형 부모는 D형 자녀의 강점들을 좋아하고, 그들의 재능을 자랑스러워한다. 자녀가 결과를 이루어내고 명예를 얻는 것을 좋아한다. 부모와 자녀 모두 삶에 대해 자신감이 있으며, 활동적이고 승리자처럼 보이기를 원한다. 목적을 달성하고 용기를 북돋아주기 위해 I형 부모가 해주는 끊임없는 칭찬은 D형 자녀에게 동기 부여가 된다.

● 갈등

자녀들이 좋아하는 부모가 되기 원하는 I형 부모는 지나치게 관대한 경향이 있다. D형 아이들은 어느 정도의 자유와 선택 권한이 필요하지만, 명확하고 확고한 한계를 정해주어야 한다. 만약 전형적인 I형의 부모가 주의하지 않으면, D형의 자녀는 집에서 모든 것을 자기 고집대로 하려 할 것이다.

● 자녀 양육 전략

- 자녀에게 허용할 수 있는 확실한 한계를 정해놓고 그것들을 고수하라. 규칙이 지켜지지 않고 가정 질서가 잡히지 않을 때, 부모는 사전에 정해놓은 규칙대로 자녀를 징계하여야 한다.
- 자녀는 부모가 끝마무리를 잘 못하고 일에 대한 일관성이 부족하다는 것을 이용하려 한다. 자녀는 필요하다면 언제든지 부모를 이길 수 있다고 믿는다.
- 자녀와의 정면 대결을 두려워하지 말라. 그것을 준비하고 기대하라.
- 잘못을 바로잡아줄 때 간단히 핵심 사항만을 지적하라. D형 아이

들은 장황한 설명을 원치 않는다. 단호하게 한 마디로 지시하고, 그 지시에 따르게 하라.
- 이 자녀는 부모를 자주 불편하게 만들어서 감정적으로 지치게 만들 수 있다.

사교적인(I형) 부모와 설득력 있는(I형) 자녀

● **강점**

두 사람 모두 삶을 열정적이고 낙천적으로 살며, 사람들과 함께 어울리는 것을 즐긴다. 유쾌한 것을 좋아하며, 다른 사람에게 좋은 인상을 심어주기 원한다. 또한 언제나 다른 사람에 대해 찬사와 칭찬을 아끼지 않는다. 자녀와 부모는 서로 칭찬하는 사람이 될 수 있다. 부모가 실수를 하더라도 두 사람 모두 개의하지 않고 쉽게 잊어버리는 경향이 있다.

● **갈등**

부모와 자녀 모두 감정적인 삶을 살기 때문에, 다른 사람의 관심을 받기 위해 경쟁할 것이다. 전형적인 I형 딸과 어머니 사이의 질투는 흔히 있는 일이다. 두 사람 모두 충동적인 성향이 있기 때문에, 책임감과 돈을 아껴 쓰는 문제가 가정의 주요 과제가 될 수 있다.

● **자녀 양육 전략**

- 자녀가 하는 말에 귀를 기울이라. 아이는 부모만큼이나 말하기를 좋아한다.
- 많은 것을 허용하는 부모의 지나친 관대함은 자녀에게 책임감을 길러주지 못할 수도 있다. D형과 C형 부모의 강점을 배우고 적용하라.
- 부모만큼이나 아주 세세한 일들을 싫어한다. 일마다 누가 책임질 것인지를 정해 적어놓아라. 아이들이 사소한 일들을 게임처럼 재미있게 하게 하라.
- 자녀가 지켜야 할 분명한 한계를 정해놓고 책임을 지우라. 아이가

따르지 않으면 엄하게 훈육하라. 쉽지는 않겠지만, 자녀를 유능하고 책임감 있는 성인으로 자라게 하기 위해서는 꼭 필요한 일이다.

사교적인 (I형) 부모와 인정 많은 (S형) 자녀

● **강점**

I형의 부모들은 S형 자녀의 여유 있고, 느긋한 본성을 인정한다. 부모는 얘기하길 좋아하고, 자녀는 듣기를 좋아한다. 두 사람은 함께 잘 지내는 경향이 있다.

● **갈등**

I형 부모와 S형 자녀 사이의 가장 큰 갈등은 일 처리 속도의 차이다. I형 부모는 일 처리와 행동이 빠르고, 인생을 열정적으로 산다. 그러나 이것은 S형 아이에게는 피하고 싶은 것들이다. I형은 시끄럽고 혼란스러운 것을 좋아하고, S형은 조용한 것을 좋아한다. I형 부모는 꾸밈없고, 다양하며, 변화가 빠른 것 등을 즐기며 살아간다. S형 아이는 변화에 적응하는 속도가 늦고, 반복적인 것을 좋아하며, 급작스럽고 예기치 않은 변화를 싫어한다.

● **자녀 양육 전략**

- 자녀를 느긋하게 대하라. 자녀의 속도에 맞추어서 조금 천천히 반응하라.
- 자녀가 스스로 의사 결정할 시간을 주라.
- 부모의 열정을 조금 누그러뜨리라. 다른 사람들 앞에서 자녀의 성적이나 능력에 대해 지나치게 자랑하여 아이를 난처하게 하지 말라. 공개적인 칭찬보다는 개인적으로 격려해주고 용기를 북돋아 주라.
- 진심으로 칭찬해주고, 인정해주라.
- 처음 대하는 사람과 일에 천천히 익숙해지고 수줍어한다는 사실을

받아들이라.
- 가능한 한 어떤 일이 어떻게 변할 것인지 미리 알려주라.
- 더 많이 묻고 아이의 대답을 주의 깊게 들어라.
- 일할 때 자녀에게 도움을 요청하라. S형 아이는 자신이 가치 있고 필요한 존재라는 사실을 인정받고 싶어한다.

사교적인(I형) 부모와 신중한(C형) 자녀

● 강점

I형 부모의 강점은 C형 자녀의 약점을 보완하고, 또 자녀의 강점으로부터 많은 것을 배울 수 있다. 자녀는 부모로부터 너무 심각하지 않고 재미있게 일하는 것을 배울 수 있다. 자녀는 부모가 좀더 체계적이고 분석적으로 일하도록 도울 수 있다.

● 갈등

두 사람의 차이점은 자주 오해를 불러일으킬 수 있다. 부모는 얘기하는 것을 좋아하지만, 자녀는 혼자만의 시간을 가지는 것이 필요하다. 또한 부모는 쉽게 말로 표현하지만, 반면에 간접적인 방법으로 표현하는 자녀의 관심을 파악하지 못할 수 있다.

● 자녀 양육 전략

- 자녀의 이야기를 잘 들을 때 보다 자녀를 이해할 수 있을 것이다. 자녀가 하는 말 속의 미묘한 뉘앙스를 유의하라. 이 아이는 조심스럽게 말하고, 그 말에는 어떤 의미가 있다.
- 지나치게 감정적이고 열정적인 반응을 줄이라. 자녀와의 갈등 상황에서는 좀더 사실적이고 객관적이 되라.
- 완벽함을 추구하는 아이의 성향은 즐거움을 찾는 부모의 욕구만큼이나 강하다는 것을 인식하라. 아이는 실수를 쉽게 웃어넘기지 못한다.
- 자기가 한 일이 기대에 못 미쳐서 실망해도 혼자 내버려두라.
- 서두르거나 재촉하지 말라. 수준 높은 결과를 이끌어내도록 시간을 주라.

- 자녀가 한 일에 대해 진심으로 칭찬해주고 인정해주라. 단순히 "대단히 잘했다!" "훌륭하구나!" "너, 기가 막힌 일을 했구나!"라고 말하는 것보다, 무엇을 잘했는지 보다 구체적으로 말해주라.
- 자신이 한 일에 대해 비난받는 것을 두려워한다는 사실을 기억하라.
- 잘못을 지적해줄 때는 부드럽게 말하라.
- 위험 부담을 감수하리라고는 기대하지 말라. 선천적으로 조심스러워한다는 것을 기억하라.

지원적인(S형) 부모와 신중한(D형) 자녀

● 강점

S형 부모는 D형 자녀가 자신의 목표를 달성하고, 리더십을 발휘하면서 성장할 수 있도록 용기를 북돋아줄 수 있는 능력이 있다.

● 갈등

지속적인 주도권과 즉각적인 행동을 바라는 이 아이는 모든 일이 조용하고 평온하기를 원하는 부모를 쉽게 지치게 만들 수 있다. 이 두 유형의 조합에서 가장 큰 문제는 훈육이다. 부모는 갈등을 원치 않기 때문에 지나치게 관대한 경향이 있다는 것을 자녀는 알고 있다. 자녀는 그것을 쉽게 이용할 수 있다. 부모는 무슨 일이 있어도 평온함을 원하며, 장기적으로 볼 때 그런 행동 때문에 당신은 결과적으로 이 자녀를 통제할 수 없게 된다.

● 자녀 양육 전략

- 자녀에게 주도권을 행사할 수 있는 영역이 필요하다. 자녀에게 부모가 조종되지 않는다는 사실을 분명히 해주어야 한다. 자녀가 어떤 일을 하는 데 부모를 필요로 하지 않는다고 실망하지 말라. 아이는 혼자 일하는 것을 좋아한다. 그것을 방해하지 말라.
- 자신의 의사를 분명하게 강력한 어조로 말하고 부모의 권위를 세우라.
- 한번 내린 결정을 단호하게 고수하라. 자녀에게 이용당할 수도 있다는 사실을 기억하라. 부모가 흔들리지 않는 것이 중요하다.
- 자녀에 대해 보다 주도적으로 움직이는 것이 쉽지 않지만 필요하다.

- 자녀가 부모와 너무 다르다고 해서 부모 자질이 부족하다고 생각하지 말라. 자녀는 자기 방식대로 행동할 뿐이다.

지원적인(S형) 부모와 설득력 있는(I형) 자녀

● **강점**

S형 부모는 I형 자녀와 잘 지낼 수 있다. 부모는 즐거운 시간을 보내는 것을 좋아하고, 자녀는 부모를 즐겁게 할 수 있다. 두 사람은 모두 서로에게 좋은 느낌을 가지며 칭찬해주고, 가치를 인정해준다.

● **갈등**

자녀의 일 처리 속도에 맞추는 것은 부모에게 도전이 될 수 있다. 자녀는 변화를 좋아하고, 끊임없이 활동적으로 움직인다. 부모는 조용하고, 평화로우며 반복적인 일들을 더 좋아한다.

● **자녀 양육 전략**

- 자녀에게 좀더 단호하고, 부모와 자식으로서의 한계를 분명히 해야 한다.
- 자녀의 설득력 있고 빠른 말솜씨는 자신의 어떤 행동을 부모가 허용해주어야 하는지를 설득하여 부모의 말문을 막을 수 있다.
- 자녀를 위해 지나치게 일하지 말라. 아이는 세세한 일을 싫어하는 경향이 있기 때문에 부모가 뒤치다꺼리를 다 해야 할 것이다. 그러면 자녀는 무책임한 아이로 자랄 것이다. 그는 누군가가 자신을 돌봐줄 것이라고 생각하며, 그래서 그 뒷받침 속에서 늘 재미있게 살아갈 수 있다고 생각할 것이다.
- 숙제를 하지 않거나 약속을 지키지 않을 때 그대로 내버려두어서는 안 된다.
- 정리 정돈을 하지 않았거나, 해야 할 일을 잊어버렸을 때 당연히 책임져야 한다는 것을 경험하게 하라.

- 일을 어떻게 단계적으로 하는지 종이에 적어주고, 좀더 체계적으로 일하게 하라.
- 자녀가 '해야 할 일'을 적어놓으라. 하지만 아이가 자주 잊어버리더라도 놀라지 말라.

지원적인(S형) 부모와 인정 많은(S형) 자녀

● 강점

두 사람에게는 많은 공통점이 있다. 서로 함께 있는 것을 즐긴다. 두 사람은 느긋하고 조용하며 평화로운 가정 분위기를 좋아하기 때문에 그런 방식으로 일한다. 두 사람은 서로 도울 수 있다. 또한 서로 아무것도 하지 않는 시간을 즐긴다. 주말이나 저녁 내내 텔레비전을 함께 보거나, 윈도우 쇼핑을 하거나, 낚시를 하면서 여가 시간을 즐긴다.

● 갈등

가장 큰 문제는 의사 소통이다. 서로 빙빙 돌려서 이야기한다. 둘 다 제안은 하지만 결코 결정을 빨리 하지는 않는다. 두 사람 모두 변화를 시도하지 않는다. 만약 부모가 지나치게 편의를 봐주면 자녀는 지나치게 부모에 의존하게 되어 독자적으로 생각하고 행동하는 능력이 부족하게 된다. 두 사람은 갈등을 회피하므로 감정이 상하더라도 그것을 억누르고 표출하지 않는다. 시간이 지남에 따라서 억눌린 감정이 폭발하면 더 큰 문제를 일으킬 수 있다.

● 자녀 양육 전략

- 자녀를 위해 해줄 수 있는 일과 자녀 혼자서 스스로 할 수 있는 일을 잘 구분하고, 스스로 하도록 용기를 북돋아주라.
- 더 진취적이고, 좀더 단호해져야 한다.
- 어느 정도의 갈등과 변화는 건강에 좋다는 것을 깨닫는다. 삶은 끊임없이 변화하기 때문에, 변화로부터 자녀를 과잉 보호하지 말라.
- 자녀가 어떻게 느끼고 있는지를 말하게 하고, 자녀에게 부모는 어

떻게 느끼는가를 솔직하게 이야기해주라. 감정이 상하거나 부정적인 느낌이 들지 않도록 숨김없이 이야기하라.

지원적인(S형) 부모와 신중한(C형) 자녀

● **강점**

두 사람 모두 일을 처리하는 속도가 늦는 편이며, 각자 혼자 있더라도 상관하지 않고 많은 대화 없이도 편안하게 지낼 수 있다. 두 사람 모두 밀어붙이는 배짱이 없으며, 갈등을 피하려 한다.

● **갈등**

자녀의 비판적인 성향은 부모에게 마음의 상처를 줄 수 있다. 그때 부모는 그 감정을 얘기하기보다는 억누르는 경향이 있다. 사고 지향적이고, 직관이며, 논리적인 자녀와 감성적인 부모는 때때로 충돌할 수 있다. 자연스럽게 가까운 대인 관계를 형성해가는 부모에게는 자녀의 냉정하고, 계산적인 태도가 걱정스러울 것이다.

● **자녀 양육 전략**

- 사생활을 보호받고 싶어하는 자녀의 욕구를 인정한다. 만약 갈등이 있다면 아이에게 혼자 생각할 시간을 주라. 나중에 그 문제에 대해서 이야기하게 하라.
- 자녀는 스트레스를 받으면 개인적으로 재충전할 시간이 필요하다. 부모를 거부한다고 생각하지 마라.
- 자녀를 막다른 골목길로 몰아붙이지 말라. 조심스럽게 대화를 나누라. 자녀가 입을 다문 채 아무 말도 하지 않을 때 부모의 느낌을 이야기하고, 왜 그러는지를 물어보고 들어주라.
- 인내심을 가지고 상세하게 설명해주라.
- 자신의 높은 기준에 도달하지 못해서 실망하고 있을 때는 그냥 혼자 있게 하라.

- 자녀가 한 일에 대해 진실되고 구체적으로 칭찬을 해주고, 그 가치를 인정해주라.
- 자녀의 비판적인 태도에 지나치게 반응하지 말라. 자신과 다른 사람의 결점을 받아들이도록 부드럽게 타이르라.

엄격한(C형) 부모와 단호한(D형) 자녀

● **강점**

부모와 자녀 모두 일 중심적인 유사한 성향을 가지고 있다. 두 사람이 목표를 공유하는 한 한 팀으로서 매우 효과적이며, 서로 도움을 줄 수 있다.

● **갈등**

만약 부모와 자녀가 서로 반대되는 목표를 가지고 있다면, C형의 부모는 희망이 없는 싸움터에 자신이 서 있다는 것을 알게 될 것이다. C형 부모는 모든 일이 자신의 기준에 따라서 '올바르게' 처리되길 원한다. 그러나 D형에게 있어서 '올바르게' 하는 것은 C형처럼 복잡하지 않다. D형 아이는 일을 자기 방식대로 해서 빨리 결과를 성취하기 원한다. D형 자녀는 빠르게 결정하고 일을 처리하는 경향이 있기 때문에, C형 부모가 중요하게 여기는 세부 사항들을 놓칠 수 있다.

● **자녀 양육 전략**

- D형인 자녀에게 어느 정도 책임을 맡겨라. 일을 더 잘 하게 하려고 개입하지 말라. 자녀는 일에 대해 책임을 맡고 싶어한다.
- 자녀가 달성한 목표와 성취를 긍정적으로 받아들이라. 어떻게 하면 일을 더 잘할 수 있는지를 생각하는 C형 부모에게 이것은 쉬운 일이 아닐 것이다.
- 모험을 감행하는 일이 이 아이에게는 중요하다는 것을 인식하라. 다만 현명하고 안전하게 그 한계만을 설정해놓으라.
- D형 자녀와 함께 사는 자체가 하나의 변화이고 끊임없는 도전이다.

- 가만히 있지 않고 몸을 움직이려는 자녀의 욕구를 인식하라.
- 자녀와 논쟁하지 말라. 부모가 그렇게 말하는 이유를 받아들이지 않을지도 모른다.
- 무엇보다도 완벽하리라고 기대하지 말라. 자녀가 결코 달성할 수 없을 것이라고 느낄 만큼 너무 높은 기준을 설정하지 않는다. D형의 자녀는 자신이 기준에 미치지 못한다고 비난을 받게 되면, 시도조차 하지 않을 것이다.

엄격한(C형) 부모와 설득력 있는(I형) 자녀

● **강점**

모든 일을 세밀하고 올바르게 하기를 좋아하는 부모의 성향은 자녀가 어느 한쪽으로 치우치지 않고, 성공적으로 세상을 살아가는 데 반드시 필요하다. I형 자녀는 신중한 부모의 생활에 신선함과 즐거움을 준다.

● **갈등**

자녀와 '일 처리 속도와 우선 순위'가 정반대인 부모에게 끊임없이, 지나칠 정도로 장난만 치려는 아이를 이해하는 것은 어려울 것이다. 자녀에게 바라는 부모의 높은 기대 때문에, 자녀는 부모에게 칭찬과 인정을 못 받는다. 따라서 칭찬과 인정받기를 바라는 이 아이는 다른 사람에게서 인정을 받으려 할 것이다.

● **자녀 양육 전략**

- 자녀에 대한 부모의 기대 수준을 수정해야 한다. 자녀는 결코 부모와 똑같이 세부적인 일에 주의를 기울이지는 않을 것임을 알아야 한다.
- 자녀는 자신이 이해받고 인정받기를 열망한다. 기회가 있을 때마다 자녀의 장점을 찾아내어 칭찬해주어야 한다.
- 비록 자녀의 장점이 부모와는 다르다 해도, 있는 그대로의 자녀를 사랑하라.
- 하던 일을 멈추고, 자녀에게 충분한 관심을 기울여라.
- 자녀가 하는 말을 열심히 들으라. 부모가 관심 있게 들으면 이 아이는 더욱 신이 나서 이야기한다.

- 무엇보다도 완벽하게 할 것을 강요하지 말라. 자녀가 결코 달성할 수 없을 것이라고 느낄 만큼 너무 높은 기준을 설정하지 않도록 하라.

엄격한(C형) 부모와 인정 많은(S형) 자녀

● **강점**

부모와 자녀 모두 일을 천천히 하고, 별로 말이 없지만 친하게 지낸다. 부모는 S형 아이의 편안함을 좋아하고, 심한 갈등을 피하려는 데 서로 마음이 맞는다.

● **갈등**

자녀가 부모처럼 일에 대해서 깊이 생각하지 않거나, 중요한 세부사항에 대해 관심을 보이지 않을 때 당신은 실망할 것이다. 부모는 자신이 추구하는 것과 똑같은 높은 기준에 도달하도록 자녀에게 동기부여 하지 못하는 것을 걱정한다.

● **자녀 양육 전략**

- 중요한 과제에 집중하고 정확하게 일하는 부모 자신의 경향을 인식하라. 자녀가 자신의 세계에서 어떻게 느끼고, 무슨 일을 하는지를 알아서 자녀와 조화롭게 지내라.
- 부모의 감정을 허심탄회하게 나누라. 자녀가 자기 감정을 표출하게 하라.
- 때때로 자녀가 아무 일도 하지 않고 한가로움을 즐길 수 있도록 하라. 이것이 그가 활력을 재충전하는 방법이다.
- 부모가 원하는 일을 어떻게 해야 하는지 자녀에게 설명해주라.
- 자녀 스스로 세세한 사항까지 이해하리라고 기대하지 말라.
- 비록 자녀가 노력했음에도 불구하고 부모의 기준에 도달하지 못하더라도, 자녀의 노력을 진심으로 평가해주라.
- 비판할 때 주의하라. 비록 의도한 바는 아니지만, 부모의 비평은

아이에게 심하게 들릴 수 있다.
- 무엇보다도, 자녀가 결코 달성할 수 없을 것이라고 느낄 만큼 너무 높은 기준을 설정하지 말라. 자녀는 자신이 미숙하고 가치가 없다고 생각하고 쉽게 포기해버릴 것이다.

엄격한(C형) 부모와 신중한(C형) 자녀

● 강점

이 관계는 자녀를 비범하게 만드는 데 더할 나위 없는 결합이다. 부모는 자녀와 함께 어떤 일이나 과제를 열심히 할 수 있으며, 그 일을 하기 위해서는 무엇이 필요한지 충분히 주의를 기울일 수 있다. 두 사람 모두 매우 진지하다. 부모와 자녀 모두 일의 수준과 우수성을 유지하고 일을 정확하게 처리하려 한다.

● 갈등

누구의 방식이 맞는지 두 사람의 의견이 일치하지 않을 때 문제가 생긴다. 두 사람은 하던 일을 멈추고, 아무 일도 하지 않는다. 둘 다 말을 하지 않고 고집을 피우는 경향이 있다.

● 자녀 양육 전략

- 만약 자녀가 다른 방식으로 일할 것을 제안한다면 때때로 그것을 수용하라.
- 서로 수용할 수 있는 방식으로 일을 끝내기 위해서 부모의 기준을 융통성 있게 적용하라.
- 자녀의 잘못을 바로잡을 때 조심하라. 부모가 가장 두려워하는 것 가운데 하나가 자신이 한 일에 대해 비난받는 것이다. 자녀도 마찬가지다.
- 자녀가 부모를 비난할 때 과잉 반응하지 말라.
- 애정 표현과 감정 표현을 충분히 하라. 부모 자신처럼 이 아이도 사랑받고 자신의 가치를 인정받고 싶어한다. 그는 천성적으로 다정다감하지는 않다.

- 무엇보다도, 자녀가 결코 달성할 수 없을 것이라고 느낄 만큼 너무 높은 기준을 설정하지 말라.

자녀, 부모의 거울

"Mirroring, Mirroring…"

수잔이 파티장 안으로 걸어 들어가자, 모든 사람의 시선이 그녀에게 집중되었다. 그녀는 아름답고 쾌활했으며, 사람들이 놀랄 만한 이야기를 많이 알고 있었기 때문이다. 1930년대와 40년대의 '황금 시대'를 헐리웃 영화계에서 생활하며 홍미로운 경험을 많이 한 수잔은 모두가 알고 싶어하는 사람들 가운데 한 사람이었다.

그녀의 기억에 의하면 그녀의 삶은 연예계 주위를 맴도는 것이었다. 그녀의 어머니는 오랜 세월 연예계에서 댄서로 일했다. 그녀의 사촌들은 극장과 촬영소에서 일했다.

수잔은 어머니와 잘 지내지 못했다. 그녀는 어머니가 새 남편과 함께 전국을 다니기 위해 8살 난 자신을 고아원에 버리고 떠난 것을 결코 용서할 수 없었다. 4년 후 어머니는 그녀를 고아원에서 데리고 나왔지만, 두 사람은 수잔의 사춘기 시절 동안 심하게 다투었다.

수잔은 합창단원이 되어서 몇 편의 영화에 출연하였다. 그녀는 유명한 프로듀서들과 영화 감독들이 자주 출입하는 인기 있는 나이트 클럽의 댄서가 되었다. 그녀는 그 곳에서 헐리웃의 어두운 면을 처음 보았다. 그 나이트 클럽의 주인은 마피아와 깊은 관계를 맺고 있었다.

위험스러운 세월이었다. 수잔이 마피아 단원들의 데이트 요청을 거절하자 그들은 협박을 해왔다. 그녀는 그들과 함께 나간 여자들 가운데 한 사람이 사라졌다는 것을 알았다. 결국 수잔은 자신의 욕구와 야망을 충족시킬 수 있는 새로운 출구를 찾았다. 어느 영화 감독의 조수가 된 것이다. 재능과 강한 개성을 지닌 그녀는 일을 잘 해내었다. 감독들은 그녀에게 도움을 청하기 시작했으며, 그러는 동안 영화 제작 사업에 대해서도 배울 수 있었다.

수잔의 궁극적인 목표는 영화 제작 및 보급자가 되는 것이었다. 오늘날, 그녀와 같은 여성은 영화계에서 수백만 달러를 벌고 있다. 그러나 1940년대에는 아무도 그녀를 눈여겨보지 않았다. 그녀는 동료와 영화계, 남자들에게서 방해를 받았다. 그녀에게 시련이 다가왔으며 그러한 시련은 큰 야망을 가진 사람들에게는 피할 수 없는 것이었다.

그 후 39세의 나이에, 수잔에게 새로운 인생을 시작할 기회가 찾아왔다. 그녀는 영화의 무대 장치를 만드는 사람과 결혼했고 곧 예쁜 아기를 얻었다.

수잔은 딸 캐시에게 자신이 겪었던 실패와 고통을 경험하지 않게 하리라 결심했다. 이 아이는 연예계로 진출시키지 않을 것이다. 이 아이는 자라서 한 남자의 아내가 되고, 아이들의 어머니가 될 것이다. 수잔은 딸의 모델이 될 것이다.

문제는 수잔이 자녀를 기르는 데에 본받을 만한 모델이 전혀 없다는 것이었다. 그녀는 딸을 사랑했다. 그러나 딸을 위해서 무슨 일을 해야 하는지를 몰랐다. 자기 자신과 딸을 위한 새로운 인생을 만들어 가는 동안, 그녀는 자신과 딸 모두를 거의 망쳐버렸다.

캐시가 자라면서, 수잔은 딸이 자신과 아주 비슷하다는 것을 느꼈다. 캐시는 엄마에게서 재능과 강한 개성, 사람들과 어울리는 능력을 물려받았다. 많은 부모들은 자식들이 자신들과 같아지기를 바라지만, 수잔은 캐시가 자기처럼 행동했을 때 거부 반응을 보였다.

캐시는 춤추는 것을 좋아했다. 그녀가 어렸을 때, 전축에 브로드웨이 뮤지컬판을 올려놓고, 거실 가구를 뒤로 밀어놓은 다음, 음악에 맞춰 춤을 추곤 했다. 몇 년 동안 캐시는 댄스 교습을 받게 해달라고 간청했으나 수잔은 거절했다. 댄서가 되기에 캐시는 아직 어렸다. 그녀는 걸 스카우트 활동과 교회 활동에 참가할 수 있었다.

캐시가 실패를 맛보지 않게 하기 위해, 수잔은 그녀가 모험적이거나 새로운 일을 못 하도록 막았다. 사춘기 시절, 캐시는 영화의 스턴트걸이 되기로 결심했다. 그래서 수잔은 스튜디오에서 알고 지냈던 한 스턴트걸의 집으로 캐시를 데리고 갔다. 딸의 이 어리석은 생각을 그만두게 하려고 2시간 동안이나 캐시를 설득하였다.

캐시는 기억을 더듬으며 말했다. "내가 해보고 싶은 것을 이야기할 때마다 엄마에게서 들은 말은 언제나 '얘야, 그것은 너무 힘든 일이란다' 는 것이었습니다. 엄마는 내가 엄마처럼 상처받는 것을 원치 않았습니다."

세월이 흐르면서 수잔은 딸이 그를 위해 엄마가 선택해준 역할과는 다른 행동을 보일 때마다 억누르려고 하였다. 그녀는 딸의 재능을 무시하고는 아이를 항상 '벙어리 토끼' 라고 불렀다. 그녀는 캐시가 어려서 자기 자신을 책임질 수 없고, 자신의 욕구를 충족시켜줄 수 있는 남편이 필요하다는 것을 믿기를 원했다.

"엄마는 내게 아무 일이 없기를 바라셨죠. 그리고 엄마가 그렇게 할 수 있는 한 가지 방법은 내 자존심을 완전히 무시하는 것이었습니다. 내가 내 힘으로 일을 처리하고, 주도적으로 무엇인가를 하려고 할 때마다, 내 자존심을 어김없이 짓누르셨지요"라고 캐시는 말했다.

이들 두 사람의 관계는 처음부터 어긋나 있었고, 캐시가 사춘기를 보내는 동안 사사건건 다투는 상황으로 악화되었다. "나는 내 방으로 들어가서 내가 엄마에게 할 수 있는 가장 상스러운 말을 생각하곤 했습니다. 엄마도 나에게 똑같이 하곤 했죠." 수잔에게 고통과 실패의 세월이 계속되었다. 그녀는 술과 수면제를 복용하기 시작했다. 19살 때, 캐시는 공군사관학교 졸업생과 결혼했다. 수잔은 호화스러운 결혼식을 올려주었다. 그녀의 꿈이 실현되었다.

결혼 2년 만에 캐시는 남편과 헤어졌고, 수잔은 병원에 입원하였다. 약물 과다 복용으로 앞을 볼 수 없고, 말도 제대로 할 수 없는 수잔을 방문했던 날을 캐시는 아직도 기억하고 있다. 그 날 수잔은 캐시의 손을 잡으면서 간신히 입을 열었다.

"네 남편과 다시 합치지 않을 거니?"

"예, 엄마."

"그 사람도 알고 있니?"

"예."

수잔은 딸의 손을 어루만지면서 말했다.

"괜찮다. 애야! 나는 세 번이나 이혼했단다."

캐시의 기억으로는 그것이 어머니에게서 들은 유일한 승낙의 말이었다. 불행히도, 그 말은 캐시가 고통을 겪지 않게 하려고 그렇게 오랫동안 애써왔던 그 고통의 일부를 캐시가 겪은 후의 일이었다. 수잔은 그 후 얼마지 나지 않아서 59세에 죽었다.

캐시는 자신을 어머니의 복사품이라고 여긴다. 그러나 어머니로 인해 황폐해진 자아를 되살리는 데는 몇 년의 세월이 걸렸다. 그녀는 자신이 의도한 대로 행동하려 했지만, 결코 자신의 의지대로 할 수 없었다.

재혼해서 캐시는 두 아이를 낳았다. 몇 년 전에 그녀는 어머니의 가장 친한 친구인 코니를 방문했다. 그녀에게 수잔의 손자들을 보여 주었다. 캐시가 떠날 때쯤, 코니는 울면서 말했다. "기특하구나! 아이들을 기르고… 네 엄마가 너에게 원했던 모든 것들을 아주 훌륭하게 하고 있구나!."

그 마지막 말들은 몇 시간 동안이나 캐시의 마음을 흔들어놓았다. "전율을 느꼈습니다"라고 그녀는 상기한다. "지금 내가 정말 엄마를 기쁘게 해줄 수 있을지도 모른다고 생각하니 충격이 아닐 수 없었습니다."

자녀의 눈에 비친 부모

우리 아이들은 거울에서 무엇을 보고 있을까? 나는 벽에 걸려 있는 거울에 대해서 얘기하는 것이 아니다. 눈의 거울, 마음의 거울을 말하는 것이다. 비록 의식하지 못할지 모르지만, 부모는 자녀에게 거울이다.

어느 날 아침, 내 뒷머리가 벗겨졌다는 어떤 정신 나간 사람의 말을 알아보기 위해서 거울을 찾으려고 장롱 서랍들을 다 뒤졌다. 마침내 낡은 헤어드라이어, 빗, 솔, 머리핀이 쌓여 있는 곳에서 거울을 찾아내 집어들다 순간적으로 깜짝 놀라고 말았다. 확대되어 보이는 쪽으로 거울을 돌려 보았기 때문에, 실물보다 더 큰 내 얼굴이 튀어나왔던 것이다.

그 볼록 면에서는 정상적 면에서 보았을 때보다 잡티와 주름살이 훨씬 더 많아 보였다. 또 내 얼굴이 일그러지고 흉하게 왜곡되었다. 다행히 나는 이 볼록 거울면으로 머리가 벗겨진 부분을 볼 수 없었기 때문에, 벗겨진 부분은 없다고 믿기로 했다.

부모는 자녀들이 볼 수 있는 일종의 거울이며, 이 거울은 결점은 과장시키고 훌륭한 모습은 흉하게 비춰준다. 캐시에게 비추어진 수잔의 모습이 그러했다. 그 모습을 캐시가 보았기 때문에, 그것이 자기 자신이라고 믿게 된 것이다.

'감수성 있는 자녀 양육 기술(The Art of Sensitivity Parenting)'이라는 책에서, 캐더린 C. 커시(Katherine C. Kersey)는 이렇게 썼다.

"아이들은 자신이 누구인지도 모른 채 태어난다. 아이들은 그들 주변에 있는 그 누군가로부터 자신이 누구인지를 배운다."[1]

부모는 자녀가 매일 쳐다보고 있는 거울이다. 부모는 자녀가 자신에 대해 믿게 될 모습을 반사한다. 이러한 반사는 자신의 정체성(Identity)의 토대를 쌓아가는 가상의 앨범에 자신의 스냅 사진을 끼우는 것과 같다.

처음에, 자녀는 자신을 직접 볼 수 없다. 아이들은 단지 자기 삶에서 중요한 사람들의 눈을 통해 자신을 본다. 사람들의 자아상은 대체로 자신의 모습 대로가 아니라 자신이 누구라고 생각하는 것에 따라 형성된다. 자녀는 부모가 믿고 기대하는 것을 자기 자신이라고 생각한다.

부모는 자녀를 수용하거나 거절하고, 찬성하거나 반대한다. 자녀가 원했든 원치 않았든 상관없이 자녀는 부모라는 '거울' 속에서 무엇을 보느냐에 따라 많이 달라진다.

잘못된 거울

자녀의 기본적인 행동 유형을 살펴보면서, 자녀의 타고난 장점에 대해 배웠다. 이제 우리는 행동 유형에 관한 지식을 가지고 무엇을 할 수 있을까?

나는 자녀가 무엇을 잘할 수 있는지를 알면서도, 그들의 실수와 약점을 찾기에 급급한 부모들이 많다는 사실에 놀랐다. 부모들은 자녀를 더 잘 알 수 있는 방법을 모르거나 나쁜 습관 때문에 자녀의 약점에 초점을 둔다.

또 다른 문제는 부모들이 아이들을 지나치게 칭찬하면 오히려 아이들이 약해지고 버릇이 나빠진다고 믿는 것이다. 잘못된 믿음이지만 이것은 아주 작은 진실을 내포한다. 부모들은 자식들의 잘못을 지적해야 할 책임이 있다. 만약 어떤 아이가 부모로부터 자신의 행동과는 상관없이 항상 훌륭하고, 바르며, 전혀 잘못이 없다는 등의 지나친 칭찬을 받는다면, 그 아이는 버릇없고, 이기적이며, 도덕성이 없는 아이로 자랄 수 있다. 이 아이는 결코 자기 속에 있는 죄를 지으려는 성향과 잘못할 수 있는 가능성을 이해하지 못할지도 모른다.

불행하게도, 일부 크리스천 부모들은 극단적인 방향으로 움직인다. 그들은 자녀를 전혀 칭찬하지 않거나 인정하지 않고, 아이들의 나약함과 불복종, 죄를 없애기 위해서 노력한다. 이런 부모에게 균형 감각을 기대할 수 없다. 그 자녀는 자신의 좋은 것을 보지 못하고 그의 부모에게 비추어진 자신의 부족한 면과 나쁜 면만을 본다. 이런 자녀는 자라면서 부정적인 자아상을 가지게 되며, 자신은 실패할 운명이라고 믿게 된다.

"나는 정말 그 아이를 통제할 수 없어요"

리는 매우 활력이 넘치는 전형적인 D형 아이다. 그는 천천히 걷기보다는 뛰는 걸 좋아한다. 문을 지날 때마다 항상 문틀에 손을 닿기 위해 점프한다. 그는 잠자리에 든 후에도 몇 시간 동안이나 타지 않고 아침 하늘에 밝게 빛나는 유성과 같다. 그의 부모는 아주 느긋하고 말이 없다. 리의 어머니는 전형적인 S형이며, 아버지는 전형적인 C형이다.

부모의 눈에 리는 결코 아무것도 제대로 할 수 없는 아이로 보였다. 그들은 항상 너무 많이 뛰어다니고, 지나치게 떠든다고 리를 나무랐다.

리는 부모님을 좀더 기쁘게 해드리고 싶었지만, 부모님이 자기 대신에 다른 아들을 갖길 원한다고 생각했다. 물론 부모는 결코 그와 같은 어떤 말도 한 적이 없었지만, 자기 행동이 부모에게 비추어진 모습을 보고 그처럼 해석한 것이다. 비록 우연이었지만, 그는 엄마가 친구분들에게 다음과 같이 말하는 것을 수없이 들었다. "우리 리에게 어떻게 해야 할지 정말 모르겠어요! 하지 말라고 해도 하고, 또 하고, 또 하고… 나는 우리 애를 통제할 수가 없어요. 우리 애는 나를 아주 지치게 만들어요."

리는 자기가 부모와 다르다는 것을 안 이후 조심스럽게 자신에게 무언가 잘못이 있다고 믿게 되었다. 그는 천성적으로 순순히 부모의 말을 따를 수 없었고, 결국 자신의 욕구 불만을 다른 아이들에게 터뜨렸다. 학교에서 리는 항상 자기 방식대로 하려고 고집했기 때문에, 친구들에게 따돌림을 당했다.

그의 1학년 담임 선생님은 리가 다른 아이들에게 너무 거칠게 대하며, 고집이 세고, 교사의 지시를 따르지 않는다고 했다. "부모님이 리의 생각을 바꾸실 수는 없으실 겁니다. 그 아이는 아무리 말을 해도 듣지 않고, 모든 것을 자기 방식대로만 하지요."

그 날 밤 리의 부모는 리에게 앞으로도 계속해서 지금같이 행동한다면 벌을 받을 것이라고 경고했다. 그 말에 리는 자신은 아무짝에도 쓸모 없는 사람이라고 느껴 학교에서 더욱 나쁘게 행동했다.

사춘기에 리는 자신의 공격성과 좌절감을 이기기 위해 미식축구를 했다. 그는 상대방 선수를 꼼짝 못하게 하는 훌륭한 라인 백이 되었고, 고등학교 졸업 후 일류 대학에 스카웃 되어 장학금을 받게 되었다.

리는 부모님이 자신이 뛰는 축구 경기에 와주어 기뻤지만, 자신은 여전히 부모님을 기쁘게 해드리지 못한다고 여겼다. 아버지는 언제나 성적만을 물어보고, 더 많은 책 읽기를 당부했다.

리는 적어도 인생의 한 면에서는 성공했다고 느끼겠지만, 결국에는 인생의 다른 길에서 어려움에 직면할 것이다. 선수로서의 그의 생명은 부상이나 대학 졸업, 또는 나이 때문에 어느 시점에서 끝날 것이다. 관중의 갈채가 지나가버리면 자기 부모의 눈에서 보았던 그 옛날의 자아상이 그의 마음에 남게 될 것이다. 어린 시절 듣던 그 목소리는 다시금 그에게 너는 아무짝에도 쓸모 없는 인간이라고 말할 것이다.

리와 같은 사람들에 대해 느껴지는 안타까움은 그들이 인간으로서 자신의 본성이 나쁘다고 인식한다는 사실이다. 부모의 압력과 기대 때문에, 이런 자녀들은 내적 잠재 능력이 충분히 개발될 기회를 갖지 못한다.

그는 자신이 정말로 사랑받고 인정받지 못한다고 느꼈다. 부모는 그의 장점을 무시하고, 부정적인 면만 지적했다. 그는 처음에는 부모가 바라는 대로 하려고 노력했다. 그러나 불가능했다. 왜냐하면 그의 행동의 부정적인 측면이 부각되어지고, 자신에 대한 분노와 다른 사람에 대한 반항심이 싹텄기 때문이다.

다행스럽게도, 리와 같은 아이들도 그 가면을 벗어버릴 수 있다. 다른 사람들에게도 실제 자아와 가공된 자아와의 내적 싸움은 일생 동안 지속될 것이다.

부모의 말은 씨가 된다

감옥이나 법정, 병원은 매일 왜곡된 거울로 인한 대가를 치루는 사람들을 다룬다. 언젠가 나는 어떤 야구 선수가 죄수들에게 강연한 것을 들은 적이 있다. 그는 어릴 적 매일 방과 후에 자기 아빠와 함께 공 던지는 연습을 했다. 그가 공을 아빠의 머리 위로 던질 때면, 아버지는 "애야, 넌 언젠가는 메이저리그의 투수가 될 거야"라고 말했다.

어떤 날은 공을 잘못 강하게 던져 집의 유리창을 깨뜨렸다. "애야, 그 정도의 팔이라면 언젠가는 큰 시합에서도 뛸 수 있겠다"라고 그의 아버지는 말했다.

"지금의 제가 존재하는 것은 제가 무슨 일이든지 할 수 있다고 믿었던 아버지 덕분입니다." 이 투수는 죄수들에게 말했다.

그의 이야기가 끝나자, 한 죄수가 그에게 감사의 뜻을 전하러 왔다. 그는 "우리 아버지도 당신 아버지처럼 그랬죠. 우리 아버지는 끊임없이 저에게 '그렇게 행동하면 너는 언젠가 교도소에 갈 거다'라고 말했죠. 저는 아버지의 기대를 저버리지 않았습니다."

부모의 비난은 대체로 오랫동안 감정적 심리적인 어려움을 겪게 한다. 역사책에는 사람들이 인생살이에서 겪는 험난한 충격에 관한 예들로 가득 채워져 있다. 그러나 긍정적인 충격도 있다. '아이들이 부모 말을 듣게 하는 법, 부모가 아이들 말에 귀 기울이는 법((How to Talk So Kids Will Listen and Listen So Kids Will Talk)'이라는 책에서 아델 페이버와 일레인 마즐리쉬(Adel Faber, Elaine Mazlish)는 어느 세미나가 끝난 후에 일어난 다음의 이야기를 소개하고 있다.

어느 날, 부모 역할에 관한 이야기가 끝나갈 무렵, 한 아버지가 우리를 추억에 잠기게 했다. "제가 어렸을 때의 일입니다. 저는 말도 안되는 생각을 가지고 아버지에게 가곤 했지요. 아버지는 항상 제 말을 진지하게 들으셨죠. 그리고 '얘야, 네 머리는 구름 속에 있더라도 발은 땅 위에 두어야 한다' 라고 말씀하셨지요. 꿈을 갖되, 그 꿈을 어떻게 실현할 수 있는가를 아는 사람이 되라고 아버지가 해주셨던 말씀은 아주 어린 시절 저에게 많은 도움을 주었습니다… 저와 같은 경험을 하신 분들이 여기에 계신지 궁금하군요."

우리들은 각자 과거로 돌아가 자신들의 삶에 각인된 이러한 메시지를 찾기 위해 조용히 생각에 잠겼다. 서서히 기억이 떠오르기 시작했다. 그리고 서로 큰 소리로 이야기했다.

"제가 어렸을 때, 우리 할머니는 항상 저에게 너는 놀라운 손을 가졌다고 말씀하셨지요. 제가 바늘에 실을 꿰어드리거나 털실 매듭을 풀어드릴 때마다, 할머니는 제가 '황금 손'을 가졌다고 하셨어요. 그것이 제가 치과의사가 된 이유 중의 하나라고 생각합니다."

"교사가 된 첫해, 저는 심적으로 큰 부담을 느꼈습니다. 저는 교장 선생님이 수업을 관찰하러 교실에 들어오실 때마다 벌벌 떨었지요. 수업을 관찰하신 후 교장 선생님은 몇 군데 지적을 해주셨지요. 그리고 항상 이렇게 덧붙이셨습니다. '저는 선생님에 대해 결코 걱정하지 않아요. 선생님은 스스로 잘 고쳐나가고 있습니다.' 그 분이 저에게 해준 이 말들은 얼마나 많은 격려가 되었는지 그 분은 모를 겁니다. 저는 매일 이 말을 되새겼습니다. 그것이 제가 제 자신을 믿도록 해주었습니다."

모임에 참석한 거의 모든 사람이 자신의 기억을 들려주었다. 수업이 끝났을 때, 우리는 그대로 앉아서 서로를 바라보았다. 우리 모두에게 기억을 더듬게 했던 그 아버지가 놀라움으로 머리를 흔들었다. 그는 우리를 대변해서 이야기했다.

"자녀의 인생에 있어서 여러분의 말이 씨가 된다는 것을 결코 과소 평가하지 마십시오!"[2]

우리는 자녀에게 무엇을 비추고 있는가? 우리가 자녀에게 얘기할 때나 훈계를 할 때 아이는 우리의 눈 속에서 무엇을 보는가? 부모라는 거울은 자녀의 자긍심뿐만 아니라 행동에도 영향을 미친다. 만약 부모가 자녀에게 긍정적인 이미지들을 비출 수 있다면, 부모는 자녀가 되고 싶어하는 미래상에 큰 영향을 줄 수 있다.

다음 세 장에는 자녀들에게 긍정적인 영향을 줄 수 있는 몇 가지 실제적인 방법들이 제시되어 있다. 가장 실용적인 몇 가지 부모 역할의 원리를 발견할 수 있을 것이다.

1. Katherine C. Kersey, *The Art of Sensitive Parenting*(Herndon, Va.; Acropolis Books, 1983).
2. Adel Faber and Elaine Mazlish, *How to Talk So Kids Will Listen and Listen So Kids Will Talk*(New York: Avon Books, 1980), 224-225.

자녀의 강점과 약점을 비추어보기

Mirroring Your Child's Strengths… and Weaknesses

 브론슨 알콧은 남 부럽지 않게 자기 가족을 부양하지는 못했다. 그는 철학가였고 몽상가였다. 그러나 그는 어떻게 딸들의 마음에 다가갈 수 있는지를 알고 있었고, 그들이 얼마나 특별한 존재인가를 느끼게 해주는 데 세심한 주의를 기울였다.

최근에 나는 그가 딸들 - 아바, 루이자 그리고 엘리자베스에게 쓴 주목할 만한 편지를 발견했다. 그것은 1842년에 쓰여졌는데, 그 시대는 장거리 의사 소통의 주요 수단으로써 전화가 편지를 대체하기 전이었다. 편지를 읽기 쉽도록 조금 편집하였다. 이 편지를 보면서 이 아버지가 자녀들을 긍정적으로 대하는 방식에 주목하기 바란다.

사랑스런 딸들에게

아빠는 매일 너희만을 생각하고, 모두 다시 만날 날을 기다린단다.
아름답고 사랑스런 눈동자, 우아하게 움직이는 매혹적인 모습, 금빛 머릿결, 신비스런 모습과 자태를 지닌 아바.
언제나 남을 도와줄 준비가 되어 있는 루이자. 민첩한 행동과 끝없는 호기심, 남의 마음을 헤아릴 줄 아는 통찰력, 아픔을 함께 나누는 따듯한 마음. 너는 언제나 생기가 넘치고 있지.
온화하고 티 없이 맑은 생각, 상냥하고 풍부한 감정을 지닌 엘리자베스… 엄마처럼 편안하고 즐거운 마음으로 어루만지는 끝임없는 사랑과 정성 어린 손길. 이것은 네 마음 속에 있는 너의 희망이기도 하고, 너에게 있어서 중요하다는 것을 나는 네 눈빛에서도 느낄 수 있단다.
너희들 한 사람, 한 사람 모두 내 마음 속에 있단다. 잠잘 때나 깨어 있을 때나 나는 매일 너희를 본단다. 거세게 밀려오는 어떤 물결도 내 눈에서 내가 사랑하는 어떤 것들도 씻어갈 수는 없단다.
작은 별장 뒤에 있는 느릅나무, 둥근 정원, 빨간 딸기, 붉은 포도넝쿨… 우리 집 놀이터인 옥수수 헛간, 거리, 다리, 구불구불한 개울… 이런 것들이 주는 교훈을 억지로 배우는 것이 아니라 진심으로 좋아했던 안나, 루이자 그리고 거실에서, 서재에서, 침실에서, 잔디 위에서 바늘, 책, 연필을 가지고 어린 아바와 놀고 있는 룻지.
귀여운 나의 딸들아. 나는 너희를 도저히 떠날 수 없단다.
비록 몸은 멀리 떨어져 있어도 내 마음은 언제나 가까이에서 너희들이 하는 말과 행동, 생각, 마음, 영혼을 듣고, 보고, 만지고, 생각하고, 느끼고 있지. 지금은 사랑스럽고 어린 소녀지만 매일매일 조금씩 자라나 내가 잘 손질된 우리 집 정원을 보게 될 때 나의 꽃들은 들판을 향기로 채울 것이고, 나는 매일 그 꽃들이 뿜어내는 향기와 빛깔, 자태를 즐길 수 있겠지.

자, 그럼 사랑하는 나의 딸들아, 잘 있거라.
엄마에게도 이 편지를 읽어드리고 엄마와 함께 다정스럽게 많은 이야기를 나누어라. 그리고 나서 모두 엄마에게 키스하고, 너희끼리도 서로 키스하거라. 아빠를 대신해서 모두 다시 엄마에게 키스해다오.[1]

이 사람은 딸들에게 어떻게 용기를 북돋아주는지를 이해한 아버지였다. 그는 자기 딸들을 단지 칭찬만 한 것이 아니다. 그는 아이들의 강점을 서술적으로 그렸다.

"아름답고 사랑스런 눈동자와 우아하게 움직이는 매혹적인 모습을 지닌 아바…"

"언제나 남을 도와줄 준비가 되어 있는 루이자. 그 민첩한 행동과 끝없는 호기심…"

"온화하고 티 없이 맑은 생각, 상냥하고 풍부한 감정을 지닌 엘리자베스…"

나는 이 소녀들 가운데 적어도 한 명은 아버지의 상상력을 어느 정도 물려받지 않았는가 생각한다. 왜냐하면 몇 년 후에 루이자 메이 알콧은 그녀의 가족을 모델로 한 베스트셀러 '작은 아씨들(Little Women)'을 썼다.

서술적으로 칭찬하라

나는 우리가 사용하는 어휘에 '서술적인 칭찬'이라는 새로운 단어를 덧붙이고 싶다. 이것은 브론슨 알콧이 그의 편지에서 사용했던 기술로, 내가 자녀들의 장점을 비출 수 있도록 해준 매우 유용한 도구다. 우리의 아이들에게 긍정적인 것을 비추는 거울이 되기 위해 취할 수 있는 첫번째 실천적인 단계다.

서술적인 칭찬은 특별한 형태의 칭찬이다. 거울의 기능은 이미지를 있는 그대로 비추는 것이다. 서술적으로 칭찬하는 것이 바로 그것이다. 그것은 자녀가 그의 행동이 사랑받고 능력 있다고 느끼도록 비춘다. 또한 자녀가 자신이 한 일에 대해서 좋은 느낌을 갖도록 가르친다.

서술적으로 칭찬할 때 우리는 '자녀가 무엇을 하는가' 보다는 '자녀는 어떤 아인가' 하는 아이의 행동 특성에 더 관심을 갖게 된다. 만약 오랫동안 아이가 자신이 한 일에 대해서 주로 칭찬을 받게 되면, 그 아이는 그 일에 가치를 둘 뿐만 아니라 자신에게서 기대되는 바에 자신이 얼마나 잘 부응하느냐에 가치를 두고 성장하게 된다.

케빈 레만(Kevin Leman)은 '아이들을 눈물 흘리지 않게 키우기 (Bringing Up Kids Without Tearing Them Down)'라는 책에서 이렇게 썼다. "어른, 아이 할 것 없이 많은 사람들은 '내가 행동하지 않으면, 내가 성취하지 않으면, 사람들이 좋아하는 것을 하지 않으면, 나는 사랑받거나 인정받지 못할 거야. 나는 아무것도 아냐'라고 믿는다."[2]

자녀가 솔선해서 욕실을 깨끗하게 청소했다면 단지 "훌륭한 일을 했구나!"라고 말하는 것보다는 다음과 같이 서술적으로 칭찬하라.

"댄, 너는 시키지도 않았는데 욕실을 모두 깨끗하게 청소해놓았구나! 네가 아빠, 엄마의 수고를 이렇게 많이 덜어주고, 솔선해서 해준 것이 너무나 기특하고 고맙구나."

그 차이는 미묘하지만 중요하다. 자녀의 행동과 특성을 서술함으로써, 자녀에게 자기만이 갖고 있는 독특한 가치가 있다는 것을 알게 한다. 이와 같은 칭찬은 아이로 하여금 자기 자신과 선천적으로 타고난 자신의 강점에 대해 긍정적인 느낌을 갖게 한다.

3단계 서술적 칭찬

자녀에게 용기를 북돋아줄 수 있는 3단계 서술적 칭찬을 해보라.
1. 본 것을 말한다.
 "니콜, 네 방이 이렇게 깨끗하고 가지런히 정돈되도록 열심히 청소했구나!"
2. 가능하면 어떻게 느꼈는지를 말한다.
 "깨끗이 정돈된 네 방을 보니 기쁘구나."
3. 자녀의 긍정적인 장점을 한두 마디로 요약한다.
 "너는 정말 책임감이 강하구나."[3]

첫번째 단계는 자녀가 자신의 행동을 마음에 그릴 수 있게 한다. 방이 깨끗하고 가지런히 정돈되어 있다. 부모가 말하지 않았는데도 집안일을 끝마쳤다. 그 아이는 부모를 위해 예쁜 그림을 그렸다.

두번째 단계는 아이에게 그의 행동이 다른 사람에게 어떤 이익과 기쁨을 줄 수 있는지 보여준다. "네가 방을 깨끗하게 청소해놓은 것이 얼마나 고마운지 모르겠다." "말하지도 않았는데 네가 집안일을 끝마쳐서 나에게 큰 도움이 되었단다. 고맙다!" "네가 나를 위해서 이 그림을 그렸다니 너무 기분이 좋구나!"

자녀의 행동에 대해 서술적으로 표현해주면 그의 행동은 더욱 강화된다. 이는 자녀가 전에는 알지 못했던 본인에 대한 이야기를 긍정적으로 아이에게 말해주는 것이다.

계속해서 서술적으로 칭찬해주는 것은 자녀의 잠재 능력을 개발하는 가장 실제적인 방법이다. 서술적인 칭찬은 자녀에게 그의 장점이 무엇이고, 그 장점을 어떻게 건설적으로 사용하는가를 보여주는 것이다.

예를 들면 "다니엘, 오늘 다른 아이들이 조셉을 놀리고 있을 때 너는 조셉의 편을 들더구나! 조셉은 네가 자기 친구라는 것을 느꼈을 거야. 다른 아이들에게 맞선 것은 용기 있는 행동이었다"(혹은 "그것이 바로 진정한 친구가 되는 것이란다").

"코트니, 너는 일을 올바르게 해내는 아이구나. 과학 숙제를 아주 세세한 부분까지 정말 열심히 했더구나. 아주 훌륭하다."

"카일, 너는 마음을 빨리 결정하고, 다른 사람들이 네 방식대로 일하는 것을 좋아하지. 너의 그런 면은 집에서 식구들이 일할 때 큰 도움이 된단다. 그것은 너에게 결단력이 있기 때문이지."

"제이슨, 네가 연필, 지우개, 크레용을 모두 분류해서 사물함에 넣더구나. 도와줘서 고맙다! 너는 참 정리 정돈을 잘하는구나."

서술적인 칭찬을 시작하는 방법

자녀를 서술적으로 칭찬해주면 일생 동안 아이에게 용기를 북돋아주는 원천을 주는 것이다. 만약 진심으로 자녀의 장점을 긍정적으로 거울에 비추려면 다음과 같이 하라.

첫째, '한 마디 칭찬법'과 '1분 칭찬법'을 사용하여 자녀를 긍정적으로 인정하라.

하루 종일, 나는 아이들을 강화시킬 수 있는 행동의 강점을 이야기할 기회를 찾는다. 나는 종종 "너는 추진력이 좋구나" 또는 "너는 언제나 최선을 다해서 일하는구나"처럼 간단히 한 마디로 내 의견을 말한다. 이 단원의 뒷부분에 나열해놓은 자녀에게 할 수 있는 한 마디 칭찬의 말들을 참고하기 바란다.

그리고 한 마디로 칭찬하던 것을 확대하여 1분 동안 칭찬할 수 있는 기회를 찾아라. 다른 행동 특성들에 대해서도 주의 깊게 관찰하

라. DISC 행동 유형별 10가지 강점을 부록 A에 적어놓았다. 부록 A의 '자녀에게 비추어줄 수 있는 40가지 행동 강점'은 자녀의 행동 강점을 칭찬하는 데 아주 유용한 도구가 될 것이다. 우리가 자녀에게서 본 행동을 말하고, 행동의 강점을 찾는 데 더 많은 시간을 보낸다면, 자녀는 자신이 얼마나 독특한 사람인지 명확하게 이해하게 될 것이다.

내 친구 메리는 11살 난 S형의 딸 베타니가 때때로 다른 사람들에 대해 유달리 동정심을 보이는 것을 알았다. 한 예로, 친구 할머니의 장례식에 참석한 베타니는 장례식을 치르는 동안 친구와 함께 있기 위해 특히 애를 썼으며, 내내 친구의 손을 꼭 잡고 있었다. 또 어느 날 롤러 스케이트장에서 몇 명의 여자 아이들이 스케이트를 잘 타지 못하는 아이를 비웃는 것을 보고는, 오후 내내 그 아이와 함께 스케이트를 탔다.

메리는 베타니가 다른 사람들에게 계속 동정심을 보이도록 용기를 북돋아주기로 하고, 잠자리에 들 때 아이에게 1분 칭찬을 하기로 마음먹었다.

"베타니, 엄마는 네가 장례식에서 캘리를 위로해주려고 특별히 노력했다는 것을 안단다. 그것을 동정심이라고 말하지. 그것은 네가 다른 사람의 마음을 이해할 수 있기 때문에 그 사람들의 아픔을 같이 느끼는 것을 의미한단다. 너는 사람들의 감정을 이해하기 때문에 어떻게 해서든지 그들을 도우려고 하지. 너처럼 동정심이 있는 사람을 다른 사람들은 친구로 사귀고 싶어한단다."

둘째로, 다른 사람들에게 자녀의 강점에 대해서 이야기하는 것을 자녀가 우연히 듣게 하라.

할아버지와 할머니가 다니러 오셨을 때, 나는 부모님들에게 캘리는 우리 가족 중에서 유일하게 레스토랑에서 웨이터나 웨이트리스에게 여러 번이라도 식구들에게 필요한 것을 요청하는 사람이라고 얘기했다. "캘리는 결단력이 있어요. 어떤 사람들에게는 그렇게 하는 것이 편치 않지만, 캘리는 쉽게 할 수 있지요"라고 말하자, 캘리의 얼굴이 밝게 빛났다. 할머니는 감명을 받았다. 캘리는 타고난 자기의 행동 강점을 알았고 그것이 귀중한 재산이라는 것도 알았다.

세번째, 자녀가 평소 성격과는 다른 행동을 할 때 관심 있게 지켜보라.
어떤 행동은 자신에게 자연스럽지 않기 때문에, 자녀들도 어떤 대인 관계 기술을 배우기 위해 특별한 노력을 할 필요가 있다. 이것은 성장과 성숙을 의미한다. 성숙한 사람은 자신의 강점을 알고, 자신의 한계점을 보완하기 위해서 기술을 개발한다.

D형인 자녀가 민감하게 감성적인 모습을 보일 때, I형의 자녀가 세부적인 사항들에 관심을 기울일 때, S형의 자녀가 대범하게 미지의 영역에 탐색 심을 보일 때, 또는 C형의 자녀가 위험을 감수하려 할 때 확실히 주의 깊게 살펴보고, 자녀에게 그 점에 대해서 말하라. 그렇게 하면, 아이는 더 융통성 있고 균형 잡힌 사람이 될 수 있다.

나의 아들 차드는 보통은 세부적인 것들에 관심을 기울이지 않는다. 한번은 엄마가 가게에 가서 완두콩 통조림을 사오라고 했을 때, 그 애는 우리 모두를 깜짝 놀라게 했다. 그는 우리가 평소에 사는 완두콩 통조림은 할인을 해주었음에도 다른 회사 제품보다 더 비싸다는 것을 알았다. 그래서 차드는 가격을 비교한 후 다른 싼 완두콩 통조림을 사왔다. 평소 그 아이답지 않게 세세하게 따져본 것이다.

"너는 1달러에 3개씩 할인해서 판매하는 완두콩 통조림이 할인하지 않은 다른 통조림보다 더 비싸다는 것을 알았구나. 아주 세세하게 살펴보았구나. 돈을 절약하게 해주어서 고맙다"고 아내가 말했다.

네번째, 자녀에게 특별한 메모와 편지를 써라.

아이들은 개인적으로 손으로 직접 쓴 메모를 좋아하는 것 같다. 글로 쓴 말들이 부모의 사랑과 자신들의 강점을 더 확실히 기억할 수 있게 하기 때문일 것이다. 많은 사람들은 격려를 주었던 편지를 보관하고, 그것을 꺼내서 여러 번 다시 읽는다.

나는 포스트잇에 즐겨 메모한다. 그것을 욕실 거울에 혹은 점심 도시락 안에 혹은 자녀의 침대 옆에 있는 스탠드에 붙인다.

어느 날 저녁 크리스티(나의 C/S형 딸)가 나를 자기 방으로 초대했다. 그 아이가 말했다. "아빠, 방 안을 둘러보세요. 어때요?" 나는 대답했다. "크리스티, 네 방에 있는 모든 물건들이 다 제자리에 있구나. 정리 정돈을 참 잘했구나! 정리가 너무 잘돼서 감탄했다. 네 방을 스스로 정리하니 나와 네 엄마에게 큰 도움이 된단다."

나중에 나는 다음과 같은 메모를 남겼다. "크리스티, 아빠는 네가 네 방에 있는 물건들을 제자리에 정돈하기 위해서 정말 많은 시간과 노력을 기울였다는 것을 안단다. 너는 정리 정돈을 잘하는 사람이야. 도와줘서 고맙다! 사랑하는 아빠가."

S/D 유형인 딸, 캘리는 부끄러움을 많이 타는 아이다. 그러나 해야 할 일이 있을 때에는 즉시 자발적으로 나서서 한다. 우리는 이점을 동네 음식점에서 식사를 할 때 발견했다. 바구니에 있던 빵을 다 먹어서, 나는 차드와 크리스티에게 웨이터에게 빵을 더 주문하라고 시켰다. 두 아이는 낯선 사람에게 말을 건넨다는 것을 주저했지만 캘리가 자진해서 즉시 나섰다.

다음 날 나는 캘리에게 메모를 남겼다. 아내가 그것을 그 아이에게 읽어주었지만 아무튼 문제될 것은 없었다. "나의 사랑하는 딸, 캘리야! 나는 네가 다른 사람들이 하고 싶어하지 않는 일들을 자발적으로 나서서 하는 것을 좋아한다는 것을 안단다. 그것은 다른 사람들이 주저하거나 쉬운 길을 찾고 있을 때조차도 기꺼이 행동한다는 뜻이지. 네가 지난 밤에 웨이터에게 가서 빵을 가져온 행동은 우리 식구 모두에게 도움이 되었단다. 고맙다! 사랑하는, 아빠가."

마지막으로, 자녀가 자신의 강점을 활용해서 책임을 질 수 있는 기회를 주라.

최근에 플로리다에서 휴가를 보내면서 나는 크리스티에게 우리 차 안을 책임지고 정리 정돈해줄 것을 부탁하였다. 아이는 흔쾌히 동의했다. 나는 모든 사람들에게 크리스티의 지시를 따라야 한다는 것을 주지시켰으며, 우리 식구 모두는 크리스티의 정리 정돈하는 솜씨에 대해 칭찬을 아끼지 않았다.

지난 여름 나는 차드에게 앞마당 잔디를 깎는 책임을 맡겼다. 그 일은 D형인 차드에게 잘 어울린다. 왜냐하면 그에게 어떤 일에 대해 책임질 기회를 주기 때문이다. 아이는 언제 잔디를 깎아야 하는지도 스스로 결정한다. 그렇게 해서 나는 집안일 하나를 덜게 되었다.

차드의 창의적인 면은 역시 다방면에서 나타났다. 어느 날 집으로 돌아온 나는 그 아이가 뒤뜰에 'FSU' 라는 큰 글자 모양으로 잔디를 깎는 것을 보았다. 그 아이는 잔디를 깎은 다음 다시 제자리로 돌아와서 잔디 깎는 기계의 날을 한 단계 낮추고는 다시 깎았다. 나의 모교인 플로리다 주립대학(Florida State University)의 약자인 이 글자는 우리 집 2층에서만 볼 수 있다. 나는 이 기회에 차드의 창의성을 아낌없이 칭찬해주었다.

자녀의 약점을 거울에 비추라

아무리 자녀에게 강점들을 언급함으로써 용기를 북돋아준다고 해도, 누구나 약점이 있다는 사실을 간과할 수 없다.

그러나 아이의 약점들을 얘기할 때, 아이에게 용기를 북돋아주는 방식으로 할 것인가 아니면 용기를 꺾는 방식으로 할 것인가는 선택할 수 있다. 당신은 아이의 자존심을 세워주길 원하는가 아니면 손상시키길 원하는가?

부모와 자녀 간의 다음 대화들을 참고해보라.

"내가 너와 함께 할 일이 무엇이니? 아니면 내가 끼여드는 것보다 혼자서 하는 게 더 좋으니?"

"이 방을 좀 봐라. 이 지저분한 것 좀 치워야겠다. 어쩌면 넌 이런 돼지우리 같은 곳에서 살 수가 있니?"

"야, 일을 하려면 제대로 해라."

"이번 일은 잘 했다. 하지만 네가 마음만 먹으면 다음 번에는 더 잘할 수 있을 거야."

각 경우에 부모는 두 개의 메시지를 담아서 이야기했다. 자녀의 행동을 고치려고 하는 동시에, 또한 자녀에게 "네가 하는 짓이 만족스럽지 않다. 너는 달라야 한다"라고 말한다.

아이러니컬하게도, 많은 아이들은 부모의 관심과 인정을 받기 위해 나쁜 행동을 하기도 한다. 대체로 자녀의 행동이 나쁘면 나쁠수록, 인정받고 싶은 욕구는 더 크다. 자녀가 더욱 반항적이거나 움츠러들수록, 사랑과 인정을 베푸는 것이 더욱 필요하다.

문제는 그의 행동이 자기 파괴적이라는 것이다. 그는 인정받기를 열망하지만, 그의 부적절한 행동 때문에 인정받는 것은 더욱 불가능해진다. 그래서 그는 마음의 감옥을 파면서 주변을 빙빙 돈다.

부모들은 때때로 냉정함을 잃어버린다. 만약 부모가 잘못을 받아들이고 용서를 베푼다면 가끔씩 자녀에게 부정적인 비난을 해도 그것이 영원한 상처로 남지는 않을 것이다. 그러나 지속적으로 부정적이고 비판적인 말을 들은 아이는 "나는 정말 형편없는 사람인가봐. 만약 부모님이 나를 좋아하지 않는다면, 누가 나를 좋아하지?"라고 결론을 내릴 것이다.

강점은 긍정적으로 받아들여져야 하지만, 어떤 행동은 제한되어야 한다. 우리는 아이가 자기 내면에 설계된 잠재 능력을 확신하기 위한 이미지를 확실하게 비춰주어야 한다. 두 가지 방법이 있다.

1. 자녀의 강점을 너무 과도하게 사용하면 약점이 된다.

모든 강점은 너무 극단적으로 밀어붙이거나 부적절하게 사용될 때 단점이 될 수 있다. 자녀가 자신의 소질을 발견해감에 따라 또한 그 강점이 과도하게 사용되면 약점이 된다는 것도 배워야 한다.

다음의 표는 행동 유형들의 강점이 어떻게 쉽게 약점으로 바뀌는지를 보여준다(부록 A에 있는 '40가지 행동 강점들'은 과도하게 사용되면 약점이 된다).

	강점	그에 상응하는 단점
	목표 지향적인 자신감 있는 경쟁적인 결단력 있는 용기 있는 단도직입적인, 직선적인	인내심이 없는 오만한 먼저 공격하는 고집이 센 무모한 무뚝뚝한, 요령 없는
	열정적인 대화술이 뛰어난 낙천적인 상상력이 풍부한 사람 중심적인 자발적인	흥분하기 쉬운, 감정적인 너무 말이 많은 비현실적인 몽상가적인 일이 비체계적인 충동적인, 버릇이 없는

안정된
착실한, 꾸준한
느긋한
우호적인, 동의하는
인정이 많은
도움을 주는

열정이 부족한
변화에 소극적인
우유부단한
지나치게 너그러운
쉽게 양보하는
답답한

분석적인
조심성 있는
양심적인
개인적 기준이 높은
우수성을 추구하는
직관력이 있고, 민감한

사소한 일을 문제 삼는
비사교적인, 의심이 많은
지나치게 걱정하는
비판적인, 판단적인
완벽주의적인
비난에 쉽게 상처받는

2. 강점을 긍정하면서 약점을 말하라.

자녀에게 자신의 강점을 너무 과도하게 사용하게 되면 다른 사람들에게 상처를 입히거나 자신에게 문제가 될 수 있다는 것을 알게 하라. 그럴 때 강점은 이롭기보다는 오히려 해가 될 수 있다.

"블레이크야(D형), 나는 네가 정말로 승리하기 위해서 열심히 경기하는 것을 볼 수 있었다. 네게 경쟁심이 있다는 것을 알게 되었구나. 네가 기억해야 할 일은 경쟁심이 있는 사람은 때때로 사람들을 공격할 수 있고, 경쟁하지 않는 상황에서도 지나치게 경쟁적이 될 수 있다는 점이야."

"리츠야(I형), 너는 정말로 사람들을 좋아하고, 사람들도 너를 좋아하길 원하는구나. 명심해야 할 것은, 그것 때문에 네가 옳다고 여기는 일을 못하게 될 수도 있다는 거야."

"샘(S형), 네가 사람들과 잘 지내기 위해서 네 주장을 양보하는 모습을 쉽게 볼 수 있구나. 하지만 때로는 다른 사람들이 그 점을 이용할 수도 있단다."

"캐서린(C형), 나는 네가 모든 상황을 고려해서 매우 조심스럽게 일한다는 것을 안단다. 그런 장점이 너무 지나치면 때때로 다른 사람들은 네가 그들 자신보다는 일에만 더 관심을 보인다고 느낄지도 모른단다."

이런 식으로 행동을 바로잡을 때는 '그러나' 또는 '그렇지만' 이라는 말을 사용하지 않는 것이 중요하다. 예를 들면 "제프야, 너는 매우 기준이 높구나. 그러나 그 때문에 다른 사람들은 네 기준에 못 미친다고 느낄 수도 있단다"와 같이 말하지 않는 것이다.

만약 한 가지 강점을 긍정하고 나서 '그러나' 라는 말을 사용한다면, 그 강점을 부정하게 되는 것이다.

"네가 기억해야 할 것은" 또는 "명심할 것은" 또는 "때때로 강점은 약점이 될 수 있다"등과 같은 말을 사용하라. 이와 같은 말은 자녀에게 강점을 부정하지 않고서도 강점과 약점과의 상관 관계를 가르쳐 준다.

부모의 생각보다 더 잘 이해하는 아이들

몇 년 전 아침 식사 때 차드(D형)는 카렌과 크게 다투었다. 그는 통학 버스를 타야 할 시간인데도 학교 갈 준비는 하지 않고 빈둥거리고만 있었다. 그 아이를 도와서 학교 갈 준비를 서둘러주던 아내를 더욱 낙담하게 만든 것은 버릇없게 쏘아붙인 차드의 말이었다.

카렌은 차드가 한 말투 때문에 방과 후의 외출을 금지하고, 집에만 있어야 한다고 명령하였다. 그녀가 통제 할 필요가 있었던 것이다. 갈등이 심할 때, 대체로 부모는 갈등을 통제하기 위해 더욱 지시적인 태도를 보여준다. 아이가 감정적이 될수록 부모 또한 더욱 자녀에게 이유를 이야기할 수 없을 것이다. 논리가 감정을 이기지는 못할 것이다.

욕실에서 나는 아내와 차드가 언쟁하는 것을 우연히 들었다. 카렌이 차드를 타일렀다. 나는 나중에 이 일에 대해서 차드와 논의하기로 마음먹었다. 아이의 감정이 좀 누그러졌을 때 그의 행동에 대해 논의할 필요가 있음을 느꼈다.

그 날 나는 차드의 침대에 함께 누웠다. 그리고 아침 일찍 있었던 일에 대해 이야기했다. 나는 아이들이 자주 꾸지람을 듣는 이유가 타고난 자신의 긍정적인 강점을 너무 지나치게 사용하여 무감각해졌기 때문이라는 것을 차드가 이해하기를 바랬다.

"너의 타고난 가장 큰 강점들 중의 하나가 네가 생각하고 있는 것을 그대로 말하는 것이라는 점을 너는 알고 있니? 그것은 네가 사람들에게 직선적이라는 뜻이란다. 너는 사람들에게 네가 생각하고 있는 의견이나 행동을 그대로 보일 것이며, 그들은 너의 의견이나 행동을 몰라서 어느 쪽인지 궁금해할 필요가 없기 때문에 다른 사람들에게 도움이 될 수 있단다.

한 가지 네가 기억해야 할 일은 모든 장점은 지나치게 사용하면 유익하기보다 해가 될 수 있다는 거야. 네가 생각하고 있는 것을 그대로 네 엄마나 나, 아니면 다른 어른들에게 이야기할 때 때로는 무례하게 느껴질 수 있단다. 또한 네가 만약 친구들에게 네가 생각하고 있는 것을 그대로 말한다면, 그들은 네가 자기 주장만 하는 독선적인 친구라고 생각할지도 모른단다."

나는 아들이 이 말을 이해했는지 궁금해서 물어보았다.

"너는 내가 말한 강점과 약점에 대한 이야기를 이해하니?"

"네, 아빠. 이해했어요."

"그럼, 네가 들은 것을 내가 이해할 수 있도록 설명해보렴."
"그것은 일종의 드라이 아이스 같은 거예요."
"드라이 아이스?"

나는 혼자서 생각했다. '아이고, 세상에! 아들은 그 말을 이렇게 들었단 말인가!'

"네, 드라이 아이스요! 그것은 물건들을 아주 차갑게 유지해주기 때문에 정말 좋아요! 하지만 만약에 아빠가 그것을 꺼내서 손에 쥔다면 아빠 손은 화상을 입고 말 거예요."

와!

아들은 드라이 아이스와 연관을 지었다. 그것은 강점과 약점에 대한 수많은 다른 견해의 기초가 되는 아주 좋은 실례였다. 차드는 분명히 자신의 행동을 변화시킬 필요가 있다는 것을 알고 있다. 그러나 동시에 그는 왜 자신이 그런 식으로 행동하는가를 이해하기 때문에 용기가 솟구치는 것을 느낀다. 나는 그에게 자신을 버리고 다른 사람처럼 되라고 말하지는 않는다. 나는 그 아이가 자신의 타고난 강점들을 균형 있게 유지하도록 가르치고 있다.

다음 장에서는 '반사의 원칙', 즉 자녀의 감정을 비추는 것에 대해 살펴보기로 한다.

자녀의 강점을 한 마디로 표현하기

다음은 DISC 유형별 강점을 한 마디로 칭찬해줄 수 있는 말들이다. 자녀의 강점을 표현할 수 있는 또 다른 말들을 추가해보라.

- D 유형의 아이
  너는 결심이 굳은 사람이야.

너는 자신감이 있어.

너는 일에 대한 관심이 많아.

너는 쉽사리 회피하지 않아.

너는 남들이 네가 하고 싶지 않은 일을 하도록 강요하지 못하게 해.

너는 네가 생각하는 것을 정확하게 말해.

너는 어떤 일을 하기로 마음을 먹으면, 온 힘을 다해서 그 일을 해.

너는 네 힘으로 일을 할 수 있다고 느껴.

너는 정말로 네가 관심 있는 것을 파고들어.

너는 책임감과 결단력이 있어.

너는 과감해.

너는 독립심이 있고, 능력이 있어.

너는 두려움 없이 새로운 상황을 받아들인다.

너는 어떤 상황에 대해 반응하고 해결책을 찾는 데 빠르다.

너는 네가 원하는 것이 무엇인지 알고 그것을 위해 노력해.

너는 경기에서 이기기 위해 정말로 열심히 뛴다.

너는 다른 사람들의 의견을 참고하지 않고 혼자서 결정할 수 있어.

너는 어떤 것에 대해 네가 생각하고 있는 것을 그대로 정직하게 표현해.

너는 어떤 일을 할 때 결과를 얻고 싶어해.

너는 의욕적이야.

너는 의지가 강해.

너는 사람들에게 솔직하다.

너는 운동이나 육체적인 일을 할 때 재충전이 되는구나.

● I 유형의 아이
너는 외향적인 사람이야.
너는 열정적이고 명랑해.
너는 다른 사람들과 친하게 지내고 싶어해.
너는 훌륭한 유머 감각을 갖고 있어.
너는 네 주변에서 일어나는 모든 일에 관심이 많아.
너는 모든 일에 참여하고 싶어해.
너는 아주 상상력이 뛰어나.
너는 다른 사람들에게 사랑받고 싶어해.
너는 정말로 융통성이 있어.
너에게는 번뜩이는 아이디어가 있어.
너는 활기 넘치는 사람이야.
너는 활동적이야.
너는 정말로 사람들을 좋아하고 또한 그들도 너를 좋아하길 원해.
너는 정말로 사람들과 잘 지내는 것을 좋아해.
너는 다른 사람들을 편안하게 만들어줘.
너는 어떤 사람들과 상황에서도 최선을 다하고 싶어해.
너는 일의 마무리가 흐지부지되거나 세부적인 일에 근심하지 않는다.
너는 마음이 밝구나.
너는 함께 있으면 즐거운 사람이야.
너는 말을 잘하는구나.
너는 너의 생각과 느낌을 이야기할 때 어려워하지 않아.
너는 사람들에게 동기를 부여하는 독특한 능력이 있어.
너는 훌륭한 재담꾼이다.
너는 너의 생각과 의견, 느낌을 표현하는 것을 아주 잘해.

너는 남들 앞에서도 말을 잘하는구나.
너는 설득력이 있어.
너는 사람들과 어울릴 때 활력이 넘치는구나.

- S 유형의 아이

너는 다른 사람과 깊고 지속적인 관계를 맺는구나.
너는 조심성이 있어.
너는 모든 것을 이해하고 받아들인다.
너는 다른 사람들의 아픔과 고통을 느낄 수 있어.
너는 적극적으로 활동에 참가하는 것보다 옆에서 보는 것을 좋아하는구나.
너는 일하기 전에 점검하는 것을 좋아해.
너는 어떤 일이 생길지 예측하고 싶어해.
너는 변화를 두려워하지만 괜찮아.
너에게는 편하게 말을 걸 수 있어.
너는 일을 어떤 방법으로 하는지 알고 싶어해. 너는 차근차근 설명해주는 것을 좋아하지.
너는 서둘러 결정하지 않아.
너는 물건들이 제자리에 있는 것을 좋아해.
너는 순서대로 일을 한다.
너는 모든 사람들과 잘 지내기 위해 네 방식을 양보하지.
너는 상대방의 말을 잘 알아들어.
너는 동정심이 많고, 다정다감해.
너는 항상 일을 끝까지 해낸다.
너는 민감한 사람인 것 같아.
너는 갈등이 생기는 것을 좋아하지 않아.
너는 아주 느긋해보이는구나.

너는 다른 사람에게 조용히 영향력을 미친다.
너는 시간에 구애받지 않고 느긋해.
너는 다른 사람을 믿어주지.
너는 언제나 다른 사람들을 좋게 받아들이려 해.
너 자신을 위해 재충전할 시간이 필요하다.

● C 유형의 아이
너는 조용하고 차분하구나.
너는 일에 대한 기대치가 높아.
너는 언제나 일을 잘 하려고 노력해.
너는 다른 사람들의 말이나 느낌에 대해 주의를 기울이지.
너는 일을 체계적으로 하기를 좋아해.
너는 일을 정확하게 해.
너는 네가 하려는 것에 대해서 네가 할 수 있는 모든 것을 알고 싶어해.
너는 논리적인 방식으로 일을 하고 싶어해.
너는 조심스럽게 일하는구나.
너는 평가를 내리는 데 특별한 능력이 있어.
너는 먼저 생각하고 나서 결정하고 싶어하지.
너는 진지한 사람이야. 그렇다고 네가 재미없는 사람이라는 뜻은 아니지.
너는 일에 대해 심사숙고해.
너는 일을 '올바르게' 하는 것을 좋아해.
너는 질문을 많이 한다.
너는 조용히 훌륭하게 네 주변을 변화시키지.
너는 핵심 사항들에 관심이 있어.
너는 혼자 조용히 시간 보내는 것을 즐긴다.

너는 조용하게 재충전할 시간이 필요해.

1. Alexandra Towle, ed., *Fathers*(New York: Simon and Schuster, Watermark Press, 1986), 36-37.
2. Kevin Leman, *Bringing Up Kids Without Tearing Them Down*(New York:Delacorte Press, 1993), 169. 여기서 나눈 원리들은 레만 박사의 'The Crucial Difference Between Praise and Encouragement'에서 발췌했다. 그는 '격려'라는 용어를 썼지만, 나는 '서술적인 칭찬'이라고 한다.
3. Adele Faber and Elaine Mazlish, *How to Talk So Kids Will Listen and Listen So Kids Will Talk*(New York: Avon Books, 1980),186.

자녀의 감정을 거울에 비추어주기
Mirroring Your Child's Emotions

 안나는 학교 성적이 우수하다. 그런데 어느 날, 그 아이가 실망스럽고 슬픈 표정을 지으면서 집으로 돌아왔다. 마지못해서 성적표를 내미는 안나에게 엄마가 물었다.

엄마: "안나야, 무슨 일이 있니?"
안나: "성적이 좋지 않아요."
엄마: "어디 보자… 안나야! 문제가 뭔지 모르겠는데. 성적이 아주 좋잖아!"
안나: "아니에요. 과학에서 B를 받았어요."
엄마: "하지만 너는 역사도 A고, 수학, 영어 그리고 일어에서도 A를 받았어. 전과목에서 정말 좋은 성적을 얻었잖니. 이런 것을 망쳤다고 하는 것은 말도 안돼."
안나: "엄마, 나는 유일하게 과학에서만 B를 받았어요. 더군다나 특

별 점수를 주는 과제까지 제출했었단 말이에요."
엄마: "과학 선생님이 다른 선생님들보다 조금 까다로우신가보지. 뭘 이 정도 갖고 그러니?"

이런 식의 대화가 낯설지 않게 들리는가? 그것은 우리가 아이들이 말하고자 하는 바를 느낄 수 없게 대화하기 때문이다.

아이 : "엄마, 피곤해요."
엄마 : "피곤하다니, 그럴 리가 있니! 너는 어젯밤 일찍 잠자리에 든 데다가, 오늘 아침 9시가 넘어서도 일어나지 않았잖니."
아이 : "그렇지만 지금 피곤한 걸요.
엄마 : "그렇지 않아! 서둘러서 네 물건들을 챙겨라. 우리는 출발해야 한단다."
아이: (울면서) "피곤하단 말이에요! 그리고 가고 싶지 않아요!"

아이가 넘어져서 무릎이 까졌을 때, 우리는 어떻게 해야 하는지를 안다. 상처 부위를 깨끗하게 소독하고 약을 바른 후 붕대로 싸준다. 하지만 아이가 감정적으로 상처를 입고 올 때는 어떻게 대해야 할지 너무 어렵다.

우리는 아이들에게 그들의 감정은 도외시한 채 논리와 이성, 부인함으로써 이야기하려 한다. 이러한 반응은 아이들에게 자신의 말이 부모에게 납득되지 않는다고 느끼게 한다. 아이들은 이해받지 못한다고 느끼면, 자신들의 분노나 아픔을 우리에게 전가시킬 수 있다. 사도 바울은 에베소서 6장 4절에서 부모들에게 "또 아비들아 너희 자녀를 노엽게 하지 말고 오직 주의 교양과 훈계로 양육하라"고 권하고 있다.

아이: "나는 제이슨이 미워요. 걔가 우리 집에 온 이후로 귀찮아 죽 겠어요."
아빠: "어린 동생을 두고 그런 못된 말을 하다니! 그렇게 말하면 안 된다! 설마 너 진심은 아니지?"
아이: "나는 그 아이가 싫어요. 그 아이가 태어나지 않았으면 좋았을 거예요."
아빠: "다시는 그런 말하면 안 된다, 애야! 내 말 알아듣겠니, 응? 대답해봐!"
아이: "에이!" (화가 난 채, 아이는 방에서 나간다)

이처럼 부모는 아이들의 감정을 받아들이지 않고 이유를 대면서 아이들이 어떻게 느끼는지를 부정하려 한다. 부모는 아이의 감정을 받아들이지 않는 선에서 더 이상 문제가 확대되지 않기를 바란다.

아이들의 감정을 어루만질 수 있도록 노력해야 한다. 대부분의 사람들은 자신들의 감정을 어떻게 처리하고 표현해야 하는지 배우지 못했다.

자녀가 우리 마음 속의 거울을 들여다볼 때, 아이는 자신의 감정이 정직하게 반사되는 것을 보아야 한다. 이것이 감정이 어떻게 움직여지는가를 아이들에게 보여주는 첫번째 단계인데, 너무 많은 부모들이 이를 간과하고 있다.

삶의 한 부분인 감정

나는 어떤 일을 분명하게 말하는 것은 조금은 어리석다고 생각하지만 그것은 필요하다. 우리는 느껴지는 감정을 어찌할 수 없다. 문제는 많은 사람들이 이러한 감정을 가지고 무엇을 해야 하는지를 모른다는 것이다.

우리는 때로는 행복하고, 때로는 불행하다고 느낀다. 때로는 우리가 어떻게 느끼고 있는지 혼란스럽다. 때로 우리는 아무 뜻도 모르는 것을 이야기한다. 때로는 논리적이지 않지만 어떤 것을 확실하게 느낄 때도 있다.

감정적으로 성숙된 사람은 부정적인 감정을 경험할 때, 자신에게 그런 감정을 느끼게 만든 것이 무엇인지를 생각할 수 있다. 그리고 자신의 태도나 상황을 개선하기 위해 취할 수 있는 몇 가지 조처들을 결정한다.

만약 어떤 어머니가 자녀 때문에 화가 났다면, 그녀는 나중에 자신에게 다음과 같은 질문을 할 것이다. 내가 왜 그렇게 화가 났었지? 아이가 잘못했었나? 내가 잘못했었나? 내가 달리 취할 수 있었던 행동은 어떤 것이었나? 그녀는 몇 가지 결론에 이를 것이고 앞으로는 다르게 행동을 취할 것이다.

그러나 그녀가 심하게 화가 나 있는데, 가까운 친구가 이렇게 이야기한다고 해보자. "그렇게 화내지 마. 처음부터 잘못한 사람은 바로 너야!"

이런 말은 그녀의 화만 더 돋굴 뿐이다. 그녀는 자기 아이에게만이 아니라 자신을 이해하지 못하는 친구에게도 화가 나게 된다. 그녀는 이치에 맞는 말을 듣고 싶은 것이 아니다. 그녀의 감정이 자신의 마음을 상하게 하기 때문에 이치에 맞는 말을 들을 수 없다. 그녀는 자기 친구에게 반론을 펴부을 것이고, 그녀가 다시 이성적으로 생각할 수 있을 때까지는 꽤 오래 걸릴 것이다.

아이들도 마찬가지다. 많은 부모들은 자녀들에게 직접적이든 간접적이든 어떤 감정은 받아들일 수 없다고 얘기한다. 아이들이 두려워하는데도, 두려워할 일이 전혀 없다고 이야기한다. 다쳐서 울 때에도 아이들은 "용감해야지. 눈물을 닦아라!"거나 "조금 긁힌 것 같고 뭐가 그렇게 아프다고 그래!"라는 말을 듣는다.

감정을 잘못 이해하는 것은 우리의 삶을 좌절시킨다. 작자 미상의 다음 시구는 일반적인 가족에서 흔히 일어날 수 있는 현상을 묘사하고 있다.

서로를 이해하지 못하는 부모는
그들이 이해하지 못하는 자녀들을 기른다.
그 자녀도 결코 부모를 이해하지 못할 것이다.

슬프지만 이것은 사실이다. 우리는 자신의 감정을 다른 사람에게 이야기할 때 상대방에게서 이해한다는 말을 듣고 싶어한다. 상대방이 자신을 판단하지 않고 자신이 느끼고 있는 것을 그대로 받아주기 원한다. 우리는 논리적으로 일을 매듭짓기 전에 자신의 감정을 처리하기 위한 약간의 시간이 필요하다. 그러나 부모들은 자신들이 비슷한 상황에서 대우받기를 원하는 것과는 정반대로 자기 자녀들의 감정에는 자기 방식대로 반응한다.

다른 사람이 자신에게 해주기를 바라는 것처럼 아이들이 원하는 것을 해주려고 한다면, 우리는 비슷한 상황에서 대접받기를 원했던 방식으로 아이들의 감정을 다루는 훈련이 필요하다.

무관심한 부모인가, 동정적인 부모인가, 공감하는 부모인가

자녀가 감정을 다룰 수 있도록 돕기 위해서 우리의 공감하는 능력을 계발하는 것이 중요하다. 감정 이입은 우리의 머리만이 아니라 마음으로 듣는 것을 말한다. 부모가 공감할 때, 자녀는 부모가 자신의 감정을 이해했다고 알게 된다.

다음과 같은 연속선상에서 볼 때 공감한다는 말의 의미를 더 쉽게 이해할 수 있을 것이다.[1]

무관심	공감	동정
나는 관심 없어.	너는 네 친구가 떠날까 봐 진심으로 걱정하는 것 같구나.	정말, 안됐구나. 불쌍한 것!

무관심은 '감정적인 반응의 부족 혹은 흥미나 관심의 부족'으로 정의된다. 내가 무관심할 때면 나는 휘말리지 않는다. 부모들은 자기들의 일로 너무 바빠서 자녀들이 "부모님은 나에게 관심 없어"라고 해석하도록 그들에게 메시지를 보낸다.

자녀가 자기 감정을 표현했는데도 반응을 보이지 않거나 아무런 반응도 보이지 않을 때, "모든 일이 잘될 거다. 이제 밖에 나가서 놀아라"와 같이 재빠르고 상투적으로 대답할 때, 자녀는 "우리 엄마 아빠는 나에게 관심이 없어. 엄마 아빠는 나를 사랑하지 않아"라고 생각한다.

이와 정반대되는 것이 동정이다. 동정은 '다른 사람을 위한 감정'으로 정의된다. 내가 동정할 때 나는 다른 사람의 감정에 지나치게 관여하게 된다. 나는 생색을 내는 것처럼 과장되게 반응한다. 사람들은 동정받기를 원하지 않는다. 그들은 이해해주기 바란다.

공감하며 듣는 것은 다른 사람의 느낌과 따로 떨어져 있는 것이 아니라, '함께 느끼는 것'을 의미한다. 사도바울은 로마서 12장 15절에서, "즐거워하는 자들로 함께 즐거워하고 우는 자들로 함께 울라"고 공감에 대해 잘 표현했다.

공감하는 사람은 다른 사람들의 아픔을 느끼지만 그것 때문에 손해를 입지는 않는다. 공감하는 사람은 다른 사람들의 아픔, 두려움,

실망, 초조, 좌절을 마치 자신의 것처럼 느낄 수 있어서 충분히 격려하고 도움을 줄 수 있다.

예를 들어서.
- D형인 자녀가 참을성 없이 화를 낼 때
- I형인 자녀가 누군가의 파티에 초대받지 못해 마음이 상해 있을 때
- S형인 자녀가 새 학교에서의 첫날을 걱정하고 있을 때
- C형인 자녀가 학교 연주회에서 클라리넷 독주를 하면서 한 박자 실수한 것 때문에 지나치게 예민해 있을 때

당신은 어떻게 반응하겠는가? 몇 가지 가능한 대답이 있다.

- 부정: "별것도 아닌 것 가지고 웬 걱정이냐. 이제 그 일은 잊어버리고 열심히 해라."
- 낙관: "긍정적으로 생각해라."
- 충고: "네가 무엇을 해야 하는지 너도 알고 있잖아?"
- 비난: "네 잘못이 아닌 게 확실하니? 이런 일이 일어나도록 너는 뭐 했니?"
- 연민: "오, 불쌍한 것. 딱하구나!"
- 설교: "네가 그렇게만 했으면 이런 일은 일어나지 않았을 것 아니냐?"
- 공감: "얘야, 나는 네가 _____(화나고, 초조하고, 짜증나고, 마음이 아프고, 난처하고, 슬프고, 두렵고, 걱정하고, 당황하고, 근심하고, 실망하고)있다는 것을 안단다. 만약 나에게 그런 일이 일어났더라도 너와 똑같이 느꼈을 거야."[2]

부모의 행동 유형이 자녀와 공감하는 것을 방해할지도 모른다. 주도적인(D형) 부모는 상황과 사람을 통제하기 위해서 빠르고 직접적

으로 지시하는 경향이 있다. 이런 부모는 친구들에게 인정받기를 원하는 I형 아이와 공감하는 데 어려움을 겪을 수도 있다.

사교적(I형)인 부모는 "애! 얼굴 좀 펴라. 걱정하지 마, 모든 일이 다 잘될 거야"라고 낙관적으로 말하고는 자녀의 걱정 근심을 깨끗이 잊어버린다. 이 부모는 세부적인 일에 매달리지 않기 때문에 일이 제대로 되지 않을 때 C형 자녀의 마음 속에 일어나는 혼란스러움을 이해하기 어려울 것이다. D와 I형 부모들의 빠르고 틀에 박힌 대답은 자녀에게는 무관심으로 보일 수도 있다.

지원적(S형)인 부모는 공감을 하는 데 능력이 있지만, 너무 지나쳐서 동정으로 변할 수 있다. 이 부모는 자신의 감정을 다른 사람의 감정과 분리하지 못할지도 모른다. 이 부모는 D형의 자녀가 어떻게 그렇게 갑자기 화를 내는지를 이해할 수가 없다. 참을성이 많은 S형의 부모는 D형의 인내심이 없는 것을 인정하지 않는다.

엄격한(C형) 부모는 자녀의 문제를 고쳐주기 위해 모든 상황을 지나치게 분석하거나 충고하고 싶어한다. 이 때문에 가정 분위기는 냉랭하고 딱딱해질 수 있다. C형 부모의 주의 깊은 천성(비관주의로도 표현될 수 있다)은 모든 일을 쉽게 생각하는 I형 자녀의 낙천적인 감정을 인정하지 못한다.

가족 가운데 누군가는 자녀에게 보다 쉽게 공감해줄 수 있다. 공감하는 법은 배울 수 있다. 어떻게 하면 자녀와 공감할 수 있는지 3단계 과정을 소개한다.

1단계: 듣는다.

슬프고, 화나고, 의기소침하거나 당황해 있을 때 우리에게 필요한 것은 우리의 마음을 이해받는 것이다. 자신의 문제를 털어놓을 때 어떤 충고나 비난, 판단하지 않고 들어줄 누군가를 원한다.

자녀가 자신의 감정을 부모에게 표현할 때 먼저 판단하지 말라.

충고하지 말라. 자녀에게 필요한 것은 관심을 갖고 충분히 들어주는 우리의 이해심이다.

자녀에게 일어난 모든 일을 부모에게 말하게 하라. 자녀가 이야기하도록 질문한다. 무슨 일이 있었니? 뭐라고 그랬니? 어떻게 그렇게 느꼈니? 그러나 질문이 마치 심문하는 것처럼 느껴지지 않도록 주의하라.

2단계 : 판단하지 말고 자녀의 감정을 받아들이고 비춰준다.

자녀의 강점만이 아니라 감정까지도 거울처럼 비추어준다. 이것은 자녀를 그의 성향에 따라서 양육하는 방식이다. 각각의 행동 유형에는 일관성 있는 감정적 특성이 있다. 부모는 자신이 어떻게 느끼고 누군가에게 어떻게 영향을 끼치는가를 이해할 필요가 있다.

평가하거나 왜곡하지 말고 당신이 본대로 당신 자녀의 감정을 받아들여라. 당신이 보고 느낀 것을 말하라.

"애야, 너는 그 게임에 져서 정말로 화가 났구나."

"너는 네 친구에게 정말 실망한 것 같구나."

감정의 정도를 느낀 그대로 이야기하는 것 또한 중요하다. 매우, 많이, 대단히 등의 수식어를 덧붙임으로써 그 감정의 강도를 전할 수 있다.

"네 친구가 너를 초대하지 않아서 좀 실망하고 있구나."

"네 친구가 떠난 것 때문에 많이 슬퍼하고 있구나."

"네 친구들이 너를 끼워주지 않아서 매우 섭섭해 하는구나."

"친구가 너를 초대해주지 않은 것 때문에 너무나 상심해 있구나."

이렇게 느낀 감정을 비추어주는 반응들은 아이들뿐만 아니라 어른들에게도 자신들의 내면적인 감정 세계를 인식할 수 있도록 해준다고 하임 G. 지노트(Haim G. Ginott)는 말했다.

부모는 자녀가 자신의 감정을 알 수 있도록 어떻게 도울 수 있을까? 자녀의 감정을 거울처럼 비추어줌으로 도와줄 수 있다. 자녀는 거울에서 자기 이미지를 보게 됨으로써 자신의 신체적 외모를 안다. 자녀는 부모에게 비추어진 자신의 느낌들을 들음으로 자신의 감정에 대해 배운다.[3]

감정 거울의 기능은 왜곡하지 않고 자녀의 느낌 그대로를 비추는 것이다.
"너는 정말 화가 난 것처럼 보인다."
"너는 그 아이를 매우 미워하는 것처럼 들리는구나."
"너는 모든 일에 아주 질린 것 같구나."
그러한 느낌을 가진 자녀에게, 이러한 말들은 큰 도움이 된다. 부모는 자녀가 느끼고 있는 것을 분명하게 보여주어야 한다. 감정 거울 안에서 볼 수 있는 이미지의 선명성은 자발적인 훈련과 변화의 기회를 제공한다.

자녀의 느낌들을 받아들일 때 앵무새처럼 자녀가 하는 말을 그대로 따라하지 말라. 만약 부모가 앵무새처럼 반복한다면, 자녀는 부모의 진실성을 의심하게 된다.

반복하고 다시 바꾸어 말하는 것이 자녀가 방어하지 않고 자신의 느낌을 털어놓게 하는 가장 좋은 방법이다. 자녀의 느낌을 말로 표현해봄으로써 자녀가 어떻게 느끼는지를 더욱 잘 이해하게 된다.

부모는 자녀의 감정을 지적할 수 있다. 캘리의 친구들이 만든 새 클럽에 캘리를 가입시켜주지 않았을 때, 나는 "내 생각에 너는 화가 나고, 또 실망하고 있구나"라고 말했다. 제리드가 반친구들에게 치열 교정기 때문에 놀림을 당했을 때 그의 엄마는 "너 정말 당황했겠구나"라고 말했다.

자녀의 감정을 표현해줌으로 아이들은 자신들의 감정이 정상적이고 수용될 수 있다는 것을 배운다. 그러면 자기들이 느끼고 있는 것을 부모가 이해하고 있다고 알게 된다. 이렇게 하는 것이 자녀가 자기 감정을 다룰 수 있도록 도와주는 것이다.

최근에 나는 어떤 집에서 그 집의 10살짜리 남자 아이가 학교에서 새로 사귄 여자 친구 때문에 누나들로부터 놀림을 당했다는 이야기를 들었다. 누나들의 놀림 때문에 그 아이가 감정이 상해서 울었다고 했다.

아이 아버지는 단순히 웃어 넘기면서 이렇게 생각할 수 있다. "음, 그런 일은 어린아이들에게 있을 수 있는 일이지. 아이들은 이성 친구를 어떻게 다루어야 하는지 배울 필요가 있고말고!" 그는 자기 아들에게는 이렇게 말할 수도 있다. "누나들이 놀린다고 울면 바보다. 사내녀석이 농담하는 것을 좀 배워야겠구나."

하지만 이 아버지는 자기 아들의 감정을 이해했다. 그 나이 또래의 남자 아이들은 여자 아이들에게 많은 관심을 가지고 있으며, 아이들은 자신에 대해 어색해하고 두려워하기조차 한다. 그 아버지는 아들 방으로 올라가, 침대 위에서 흐느끼고 있는 아들에게 이렇게 말했다.

"누나들이 너를 놀릴 때는 정말 마음이 아프지, 그렇지?"

"네, 누나들은 나를 놀리는 게 재미있나 봐요. 특히 여자 아이에 대해서요."

"그것 참, 당황스러웠겠구나. 나 역시 사람들이 놀리는 것이 싫단다."

그러자 아이는 울음을 그쳤다. 그 아이는 아빠가 자신의 감정을 이해해주니 기분이 풀어졌다.

3단계 : 필요하다면, 나중에 그 때의 감정에 대해서 이야기하라.

많은 경우, 이 단계를 밟을 필요가 없다. 그러나 큰 문제나 극단적인 감정을 표출한 후에는 나중에 그 문제에 대해서 자녀와 이야기해도 좋다. 자녀의 감정이 가라앉고 머리가 맑아진 후에 하라. 자녀는 부모의 이야기를 더 잘 받아들일 것이다.

부모가 자녀에게 성경 말씀을 인용하면서 이성적으로 이야기해줄 때, 아이는 자기에게 문제를 일으키는 원인이 무엇인지를 배우게 된다. 다음과 같이 물어보라.

"너는 그 일을 겪고 나서 무엇을 배웠니?"
"너는 다음 번에는 어떻게 하겠니?"
"너의 그 때 태도에 대해 어떻게 생각하니?"
"너는 누구에게 용서를 구해야 하니?"
"이번 일을 통해서 하나님은 너에게 무엇을 가르쳐주셨니?"

이 단원을 통해서 나는 도움을 줄 수 없지만, 하나님께서 이와 비슷한 상황에서 그의 자녀들에게 어떻게 대하셨는지를 살펴보자. 하나님께서 요나에게 니느웨로 가라고 요구하셨을 때 요나는 하나님의 요구를 거절했다. 요나는 니느웨의 반대 방향으로 향하는 배를 타고 자신을 숨겼다.

요나는 아마 높은 C형일 수 있다. 하나님은 요나가 감정적 혼란과 두려움에 대해 개인적으로 생각할 시간을 주셨다. 요나가 큰 물고기 뱃속에서 경험한 '바다 깊은 곳에서의 여행'은 그가 니느웨 사람들과 직면하도록 한 하나님의 부르심을 생각하고 니느웨 사람들의 회개를 외칠 수 있도록 시간을 준 것이다.

해변가로 돌아온 요나는 열심히 돌아다니면서 완벽한 메시지를 전했다. "40일이 지나면 니느웨는 멸망할 것입니다."

이 패악한 도시의 사람들이 요나의 말을 듣고 하나님 앞에 회개하며 자신을 겸손하게 낮출 때 요나 자신이 충격을 받았다. 하나님은 니느웨 백성들이 악에서 되돌아왔을 때 그들을 멸망시키지 않으셨다.

그렇다면 끝이 좋으면 모든 것이 좋은가? 아니다. 정의가 이루어진 것은 아니다. 적어도 요나의 관점에서는 그들은 너무 쉽게 용서받았다. 성경은 요나서 4장 1절에 "요나가 심히 싫어하고 노하여"라고 말하고 있다.

요나는 혼자만의 시간을 가지며 시 외곽에 앉아서 곰곰이 생각했다. 기분이 우울해지자 하나님께 자기 생명을 거두어달라고 요청했다. 하나님은 요나에게 질문하셨다. "네가 화낼 권리가 있느냐?" 하나님은 강의도, 설교도 하지 않으시고 단지 그렇게 질문하셨다. 하나님은 요나가 자기 감정을 정리하고 그 질문에 대해 생각할 시간을 주셨다.

요나의 감정 상태는 악화되었다. 요나는 니느웨 동쪽에 쉴 만한 은신처를 만들고 니느웨가 어떻게 되어가나를 보려고 기다렸다. 하나님은 요나가 앉아서 쉬도록 허락하시고 강렬한 햇볕으로부터 쉼터를 주시려고 잎이 큰 식물을 자라게 해서 그늘을 제공하셨다. 요나는 행복해졌다.

그러나 하나님께서 벌레가 그 식물을 갉아먹게 해서 시들어 죽게 하셨다. 요나는 화가 났다. 요나는 니느웨 사람들, 하나님, 벌레 때문에 미칠 것 같았다. 아무것도 '올바르게' 진행되는 것이 없었다. 그래서 요나는 '나는 사는 것 보다 죽는 것이 더 낫다'라고 계속해서 노래를 불렀다.

그러면 하나님께서는 이런 요나를 어떻게 대하셨는가? 하나님은 요나의 화난 감정에 대해 질문으로 대하셨다. "요나야 네가 박넝쿨이 시든 것에 대해 화내는 것이 옳은 일이냐?" 요나는 "죽고 싶을 정도로 화가 났습니다"고 대답했다.

그 때 하나님께서 또 다른 질문을 하셨다. "너도 박넝쿨에 대해 연민의 정이 있는데, 어떻게 나에게 12만 명의 니느웨 백성에 대한 연민의 정이 없겠느냐?"

요나가 어떻게 반응했는지 결론이 없어서 알 수 없다. 하나님께서는 정상적인 감정 상태에서 벗어나 자신의 감정이 불공정하다고 느낄 때조차도 요나에게 빠르게 말하지 않으셨다는 것은 충격적이다. 요나서를 통해 하나님은 옳게 살아가는 방법을 가르치기 위해서 요나의 뒤에 머무시며 서두르지 않으셨다. 하나님은 고래에서 벌레까지 요나 주변에서 그가 노력하도록 시간을 느긋하게 주셨다. 이것이 하나님께서 자녀들의 상한 감정을 다루시는 방법이다.

자녀들은 그들이 느끼는 감정을 어찌할 수 없다. 그러나 자신들이 무엇을 느끼고 왜 느끼는지를 아는 것은 중요하다. 자신들이 느끼는 바를 이해하고 받아들이고 나면 내적인 혼돈을 덜 겪을 수 있다. 또한 자녀들은 자신을 이해하지 못하는 부모에 대한 나쁜 감정을 줄일 수 있다.

행동 유형별 전형적인 감정 반응

각 DISC 행동 유형은 어떤 사건에 대해 다른 감정 반응을 보인다. 단점과 강점들이 서로 연관되어 있는 것처럼, 우리의 두려움과 목표 역시 관련이 있다.

살아가면서 그 사람의 목표가 무엇이든지 가장 큰 두려움은 그 목표에 도달하지 못하는 것이다. 목표에 도달하지 못했을 때, 행동 유형별로 그 나름의 감정적인 반응과 상응하는 행동을 한다.

D형의 목표는 결과를 성취하는 것이다. 그는 통제하기를 좋아하고, 결정하며 도전하고 싶어한다. 만약 그 목표가 이루어지지 않으면 D형은 화를 내고, 참을성이 없어지며, 요구가 많아지고, 퉁명스러워진다. 화가 나면 D형은 원하는 것을 얻기 위해서 싸우려 하고 다른 사람들의 욕구에 무감각해진다.

I형의 목표는 인정받고 즐거움을 느끼는 것이다. 이 사람의 가장 큰 두려움은 사랑받지 못하거나 사회적으로 인정받지 못하는 것이다. I형이 거절당한다고 느낄 때 나타나는 감정적 표현은 언어적 공격("너는 내 친구들을 미워하지!")의 형태이거나 토라지고 의기소침해할 수도 있다. I형은 자신의 감정을 과장되게 나타내기 쉽다.

S형의 목표는 평화롭고 현 상태를 변함없이 유지하는 것이다. 이 사람의 두려움은 안정과 안전을 잃어버리는 것이기 때문에 갑작스럽고, 예기치 않은 변화는 괴로움을 줄 수 있다. S형은 슬픔에 마음 문을 닫고 포기하고 입을 다물게 될 것이다. 이 사람은 상처 입은 감정을 그대로 가슴에 지닌다.

C형은 정확성을 추구한다. C형 자신이 어떤 일을 하던지 간에 올바로 하기를 원한다. C형의 가장 큰 두려움은 실수를 하거나 또는 자신의 기준에 비추어 잘 못하는 것이다. C형의 감정은 복잡하고 깊어서 조심하고, 삼가며, 겉으로 보기에는 감정이 없는 것처럼 냉정하게 보인다. 그러나 C형은 속으로 두려워하고 걱정하며 우울해한다.

1. Adapted from Robert Bolton, *People Skills*(New York: Simon and Schuster, A Touchstone Book, 1979), 270-271.
2. Adapted from Faber and Mazlish, *How to Talk So Kids Will Listen and Listen So Kids Will Talk*, 5-8. 저자들은 부정적인 감정들을 다루는 데 비효과적인 8가지 방법을 강조하고 있다.
3. Haim G. Ginott, *Between Parent and Child: New Solutions to Old Problems*(New York: MacMillan, 1965), 35-36.

사랑의 잔을 가득 채우라
Keep Thoes Loving Cups Full

 몇 년 전에 사무실에서 집으로 차를 몰고 오는 동안, 나는 '사랑의 잔'이라는 라디오 프로그램에서 댄 포젤버그(Dan Fogelberg)의 흘러간 노래를 들었다. 그 노래의 후럼은 이렇게 이어진다. "모든 사람들은 필사적으로 사랑의 잔을 채우려 하네."

그 가사는 그 날 밤 내내 내 마음을 울렸다. 나는 집에 와서 가족들에게 하나님께서는 우리 마음 속에 사랑의 잔을 만드셨다고 이야기했다. 사랑의 잔이 가득 채워질 때, 우리는 행복함과 사랑받음을 느끼며, 행복하게 행동한다. 사랑의 잔이 비워질 때, 우리는 슬픔을 느끼고 슬프게 행동한다.

계속해서 나는 가족끼리 서로 사랑할 때 다른 사람의 사랑의 잔을 가득 채워주게 된다고 이야기했다. 그 날 밤부터 우리 집에서는 "오늘, 사랑의 잔이 채워져 있습니까?"라고 물어보는 전통이 시작되었다.

내가 "캘리야! 오늘 네 사랑의 잔은 채워졌니?"라고 물으면, 그 아이는 때때로 그렇다고 말하지만, 대개 잠자리에 들 무렵 그 아이는 "아니오"라고 말한다. 내가 "사랑의 잔이 얼마나 채워져 있니?"라고 물으면 그 아이는 자기 발목 아래를 가리킨다.

그러면 나는 말한다. "그럼, 사랑의 잔을 채워볼까?" 나는 아이에게 뽀뽀를 하고 껴안는다. 아이는 손을 천천히 자기 머리 꼭대기로 가져간다. 그와 동시에 아이는 점점 크게 사이렌 소리를 낸다. "에에에~앵~."

마침내, 사랑의 잔은 분수에서 물이 뿜어 올라가듯이 그 아이의 머리 꼭대기로 넘쳐흐르게 된다. "우우우우우~"

아이들은 정말로 이런 나의 행동을 좋아한다. 아이들은 사랑의 잔을 사랑한다. 어느 날 온 가족이 인근에 있는 백화점의 가구 매장을 걷고 있었다. 갑자기 크리스티는 멈춰 서서 말했다. "아빠, 제 사랑의 잔이 거의 비었어요." 우리는 모두 서로를 쳐다보다가 곧바로 나에게 시선이 모아졌다. 나는 소파와 의자들이 놓여 있는 통로에서 바로 무릎을 꿇고서 크리스티를 꼭 껴안아주었으며, 그 아이의 사랑의 잔이 채워질 때까지 뺨에 뽀뽀를 해주기 시작했다. "우우우우우~"

나는 아이에게 뭔가 잘못된 일이 있었느냐고 물어보았다. 아이는 "아니오. 단지 제 사랑의 잔을 채울 필요가 있었어요!"

우리 아이들은 나에게 내 사랑의 잔이 얼마만큼 채워져 있는지를 묻기까지 한다. 최근에 내가 퇴근해서 집으로 돌아왔을 때 캘리가 대문 앞에서 나를 맞이했다. 그 아이는 나를 꼭 껴안고, 내 볼에 뽀뽀를 했다. "아빠 오늘 어떠셨어요?" "응, 좋았어!"

그 아이는 내 대답이 별로 신통치 않다고 생각하고는 다시 되물었다. "그런데 오늘 기분이 어떠셨어요, 아빠?" "좋았지."

아이는 여전히 만족하지 못했다. "행복했어요? 화났어요? 슬펐어요? 울화가 치밀었어요? 두려웠어요? 걱정되었어요? 미칠 것 같았어요?" 아이가 이렇게 말하는 동안 나는 그 말에 맞는 표정을 지어 보였다. 마치 알아맞추기 게임처럼 변했지만, 우리는 곧 행복하게 크게 웃었다.

아이는 다시 나에게 내 사랑의 잔이 얼마만큼 채워졌는지를 물었다. 내가 발목을 가리키자 아이는 나를 껴안고 뺨에 뽀뽀를 하기 시작했다. 나는 천천히 손가락으로 다리 위를 가리켰다. 그리고 다시 가슴, 목, 턱 아래를 천천히 가리키다가 마침내 내 사랑의 잔이 넘쳐 흘렀다. "우우우우우~!"

단순하게 그러나 의미 있게

나는 여러 교회 성도들 앞이나 세미나에서 이 아이디어를 공유해 왔다. 사람들은 어느 정도 이 아이디어를 이해하였다. 부모들은 가족들에게 즉시 효과를 줄 수 있는 아이디어를 찾고 있다.

단순하면서도 의미 있는 이 아이디어는 자녀를 긍정적으로 대하는 마지막 단계다. 자녀가 우리 눈 속의 거울을 들여다볼 때, 그 애는 자신의 강점과 감정이 긍정적으로 비추어지는 것보다 더 많은 것을 볼 필요가 있다. 자녀는 부모가 자신을 사랑한다는 것을 보아야 한다. 행동으로 보이는 애정 표현보다 더욱 부모의 깊은 사랑을 보여 줄 수 있는 몇 가지 방법이 있다.

내가 사랑의 잔에 대한 이야기를 시작한 후에, 몇몇 사람이 내가 그러한 개념을 처음으로 적용한 것이 아니라고 말했다. 로스 켐벨 박사(Dr.Ross Campbell)가 그의 저서 '자녀를 진심으로 사랑하는 방법(How to Really Love Your Child)'에서 똑같은 원리에 대해 말한다.

내가 아는 거의 모든 연구는 아이들이 자기 부모들에게 끊임없이 "엄마 아빠는 저를 사랑하세요?"라고 묻고 있음을 지적한다. 자녀는 이와 같은 감정적인 질문을 때로는 말로 하지만 거의 행동으로 한다. 이 질문에 대한 대답은 자녀의 삶에 있어서 절대적으로 중요하다.

"엄마 아빠는 저를 사랑하세요?" 만약 자녀를 무조건적으로 사랑한다면, 아이는 이 질문에 대한 대답이 "그래"라고 느낀다. 만약 자녀를 조건적으로 사랑한다면, 자녀는 확신하지 못하고 두려워한다. "엄마 아빠는 저를 사랑하세요?"라는 그 무엇보다도 중요한 이 질문에 대해 부모가 자녀에게 해주는 대답은 삶에 대한 자녀의 기본적인 태도를 형성한다. 이것은 아주 중요하다.

일반적으로 자녀들은 행동으로 질문하고, 부모는 자녀에게 행동으로 대답한다. 자녀는 행동으로 부모에게 자기가 필요한 것이 무엇인지 말한다. 그것이 더 사랑을 원하는 것인지, 훈육해달라는 것인지, 더 받아달라는 것인지, 더 많이 이해해달라는 것인지….

부모는 행동으로 자녀의 욕구에 맞추지만, 이것은 오직 자녀와 부모와의 관계가 무조건적인 사랑 위에 기초하고 있을 때만 할 수 있다. '행동으로써'라는 말에 주목하라. 마음 속으로 자녀를 강하게 사랑할 수 있다. 그러나 충분하지 않다. 자녀는 부모의 행동에서 자신에 대한 사랑을 본다. 자녀에 대한 부모의 사랑은 그 아이를 향한 행동, 즉 우리가 말하고 행동하는 것에 의해 전달된다. 부모의 행동이 더 비중 있게 전달된다.

캠벨 박사는 모든 아이들이 감정 창고를 가지고 있다고 한다.

이 책에서 이야기하는 가장 중요한 문장 가운데 하나는 이것이다. 만약 감정 창고가 가득 채워져 있으면 아이는 가장 좋은 상태에 있거나 자신의 일을 최선을 다해 할 수 있다.

그는 다음과 같이 묻는다.

> 그 감정 창고를 가득 채워주는 것은 누구의 책임인가? 그것은 부모의 책임이다. 아이의 행동은 감정 창고의 수위를 나타낸다. 감정 창고가 가득 차 있을 때 자녀는 행복해하며, 잠재 능력을 발휘하고, 부모의 훈육에 대해 적절하게 반응할 수 있다.[1]

자녀가 흐느껴 울 때 아이는 "엄마 아빠는 저를 사랑하세요?"라고 진심으로 묻는 것이다.

자녀가 부모에게서 물러설 때 그 아이는 "엄마 아빠는 저를 사랑하세요?"라고 묻는 것이다.

아이가 부모와의 사이에 담을 쌓는 행동을 계속할 때 그 아이는 "엄마 아빠는 저를 사랑하세요?"라고 묻는 것이다.

부모의 책임감 있는 말 한 마디가 아이들의 사랑의 잔을 채워준다는 것은 진실이다.

누구나 사랑의 잔이 필요하다

자녀들은 매일 자신의 사랑의 잔을 채울 필요가 있다. 때로 자녀들은 그렇게 행동하지 않을지도 모르지만, 그들은 사랑의 잔을 채우려 한다.

I 혹은 S형의 아이는 D 혹은 C형의 자녀보다 더 많은 애정을 요구한다. 그러나 일 중심적인 사람들에게 사랑이 더 필요할 수도 있다.

이 원리는 남자 아이들뿐만 아니라 여자 아이들에게도 적용된다. 남자 아이가 대여섯 살이 되면, 부모들은 보통 그 아이에 대한 애정을 표현하는 횟수를 줄인다. 그러나 남자 아이들은 특히 아버지와 할 아버지, 삼촌들이 계속해서 따뜻하게 꼭 껴안아주기를 바란다.

많은 아버지들은 사춘기 이후 딸들로부터 멀어진다. 아버지들은 갑자기 젊은 여성으로 변해가는 딸들에게 애정을 보이는 것을 어색해한다. 여자 아이들은 사춘기를 지내는 동안 아빠로부터 신체적인 애정 표현을 필요로 한다. 만약 자녀들이 아버지로부터 애정 표현을 받지 못하면, 그것을 다른 곳에서 찾을지도 모른다. 말도 안 듣는 골칫덩어리 10대 말광량이 딸을 만드느니 딸의 사랑의 잔을 계속 채워주는 것이 좋다.

언젠가 사랑의 잔에 대한 내 세미나를 들은 후, 바바라라는 어머니는 집으로 돌아가서 그 원리를 실행에 옮겼다. 바바라는 두 딸에게 사랑의 잔에 대해 이야기해주고 나서, 딸 제이미(6살이고 D 유형)에게 사랑의 잔이 얼마나 차 있느냐고 물었다. 제이미가 "약간 비어 있어요"라고 대답했다. 그래서 바바라는 제이미가 "됐어요. 이제 그만하세요. 잔이 가득 채워졌어요"라고 말할 때까지 몇 초 동안 그 아이를 껴안고 뽀뽀를 해주었다.

그리고 바바라는 5살 난 사라(I형)에게도 똑같이 물었다. 사라는 슬픈 얼굴을 하고 말했다. "내 사랑의 잔은 텅 비어 있어요." 바바라는 아이를 들어올려서 껴안고 아이에게 뽀뽀하기 시작했다. 그리고 잠시 후에 딸이 "이제 됐어요"라고 말하리라 기대했다. 그러나 그 아이는 아무 말이 없었다.

약 2분 후에, 바바라는 다시 끌어안고는 물었다. "사라야! 사랑의 잔이 아직 채워지지 않았니?" 그러자 사라가 대답했다 "네, 엄마. 내 사랑의 잔은 깊고 넓어요!"

나는 사라의 말이 모든 아이들의 마음을 어느 정도 대변하고 있다고 생각한다. 그들이 인정하든 안 하든.

1. Dr. Ross Campbell, *How to Really Love Your Child*(Wheaton, Ill.: Victor Books, 1992), 34-35.

갈등, 어떻게 다룰 것인가?

Dealing with Conflict

 밤에 베개를 베고 잠자리에 누워 자녀들과 지내면서 특별히 어려웠던 날을 돌이켜 생각해본다면 어떤 느낌이 들겠는가? 좌절하고, 두렵고, 불확실하고, 불안하고, 근심스럽고, 실망하고, 죄 의식을 느끼고, 걱정스럽고, 화나고, 의기소침해지고, 의심스러운가? 아마 당신을 괴롭히는 복잡한 생각이 들 것이다. 자녀들에게 다양한 압력을 행사하고 갈등을 처리했던 방식이 생각날 것이다.

당신이 옳게 말했는지 지나치게 엄격했거나 지나치게 관대했는지 의심스러울 것이다. 더 많이 이해할 수는 없었을까? 아니면 갈등이 생기지 않도록 할 수는 없었을까?

대부분의 부모는 부모 역할과 자녀 양육에 대한 교육을 받지 않았다. 부모가 되는 것보다는 운전 면허증을 따는 것이 더 어렵다고 생각하기도 한다. 부모의 의무를 어떻게 이행하는가는 자신이 행하는 어떤 것보다 자신의 삶에 영향을 준다.

특히, 부모들은 갈등을 어떻게 다루어야 하는지에 대해 배워본 적이 없다. 가정 생활에서 빈번히 일어나는 갈등을 잘 다루지 못할 때 결혼 생활은 깨지고, 부모와 자녀 사이는 멀어질 수 있다.

이 장에서 갈등을 다루는 완벽한 지침을 제시하지는 못하지만 책 전반에 걸쳐서 그 주제를 다루고 있다. 그러나 이 장에서 DISC 행동 유형이 어떻게 갈등을 잘 이해하도록 도와주는지 보여줄 것이다. 대부분의 경우 갈등의 역학 관계를 이해하는 것이 갈등을 해결하거나 피할 수 있는 열쇠가 된다.

1단계 : 갈등의 원인을 이해하라

우리가 서로 다르다는 사실이 갈등을 피할 수 없게 만든다. 사람들은 서로의 관계에서 다른 배경, 관점, 감정, 기대, 습관, 문화, 더 선호하는 것들을 가지고 있다. 우리는 다른 사람과 함께 지낼 때 갈등을 경험하게 된다. DISC 이론을 이해하게 된다면, 어떤 때 다른 행동 유형과 갈등을 겪는지를 쉽게 알 수 있다. 각 유형별로 다른 사람을 화나게 할 수 있는 특정한 태도와 행동 경향이 있다. 예를 들어 보자.

주도적인(D형) 부모와 단호한(D형) 자녀가 갈등을 일으킬 때:
- 그들의 흥미에 지나치게 관심을 보이거나 간섭받을 때
- 다른 사람들의 욕구에 대해 무감각하거나 아량을 보이지 않을 때
- 다른 사람들과 거칠고, 퉁명스럽고, 무뚝뚝하게 대화할 때
- 지나치게 경쟁적이거나 공격적일 때
- 필요한 일상적인 일이나 일정표에 쉽게 싫증을 낼 때

- 남들로부터 독립적이고 멀리 떨어지려 할 때
- 다른 사람들이 뒤따라오기에 일 처리가 지나치게 빠를 때

사교적인(I형) 부모와 설득력 있는(I형) 자녀가 갈등을 일으킬 때:
- 지나치게 익살을 떨거나 진지하지 않을 때
- 말이 너무 많거나 다른 사람들이 이야기하는 것을 방해할 때
- 세부적인 사항에 관심을 기울이지 않거나 일을 끝까지 해내야 할 때
- 너무 이상적이거나 지나치게 낙천적일 때
- 잘 잊어버리고 체계적이지 못할 때
- 동료들의 압력에 조정당하거나 다른 사람을 말로 교묘하게 속일 때
- 너무 흥분하거나 감정적이 될 때

지원적(S형)인 부모와 인정 많은(S형) 자녀가 갈등을 일으킬 때:
- 새로운 아이디어와 변화에 저항할 때
- 우유부단할 때
- 주도성과 긴급성이 부족할 때
- 대안을 선택하지 못할 때
- 확신이 없을 때
- 다른 사람에게 쉽게 영향을 받고 다른 사람을 너무 믿을 때
- 너무 느려서 다른 사람들과 보조를 맞추지 못할 때

엄격한(C형) 부모와 신중한(C형) 자녀가 갈등을 일으킬 때:
- 다른 사람들이 지나치게 비판하거나 판단할 때
- 근심 걱정이 너무 많을 때
- 참견하고, 의심스러워할 때, 세세한 질문들을 너무 많이 해서 마치

자신이 심문당하고 있는 것처럼 느껴질 때
- 완벽해서 다른 사람들의 실수를 용납하지 않을 때
- 자신들의 감정을 숨기거나 나타내보이지 않을 때
- 다른 사람들과 사교적이지 못할 때
- '과도한 분석' 상태에 빠지거나 너무 느리게 움직일 때

각 행동 유형별 갈등 요인을 알면 큰 싸움터로 변할 수 있는 문제를 최소화하는 전략을 세우는 데 도움이 된다.

다음 3가지 원리는 각 행동 유형의 차이점과 유사점들이 어떻게 자연스럽게 갈등을 유발시키는지를 이해하는 데 도움이 된다.

갈등은 차이점이 부딪힐 때 일어난다.

어떤 사람의 강점은 다른 사람의 약점을 두드러지게 한다. 높은 I형은 항상 보스가 되길 원하는 D형에게 좌절감을 느낄 것이다. 높은 C형 어머니는 S형의 딸이 중요한 세부 사항(엄마가 '중요'하다고 여기는 것)에 자신과 똑같이 주의를 기울이지 않는 것에 화를 낸다.

때때로 어떤 부모는 자녀와의 관계에서 극단적인 어려움에 처할 수 있다. 왜냐하면 이해할 수 없을 정도로 차이가 크기 때문이다.

갈등은 비슷한 점들이 서로 경쟁할 때도 일어난다.

만약 당신과 자녀가 모두 D형이라면, 상황에 대해 "누가 주도할 것인가?"라는 통제권을 가지고 다툴 것이다. I형인 어머니와 딸은 누가 더 많이 주목받을 것인가를 가지고 경쟁하는 경향이 있다. 두 사람이 모두 S형인 경우 서로 잘 지낼지는 모르지만, 두 사람 가운데 어느 누구도 먼저 행동을 취하려 하지 않을 것이다. 두 사람 모두 C형인 경우 누가 더 옳은가로 말다툼할지도 모른다.

최근에 가족 가운데 D형이 3명(아내와 자녀, 남편)이나 있는 한

아버지와 이야기한 적이 있다. 상상할 수 있겠지만, 다른 가정에서는 대수롭지 않은 의견 차이가 이 가정에서는 갈등의 주요한 원인이 될 수 있다. 3명의 D형이 다투는 것은 자연스러운 것이다. 그들이 DISC 행동 유형을 이해하도록 도와주었으나, "우리 가족은 모두 자기 방식만을 고집해요. 언제나 그래요!"라고 투덜거리는 아이를 달래지 못했다.

일반적으로 사람들이 어떤 행동을 하는 것은 상대방에 대한 의도가 있어서가 아니라 단지 자신을 위해서라는 것을 기억하라.
S/C형의 부모가 있다. 이 부모의 스케줄은 아주 빡빡하다. 그는 다음 일들을 위해 서두른다.
- 가게에 가서 약간의 채소를 사야 한다.
- 오후 6시에 저녁 식사를 준비해야 한다.
- 아이들을 한 시간 일찍 재워야 한다.
- 비디오 대여점에서 빌린 영화를 봐야 한다.
- 부부가 행복한 잠자리를 만든다.
- 내일 해야 할 중요한 프리젠테이션을 준비해야 한다.

저녁 내내 할 일이 계획되어 있다. 그런데 I형인 자녀가 다가와서는 그 날 학교에서 있었던 일을 이야기하고 학교 숙제를 도와달라고 요청한다. 자녀가 말을 늘어놓은 지 약 10분 정도 지나서, 엄마는 마침내 말을 끊는다. "너는 엄마가 일하고 있는 것이 안 보이니? 너는 왜 항상 네 스스로 숙제를 하지 않고 엄마를 귀찮게 하는 거니?"
사실 아들은 엄마의 반감을 사거나 스케줄을 방해할 의도도 없었다. 그 애는 단지 누군가와 이야기하고 싶었을 뿐이다. 그 애는 엄마와 상호 작용을 하려 했던 게 아니라 오로지 자신만을 위해서 그렇게 한 것이다. 그 아이의 행동을 개인적인 것으로 받아들여서는 안 된다.

산드라 머윈(Sandra Merwin)은 '아이들 이해하기(Figuring Kids)'라는 책에서 다음과 같이 말하고 있다.

> 아이들이 화내고, 울고, 규칙을 안 지키고, 토라지고, 문을 쾅 닫고, 비웃는 등 자신들의 욕구를 채우기 위해서 어떤 행동을 할 때, 부모와 교사들은 종종 그것을 개인적으로 받아들인다.
> 아이들은 어른들의 속마음을 알아보려는 것에 흥미를 갖고 있는 것처럼 보인다…
> 아이들은 아침에 일어나서 어떻게 하면 부모와 선생님들을 화나게 할 것인지 계획하지 않는다. 다만 아이들은 자연스럽게 어른들의 가장 민감한 문제들을 건드리는 것처럼 행동하는 것 같다.[1]

갈등이 차이점 때문에 일어나거나 유사점 때문에 생기든지 간에 그 문제를 최소화할 수 있는 몇 가지 방법이 있다. 나는 브루스 나라모어(Bruce Narramore)의 책 '자녀의 숨겨진 욕구(Your Child's Hidden Needs)'에 있는 방법을 추천한다.

첫째, 배우자의 도움을 구하라. 남편이나 아내가 당신과 다르다는 것은 자녀가 무엇을 생각하고 느끼는지를 알아챌 수 있는 기회다.

둘째, 왜 자녀가 부모로 하여금 부정적인 반응들을 일으키게 하는지를 곰곰이 생각하라. 그 아이가 당신이 어린아이였을 때의 모습을 떠올리게 하는가? 그 아이가 몇 년 동안 당신과 다투었던 형제자매를 좋아하는가? 아니면 그 아이는 결코 키우고 싶지 않은 그런 유형의 아이인가? 이유야 어떻든 간에 왜 그 아이가 당신을 흥분하게 만드는지를 이해하게 된다면, 당신은 그 아이에 대해 더욱 민감해지고

인내심을 가질 수 있다. 자녀에 대해 수동적으로 반응하기보다는 능동적으로 대응할 수 있게 된다.[2]

2단계 : 사람들이 긴장과 갈등 상황에서 어떻게 다르게 반응하는지를 이해하라

긴장하면 D나 I형은 분노를 겉으로 표출하는 경향이 있다. D형은 자신이 지나치게 단정적이고, 독재적이며, 지배적이기를 원하듯이 다른 사람들에게도 그렇게 할 것을 요구한다. I형은 다른 사람들과 그들의 생각을 의심하면서 감정적인 말로써 공격한다.

만약 압력이나 갈등이 더 지속되면, 그들은 자신들의 감정을 억누른다. D형은 자신이 이길 수 없다는 것을 알면, 더욱 극단적이 되어 혼자서 일하거나 아니면 자신이 통제할 수 없는 사람과 상황을 피해서 새로운 활동 공간으로 옮긴다. I형은 사회적인 인정을 잃는 것을 피하기 위해 또는 단순히 갈등을 가라앉히기 위해 결국에는 다른 사람이 원하는 대로 따른다.

갈등 상황에서 S와 C형의 처음 반응은 감정을 억누르는 것이다. S형은 참거나 양보함으로써 다른 사람들의 의사에 따른다. 반면에 C형은 한 발 뒤로 물러서거나 무시하거나 또는 새로운 전략을 세움으로써 문제를 회피한다. 지속적인 긴장 아래서는 이들 유형 역시 상황이 바뀌게 된다. S형은 다른 사람들을 공격함으로써 자기 감정들을 표출할 수 있다. 반면에 C형은 다른 사람들에게 '옳고' '그름'에 대한 자신의 기준을 내세워서 상대방에게 따진다.

스트레스와 갈등에 대한 네 가지 반응

유형	첫반응	긴장이 지속될 때의 반응
D	요구한다	물러선다
I	공격한다	따른다
S	따른다	공격한다
C	물러선다	요구한다

이것은 두 가지 중요한 사실을 가르쳐준다. 첫째, 우리가 다른 사람의 자연스러운 반응을 예상할 수 있기 때문에 우리는 부정적으로 되받아치기보다는 긍정적이고 사려 깊게 반응할 수 있다.

사람들이 어떻게 갈등에 반응하는지를 알게 되면 갈등 상황을 헤쳐가는 동안 현명한 결정을 하는 데 도움이 된다. D형의 아버지와 I형의 딸이 있다고 하자. 그들이 겪는 갈등들은 아마도 이런 것일 것이다.

아버지: "밖에 나가서 친구들과 놀기 전에 네 방을 깨끗이 치워야 한다!"
딸　　: "아빠, 친구들이 날 기다리고 있단 말이에요! 나중에 하면 안 될까요?"
아버지: "나는 네가 일을 뒤로 미루는 게 싫다. 지금 해야 된다!"
딸　　: "아빠! 제프에게는 나가기 전에 방을 깨끗이 치우라고 하지 않으셨잖아요."
아버지: "그것은 다르지. 그 애는 오늘 아침에 야구 시합이 있었어. 너는 어제 이 일을 할 수 있었을텐데 대신에 텔레비전을 보

앉잖니!"
딸　　："아빠, 너무 불공평해요! 저에게만 너무 지나치시잖아요!"
아버지："만약 지금 당장 들어가서 네 방을 치우지 않으면, 오늘은 한 발짝도 밖으로 나갈 수 없다."

이것은 전형적인 D형과 I형의 대화이다. 아버지는 더 많은 것을 요구하게 되고, 딸은 전날 자기 방을 치우지 않은 자신의 실수에 초점을 맞추지 않게 하기 위해서 아버지를 공격하고 있다. 만약 내가 그 아버지였다면, 다음과 같이 행동했을 것이다. 나는 두 사람이 더욱더 화가 날 가능성을 피할 수 있도록 가능한 한 짧게 말을 주고받았을 것이다. 나는 딸과의 언쟁에 휘말리지 않았을 것이다.

이것은 사람들이 얼마나 많은 스트레스를 경험하고 있는가에 대한 실마리를 제공한다. 내가 회사에서 돌아왔을 때 무엇인가를 요구하는 카렌의 모습에서 나는 그녀의 하루가 특별히 힘들었음을 짐작한다. 평상시 그녀는 스트레스를 피하는 편이지만, 오래 스트레스를 받으면 무언가를 요구한다. 그녀의 요구를 맞받아쳐서 스트레스와 긴장을 유발시킬지도 모르는 방식으로 반응하기보다 나는 다음과 같은 말로 받아넘긴다.

"당신 오늘 하루 힘들었지? 당신 시간을 좀 갖는 게 어떻겠어? 내가 저녁 준비를 하겠오!" 나는 아내가 재충전할 수 있도록 휴식을 취할 수 있는 방법을 찾아줄 수 있다.

3단계 : 다른 가족들이 당신처럼 생각하거나 행동하기를 기대하지 말라

이 말은 거의 논의할 가치도 없는 명백한 사실이라고 생각할지 모른다. 그러나 이런 단순한 기대감이 얼마나 자주 문제를 일으키는지 알면 놀랄 것이다.

크리스는 책임감이 강한 사람으로, 그는 어떻게 하면 일을 완성시킬 수 있는가에 대해서 생각하기를 좋아한다. 그는 자신에게 일을 어떻게 하면 되는지를 차근차근 설명해주는 사람에게 고마움을 느낀다. 하지만 그는 혼자 고민해서 풀어나가는 것을 더 좋아한다.

크리스는 딸인 제시카가 나이가 들어감에 따라 집에서 할 수 있는 사소한 일들을 시키기 시작했다. 그러나 그는 왜 딸이 자기가 시킨 일을 완전히 끝마치지 못하는지 이해할 수 없었다. 딸에게 방을 깨끗하게 청소하라고 하면 그 아이는 마지못해서 했고, 그 어느 것도 제자리에 놓는 것 같지 않았다.

제시카에게 모든 것을 정확하게 어떻게 해야 하는지를 말해주어야 했으며, 그것이 크리스는 불만이었다. 크리스는 어렸을 때 자기 방을 어떻게 청소해야 하는지를 가르쳐주는 부모가 필요치 않았다. 심지어 그는 자기의 모든 옷과 다른 소지품들이 어떻게 서랍 속에 정리되어져야 하는지조차도 계획했다.

마침내, 크리스는 딸 제시카가 자기처럼 생각하고 행동하지 않는다는 단순한 사실을 깨달았다. 그 아이에게는 무엇을 해야 하는지를 천천히 그리고 구체적으로 차근차근 보여주는 것이 필요했다. 그 후에야 비로소 그 아이는 혼자 힘으로 그 일을 할 수 있었다. 크리스가 일을 생각해내고 문제를 창의적으로 해결하는 것을 좋아하는 반면에, 제시카는 정해진 것을 따르게 될 때 안정감을 느꼈다. 크리스는 제시카에게는 평소보다 더욱더 인내심을 갖고, 그 아이가 필요로 하는 구체적인 지침을 충분히 주어야 할 필요성을 깨달았다.

나는 웨인 다이어 박사(Dr. Wayne W. Dyer)가 '부모가 자녀들에게 진정으로 원하는 것(What Do You Really Want for Your Children)'이라는 책에서 이야기하는 그의 생각에 모두 동의하지는 않는다. 그러나 그가 요약한 가족 사이에 일어나는 갈등의 근원에 대해서는 동의한다. 그는 다음과 같이 말한다.

> 사실상 모든 싸움은 "만약 당신이 조금만 더 나와 같았으면, 이렇게까지 되지는 않았을 것이다"라는 어리석은 생각에서 비롯된다. 이것은 자기 세계 안에서 사람들에 대해 갖는 잘못된 가정이다. 사람들, 즉 배우자, 자녀, 부모, 혹은 그 밖의 다른 사람은 결코 당신이 원하는 방식대로는 하지 않을 것이다. 당신이 다른 누군가에 의해 마음이 상해 있다면 이렇게 생각할 것이다. "만약 당신이 내가 지금 생각하고 있는 대로만 했었다면 내 마음이 이렇게 상하지는 않았을텐데…" 또는 "왜 당신은 내가 원하는 방식대로 일을 안 하는 거야?"[3]

행동 유형의 차이점을 인식하고, 가족 개개인마다 사랑과 한계점에 대해서 어떻게 다르게 표현해야 하는지를 알 때, 비로소 갈등을 해결하는 방향으로 한 걸음 다가가게 될 것이다.

4단계 : 자녀의 욕구에 맞추라

9장에서 우리는 부모로서 자녀들의 욕구에 맞출 수 있는 구체적인 몇 가지 방법들을 살펴보았다. 자녀에게 사랑을 전할 수 있도록 부모의 행동을 조정하는 것이 얼마나 중요한지 다시 한번 강조한다.

톰과 수잔은 모두 일 처리 속도가 빠른 사람들로서 늘 바쁘다. 그들의 첫째와 둘째 아이인 로스와 라나 역시 일 처리가 빠르다. 네 사람 모두 한 가지 활동을 마치면 쉬지 않고 바로 다른 활동을 시작한다. 막내 딸 미시는 S형으로, 새로운 사람과 상황에 대해 천천히 익숙해지는 느긋한 아이다. 그 아이는 반복적이고 익숙한 것을 좋아한다. 미시에게는 안전함과 안정감을 느낄 수 있는 편안한 가정 환경이 필요하다. 또한 누가 뭐라 해도 고집스럽게 일을 천천히 한다.

　미시는 부모가 자신을 사랑한다는 것을 머리로는 알지만, 마음으로 느낄 수는 없었다. 미시는 자신이 다른 가족들과는 잘 맞지 않는 것 같았기 때문에 외롭고 의기소침했으며, 자녀로서 진가를 인정받지 못함을 느꼈다. 그들의 '거울' 속에서 약하고 게으르며 활기 없는 자신을 보았다.

　다행스럽게도, 세미나에서 가족들이 DISC 행동 유형을 이해하고 나서 이 모든 것이 바뀌었다. 그들은 미시를 비난하기보다 미시의 다른 점들을 받아들이는 것을 배웠다. 그 아이는 선천적으로 다르게 태어났으며, 다르다는 것은 틀린 것이 아니라 '단지 다를 뿐' 이라는 것을 깨닫고 나서 부모들은 아이를 어떻게 대해야 하는지 어느 정도 조정을 할 수 있었다. 그들은 변화된 모습으로 미시의 미래 모습을 그려주는 데 더 많은 시간을 보냈다. 그들은 쇼핑을 가거나, 회사일이 늦어지거나, 또는 가족 회의 날짜가 변경되거나 할 때는 미시가 적응할 시간을 갖도록 앞으로 일어날 일에 대해서 미리 말해주기로 하였다.

　수잔은 이렇게 이야기한다. "몇 년 동안 저는 일이 바뀔 때마다 5분 동안 미시가 준비할 수 있는 시간을 주었어요. 그로 인해 저는 15분 동안 말다툼하는 일을 덜 수 있었지요. 저는 마침내 그 아이가 제 인생을 괴롭히기 위해서 시간을 낭비하거나 투덜거리지 않는다는 것을 깨달았어요. 그 아이는 단지 변화 속으로 들어가기 위해 준비할 시간이 필요했을 뿐이에요."

　또 다른 어머니는 최근에 나에게 말했다. "우리는 왜 아만다가 항상 친구들과 어울려서 밤을 지새려고 하는지 이해할 수 없었습니다. 만일 우리가 그 아이에게 그렇게 하도록 허락했더라면 매일 밤 밖으로 나갔을 겁니다. 우리가 그동안 잘못해온 것은 아닌지, 우리가 어떤 식으로든 그 아이의 자존심에 상처를 입혔던 것은 아닌지 의심스러웠습니다. 왜냐하면 그 아이는 항상 다른 사람들을 필요로 하는 것처럼 보였거든요.

심지어 우리는 아이에게 가끔 혼자 있는 것을 즐기고 느긋해질 필요가 있다고 말하면서 자기 방에서 혼자 놀도록 해보았습니다. 그러나 그 아이는 화를 냈습니다. 이제 우리는 그 아이의 방식을 받아들이고, 그 아이에게 더욱 용기를 북돋아줍니다. 그 아이는 훨씬 더 행복해하고, 행동이 크게 달라졌습니다. 우리는 전처럼 그렇게 많이 훈계할 일이 없습니다."

이웃집에는 끊임없이 활동하는 두 명의 D/I형 사내 아이들이 있다. 이 집에서 매일 어려운 시간은 저녁 식사 때이다. 왜냐하면 그 부모는 이 아이들을 식탁에 가만히 앉아 있게 할 수가 없었기 때문이다. 두 아이는 의자에서 일어섰다 앉았다 하거나 의자를 뒤로 기울이다가 넘어지곤 하였다. 마침내, 그 부모는 두 아이가 원하는 만큼 움직일 수 있도록 회전의자 두 개를 사왔다. 그런 후 아주 편안하게 저녁 식사를 할 수 있게 되었다.

나 또한 아들 차드에게서 비슷한 경험을 했다. D형인 나는 잠자는 시간과 숙제를 반드시 해야 할 과제로 여긴다. 차드 역시 D형이지만 어느 정도 I형도 있다. 예를 들어서 차드가 잠자기 직전에 숙제를 끝마쳤을 때 나는 아이 방으로 들어가서 다음 날 시험에 대비하기 위해 몇 가지 과학 문제를 묻곤 했다. 매 질문마다 차드는 대답하고 나서 말을 멈추게 하고는 나에게 이야기하고 싶어했다. 나의 목표는 둘 다 잠자리에 빨리 들 수 있도록 그 일을 빨리 끝내는 것이었다. 아이의 목표는 아빠와 함께 얘기하고 즐거운 시간을 갖는 것이었다. 나는 아이가 나를 더 오래 머물러 있도록 하기 위해 교묘하게 설득하지 않을까 걱정스러웠다. 가끔 그렇게 되었다. 하지만 아이는 의도적으로 내가 더 오래 머물러 있게 하지는 않았다. 아들은 자기의 행동 유형에 따라 자연스럽게 행동했다.

아무리 깊이 자녀를 사랑한다고 하더라도 그 사랑은 충분하지 않다. 부모의 사랑이 자녀에게 스며들어야 한다. 자녀는 사랑받는다고 느껴야 하며, 그것은 부모의 양육 태도를 자녀의 욕구에 더 잘 맞도록 조정해야 한다는 것을 의미한다. 만약 부모의 행동을 조정하지 않는다면, 자녀가 당신을 귀찮게 하는 그리고 자녀가 자신과 같지 않기 때문에 무언가 잘못하고 있는 '다른 아이'라는 메시지를 아이에게 보낼 수 있다. 상담실은 어떤 이유에서인지 깊은 부모의 사랑을 받아보지 못한 사람들로 가득 차 있다. 자녀가 아무리 다르거나 어려운 아이인 것처럼 보일지라도, 부모가 행동을 조정해야 한다. 자녀가 어떤 아이이든지, 있는 그대로 즐기고 칭찬하며 같이 지내는 것을 배워야 한다.

5단계 : 가족 모두에게 재충전할 기회를 주라

우리는 우리의 등 아래쪽에 파워 코드가 매달려 있다는 것을 깨닫지 못한다. 꼬리가 아니라 파워 코드이다. 거울을 보라. 거기에 있다.

우리는 매일매일 효과적으로 자신의 역할을 다하기 위하여, 자신을 재충전하도록 파워 코드를 전원에 꽂는 활동을 해야 한다. 배우자와 아이들도 마찬가지로 파워 코드를 가지고 있다.

자신의 행동을 다른 사람들의 욕구에 맞추는 것은 에너지를 소모하는 일이다. 부모로서 우리는 아이들의 욕구에 맞추어 아이들과 잘 지내는 방향으로 변해야 한다. 그러나 자신이 느끼는 아주 편안한 상태에서 벗어나 부자연스러운 행동할 때 언제나 약간의 스트레스를 느낄 것이다. 그 스트레스는 자신의 정신적, 감정적, 신체적 에너지를 고갈시킨다.

자신의 에너지 수준이 낮을 때 인내심이 줄어들고, 융통성이 적어지며, 더욱 완고해진다. 다시 말해서 에너지가 낮을수록 쉽게 다른 사람들과 갈등을 겪는다. 이것은 부모 자신과 자녀가 자신의 건전지를 재충전할수록 갈등을 덜 겪는다는 것을 의미한다.

일반적으로, 다음 상황에서 에너지가 고갈된다.

- 일 중심적인 유형(D, C 형)이 지나치게 사람 중심적으로 상호 작용하도록 요구받을 때
- 사람 중심적인 유형(I, S형)이 일 중심적으로 초점을 맞추어야 할 때
- 일을 처리하는 속도가 느린(S, C형)이 일처리 속도를 빠르게 높여야 할 때
- 또는 일 처리 속도가 빠른 사람들(D, I형)이 느긋해져야 할 때

충분한 신체적인 휴식은 자신의 건전지를 재충전하는 방법 가운데 하나다. 휴식은 지속적으로 우리의 스트레스를 덜어주고 에너지를 재충전시켜주는 활동이다. 이러한 활동은 자신의 행동 유형과 직접적으로 관련이 있다.

자신과 자녀가 스트레스로 고생하고 있다는 명확한 경고 사인이 있다. 스트레스를 받으면 D나 I형은 목소리가 커지고, 요구가 많아지며, 지나치게 과민해진다. S형은 말이 없어지고 감정적으로 움츠러들게 된다. C형은 하찮은 일에도 까다롭게 굴고 투덜거린다. 자신을 괴롭히는 것에 초점을 맞추고서 그것을 그냥 내버려두지 않는다. C형은 빠져나올 수 없는 '순환 고리' 속으로 들어가는 것 같다.

자신과 자녀에 대한 이러한 행동들을 인식하게 되면 우리는 가정 안에서 많은 갈등들을 피할 수 있다. 재충전하는 것을 우선시할 때 가족들은 좀더 평온해지고, 행복해져서 하찮은 일 때문에 누군가에

게 폭언을 퍼붓든지 하는 일들이 적어지게 될 것이다.

  D형은 기관차가 석탄을 태우듯이 스트레스를 태워버릴 필요가 있다. 테니스를 치거나 정원을 돌보거나, 뒤뜰에 있는 담을 계속해서 쌓거나 아니면 지저분한 앞마당을 청소하거나 하는 어떤 육체적인 활동을 하는 것을 의미한다. D형이 어떻게든 움직이거나 일을 하는 것은 본능적이다. D형은 회사에서 사람들과 힘든 하루를 보내고 집으로 돌아와서는 이렇게 소리를 지를 것이다. "지금 밖에 나가서 운동하지 않으면 미쳐버릴 것 같아!"

  I형은 사람들과 함께 있고, 이야기함으로써 재충전을 한다. 자녀의 눈빛에서 그것을 볼 수 있다. 자녀를 사람들이 가득 찬 방에 있게 하거나, 그 아이의 말을 주의 깊게 들어 줄 사람을 붙여주면 아이는 생기가 넘칠 것이다.

  어린 자녀가 있는 전업 주부인 I형 엄마들은 다른 성인들과 충분한 교제를 하지 못하면 심각한 욕구 불만을 갖게 된다. 로빈은 최근 자녀양육 연구모임에 참석했다. "아이들과 지내는 것만으로는 인간으로서의 제 욕구를 충족시키지 못합니다. 저는 아이들과 집에 있는 것을 좋아해요. 그 아이들은 아주 사랑스럽죠. 제가 I형이고, I형은 사람들과 함께 지내며, 이야기하는 것이 필요하다는 것을 알게 된 지금 다른 어머니들과 더 많이 나들이 계획을 세우고 있습니다. 아이들이 낮잠을 자는 동안, 친구들과 꽤 오랫동안 전화를 하지요. 그러면 에너지 수준은 더욱더 높아지죠. 남편까지도 그 차이를 알아서 친구들과 더 많은 시간을 보낼 수 있도록 도와주고 있습니다."

  S형은 보통 '아무것도 안 하는 시간', 즉 휴식을 취하는 것으로 활력을 얻는다. 이들에게 휴식이 되는 활동은 낚시를 하거나, 목욕을 하거나, 텔레비전을 보거나 아니면 친한 친구와 둘이서 걷거나 얘기하는 것 등이다. 대부분의 S형들에게 있어서 아무것도 안 하는 시간은 늦잠을 자거나 혹은 일찍 잠자리에 드는 것을 의미한다. 자녀 양

육과 가사일만을 하는 어머니들은 비록 저녁 준비가 약간 소홀해지더라도 잠깐 낮잠을 자는 것이 좋다.

C형은 재충전을 위한 혼자만의 시간이 필요하다. C형은 소파에 앉아서 책을 읽거나, 클래식 음악을 듣거나, 중요한 일을 하면서 조용한 저녁을 즐기거나 아니면 도서관에서 조용하게 하루를 보내는 것을 즐긴다. C형은 혼자서 생각하고, 처리하며, 여과하는 시간이 필요하다.

내가 알고 있는 아주 흥미 있는 사람 가운데 한 사람을 업무차 오스트리아에 갔을 때 만났다. 존 헤르쿠스 박사(Dr. John Hercus)는 영적인 삶에 대해 깊이 생각하길 좋아하는 C형으로, 몇 권의 책을 썼다. 나를 놀라게 한 것은 그의 매우 뛰어난 독창적인 사상의 대부분은 그가 뜰에서 일하는 동안 나왔다는 사실이다. 그가 뜰에서 일하는 시간은 혼자만의 사색의 시간이었다. 그 시간은 그가 쓴 대부분의 책들과 그의 인생 철학의 온상이 되었다.

에너지와 아이들

에너지의 필요성을 이해하는 것은 아이들을 위해서도 매우 중요하다. 아이들의 에너지가 고갈됐을 때, 그들은 자신의 자연스러운 행동 유형과 맞지 않는 환경에 대처하기 위해 어려움을 겪는다. 아이들은 더욱 자기 중심적이 되고 함께 지내기가 더 힘들게 된다. 에너지 수준이 높으면 그들은 자신의 강점을 더 자신 있게 표출하고, 불편한 상황에도 잘 대처한다.

예를 들어서 자녀가 학교에서 집으로 돌아왔을 때의 상황을 생각해보자. 그 아이는 하루 종일 다른 아이들과 어울렸다. 어떤 아이는 하루 종일 책상에 앉아서 숙제나 문제를 풀면서 조용하게 지냈다. 자녀가 집으로 돌아왔을 때 만약 그들에게 재충전이 필요하다는 사실을 부모가 깨닫지 못한다면 나중에 갈등을 겪게 될 것이다.

S와 C형 자녀는 사람들 속에서 서로 어울려 하루를 지내고 나면 지친다. 그들은 재충전하기 위해 혼자 조용히 있는 시간이 필요하다. 이런 아이들은 자기 방에서 책을 읽거나 텔레비전을 보면서 혼자 놀고 싶어한다. 이 아이들이 밖에 나가서 놀기까지는 약간의 시간이 필요할 것이다.

자녀가 현관문 안으로 걸어 들어서는 순간 학교에서 하루를 어떻게 보냈는지 아이들에게 질문하지 말라. 자녀가 이야기할 준비가 된 저녁 시간이나 잠자리에 들기 전 시간이 좋다. 자녀가 학교에서 있었던 일에 대해 말하게 하기 위해서는 참을성을 가지고 질문해야 할 것이다.

D형 자녀는 학교에서 집에 도착한 직후에도 행동할 준비가 되어 있다. D형은 학교에서 하루 종일 앉아 있었기 때문에 태워버릴 에너지가 남아 있다. D형 자녀에게는 숙제를 끝마치고 밖에 나가 놀게 한다.

I형의 자녀는 다른 사람들로부터 에너지를 끌어들인다. 만약 I형 자녀가 학교에서 충분히 아이들과 어울려서 지내지 못했다면, 귀가 후 부모나 친구들과 함께 어울려서 얘기할 기회가 필요하다.

한 C형 어머니는 일과 후의 갈등에 대해 다음과 같이 말한다.

"직장에서 사람들과 하루 종일 보낸 후에, 저에게는 혼자만의 시간이 필요합니다. 휴식과 여유가 필요한 거죠. 그러나 제가 휴식을 취하려 할 때, I형인 아들과 딸이 들어와서 이야기하자고 합니다(이해가 되는가? 이 C 유형의 어머니에게는 두 명의 I 유형인 아이들이 있다. 엄마의 에너지는 아주 고갈될 것이다)."

"아이들은 현관문을 들어서면서부터 그날 온종일 있었던 일을 이야기하기 시작합니다. 저는 아이들이 무슨 잘못을 저지르지나 않았는지 걱정이 들지요. 그러다가 저는 아이들의 말을 끊고 시끄럽다고 소리를 지릅니다. 제가 왜 그런 식으로 반응하는지 이해하지 못했습니다.

저는 이제 I형인 아이들이 하루 온종일 자리에 앉아 선생님 말씀을 들으면서 조용하게 보냈다는 것을 알았습니다. I형 아이들은 자신들의 건전지를 재충전하기 위해서 말하고 움직이는 것이 필요하다는 것을 알게 됐습니다. 그러나 저 역시 혼자만의 시간이 필요합니다. 우리는 20분 동안 함께 앉아서 과자를 먹으면서 이야기를 합니다. 저는 아이들의 이야기를 들어줍니다. 그런 후 아이들은 밖에 나가서 저녁 식사 때까지 친구들과 놀지요. 저녁 식사를 준비할 때까지 저 혼자만의 시간을 갖습니다."

자녀들이 재충전을 하기 위해 무엇이 필요한지 분명히 알 때, 부모는 자녀가 필요한 대로 자신을 조정할 수 있다.

"우리가 다른 사람과 함께 지내야 할 때면 사라가 왜 자기 방으로 들어가 버리는지 도무지 이해할 수가 없었어요." 한 어머니가 말했다.

"이제 저는 그 애가 C형이고, 재충전하기 위해 혼자 있을 시간이 필요하다는 것을 알았습니다. 그 애에게 혼자만의 시간을 주고 억지로 말을 시키지 않으려 노력했기 때문에, 우리는 더 잘 지내게 되었습니다."

나는 식구가 많은 한 가족에게 다른 식구들의 행동 유형을 이해하고 서로 어떻게 지내야 하는지에 대해서 도움을 준 적이 있다.

그 집의 10대인 딸 애쉴리는 I/C형으로 이렇게 말했다. "저는 제가 뭔가 잘못됐나 걱정하곤 했어요. 저는 우리 가족들과 떨어져 있고 싶지 않은 때가 있어요(이 아이는 서로 정반대되는 내면적 욕구를 가지고 있다. I형은 사람들과 함께 어울리는 것을 원한다. 그러나 이 아이의 C형 욕구는 혼자 일을 처리할 조용한 시간이 필요하다). 이제 저는 가끔 혼자만 지내고 싶은 것이 잘못이 아니라는 것을 깨달았어요. 저의 C형 욕구가 혼자 있는 시간을 필요로 하지요."

애쉴리의 아버지는 남동생인 벤자민에게 애쉴리의 용기를 북돋아 주기 위해서 가족들이 할 수 있는 일이 무엇인지를 물었다. 벤자민이 대답했다. "우리가 누나의 말을 들어줄 필요가 있다고 생각해요." 그러나 D형인 벤자민은 I형인 누나의 장황한 이야기를 들어야 하는 것에 대해 약간의 불만을 덧붙였다. "하지만 아빠! 누나의 말을 다 들어주기 위해 뉴욕에 가려다 중국까지 가고 싶지는 않아요."(그것이 D형이다. 벤자민은 I형 누나를 이해하는 걸까?)

재충전에 우선 순위를 두라

부모가 감정 건전지를 재충전시키는 방법을 알게 되면 집에서의 긴장은 줄어들고, 감정을 재충전시키는 것이 얼마나 중요한가를 깨닫고 나면 큰 어려움을 겪지 않을 것이다. 어려운 것은 자신의 일정표 안에 재충전 시간을 마련하는 것이다. 일정표를 만들 때 재충전 시간을 규칙적이고 지속적이 되도록 하라.

'스트레스 습관 버리기(Kicking Your Stress Habit)'의 저자 도날드 투베싱(Donald Tubesing)은 다음과 같이 말한다.

"만약 우리가 소고기 한 조각을 먹고 물 한 병을 마셔서 한 달 동안 우리에게 필요한 영양분 섭취를 다 할 수 있으면 좋겠지만, 그건 불가능하다. 우리는 매일 기본적인 욕구를 충족시켜야 한다."[4] 특히 에너지 욕구도 마찬가지다. 만약 당신이 D형이라면 약간의 육체적인 활동 시간을 계획해야 한다. 만약 I형이라면 사람에 대한 욕구를 충족시킬 수 있도록 스케줄을 조정해야 한다. 만약 S형이라면, 재충전을 위해 '아무것도 하지 않는 시간'이 필요하다. 만약 C형이라면 혼자서 생각할 시간을 계획해야 한다.

현실적으로 부모 자신이 영양분을 섭취해야만 자녀를 양육할 수 있다. 만약 언제 자신을 위한 시간을 가졌는지 까마득하거나, 누군가에게 아이를 맡겨놓고 친구들과 같이 외출했던 것이 언제였는지를 기억하지 못하면, 재충전할 시간이 되었다. 자녀들에게 줄 에너지가 다 소진될 정도가 되면 당신의 배터리는 재충전이 안될 정도로 너무 약해진다.

자녀가 잘못된 행동을 하면, 자녀의 에너지 수준을 마음 속으로 체크하라. 이 아이는 재충전이 필요한가? 어떻게 그 아이가 재충전하도록 도울 수 있을까?

'재충전에 우선 순위를 두라' 는 말이 갈등을 해결하는 실제적 조언 가운데서 실행하기 가장 쉬운 방법일 것이다. 또 가장 빠른 결과를 얻을 수 있다.

1. Sandra Merwin, *Figuring Kids Out*(Minnetonka, Minn.: TigerLily Press, 1992), 117-118.
2. Bruce Narramore, *Your Child's Hidden Needs*(Old Tappan, N.J.:Fleming H. Revell, 1990), 29-30.
3. Wayne Dyer, *What Do You Really Want for Your Children?*(New York: Avon Books, 1985), 197.
4. Donald Tubesing, *Kicking Your Stress Habit*(New York: Penguin, 1982).

파트너로서의 부부

Parents Are Also Partners

 내가 가진 아버지에 대한 기억 가운데 가장 인상 깊은 것은 아버지께서 어머니를 무척 사랑하셨다는 것이다. 아버지는 매일 저녁 퇴근해서 집에 들어오시면 부엌으로 가서 어머니를 껴안고 사랑의 키스를 하시며 정말 사랑한다고 말씀하시곤 하셨다. 나에게는 아직까지도 그 모습이 어제 일처럼 생생하다.

내 어린 시절을 생각할 때 부모님은 나에게 큰 선물을 주셨다. 그분들은 나에게 두 사람이 서로 많이 다르지만 사랑하면서 함께 살 수 있다는 것을 보여주셨다.

이 책은 부모 역할에 관한 것이지만, 분명한 것은 행복한 결혼 생활이 좋은 부모가 되기 위한 출발점이라는 것이다.

텍사스의 달라스에 있는 팀버론 정신병연구재단의 최근 연구에 의해 아이들이 정상적으로 성장하기 위해서는 서로를 믿고 사랑하는 부모가 필요하다는 사실이 밝혀졌다. "아무리 당신이 자녀들에게 행동하고 말한다 하더라도, 좋은 결혼 생활이야말로 아이들을 밝고 강하고 건강하게 자라게 한다. 결혼 생활에서의 끊임없는 갈등은 자녀들을 이글거리는 불행의 불꽃 속에 집어넣는다"[1]라고 이 재단의 이사인 존 고셋은 말한다.

자녀의 녹특한 개성을 가치 있게 여기기 전에, 배우자의 강점과 그가 당신과는 다르게 행동한다는 것을 이해하고 인정한다는 것을 자녀들에게 보여주어야 한다.

DISC 행동 유형을 올바르게 이해할 때 좀더 좋은 부모로 서게 될 것이다. 또한 결혼 생활을 굳건히 하는 데도 도움이 될 것이다. 이것은 결혼 생활을 통한 가장 위대한 발견 가운데 하나일 것이다.

내 아내(남편)는 누구인가?

카렌과 내가 4년 간의 데이트를 끝내고 결혼을 할 때까지 그녀는 전혀 나와 같지 않다는 것과 카렌이 이상하다는 것을 몰랐다.

문제는 결혼한 첫날밤부터 시작되었다. 우리가 결혼한 7월의 기온은 거의 섭씨 30도가 넘었다. 우리가 그 날 저녁 플로리다의 데이트나 해변 호텔에 도착했을 때, 내가 첫번째로 한 일은 에어컨을 강하게 트는 것이었다. 내가 샤워를 하고 있는 동안 카렌은 추워서 오돌오돌 떨다가는 에어컨을 껐다. 샤워를 하고 나오자마자 나는 땀을 흘리기 시작했다. 그래서 에어컨을 다시 강하게 틀었다.

우리는 그 날 밤 에어컨 내부 온도 조절 장치가 제대로 작동되지 않는다는 것을 알았다. 이것은 우리 허니문의 시작을 재미있게 만들었다. 그 때는 몰랐지만, 우리가 함께 살아가는 삶에 있어서 어떤 징조를 보여준 것이었다.

그 후 우리는 신혼집에 가구를 들여놓기 시작했다. 당신은 젊은 부부가 가구를 살 때 서로 다른 것을 사려고 다투는 것을 알 것이다. 마찬가지로 나는 카렌과 취향이 완전히 다르다는 것을 알게 되었다.

가정의 재정 문제를 다루는 스타일 역시 다르다. 나는 쓰기 위해 돈을 번다. 그녀는 저축하기 위해 돈을 번다. 나는 내 인생을 즐기지도 못하고 일에 찌드는 것을 원하지 않는다. 그녀는 우리가 65세 된 어느 날 아침잠에서 깨어났을 때 노후 자금이 한 푼도 없는 것을 원치 않는다.

결혼하기 전에 만약 수표 몇 장이 은행에서 결재가 안되면, 나는 단순히 거래 은행을 바꾸고 처음부터 다시 시작하곤 했다. 카렌은 월간 은행 거래 명세서를 받아보면 상당히 흥분하기 때문에 그녀는 수입 지출을 한 푼도 어긋나지 않게 했다.

육군 대령으로 예편한 장인 어른은 가족들을 위해서 열심히 일했다. 심지어 오늘까지도 우리가 방문할 때마다 그 분은 부엌을 새로 설치하거나, 욕실의 조명 시설을 바꾸거나, 정원을 다시 손질하는 등 항상 바쁘시다.

카렌은 그런 자기 아버지를 그대로 닮았다. 그녀는 가구를 손질하거나, 화단을 새로 꾸미거나 혹은 아이들 방에 커튼을 만들어 달지 않으면 행복하지 않다.

나의 아버지는 해가 떠서 해가 질 때까지만 집 짓는 일을 하셨다. 아버지는 집에 와서는 집안일을 결코 하지 않으셨다. 내가 누구를 닮았는지는 짐작이 갈 것이다. 나에게 있어서 집은 휴식과 여가를 의미한다.

당신은 카렌과 내가 결혼한 후 우리에게 시작한 갈등을 상상할 수 있을 것이다. 카렌은 왜 내가 집안일을 하지 않는지 도저히 이해하지를 못했다. 결국 집안일은 카렌이 즐겼고, 카렌의 아버지(남자에 대한 그녀의 역할 모델인) 또한 즐겼던 것이었다.

차이점은 거기서 끝나지 않았다. 카렌과 나는 서로 다른 내적 모터가 작동한다. 나는 항상 어떤 약속이나 행사에 일찍 도착하는 것을 좋아한다. 카렌은 대체로 늦는다. 그녀는 시간이 걸리더라도 집을 나서기 전에 집안 구석구석 뒷마무리가 제대로 되어 있는지를 살펴본다.

휴가를 갈 때면 카렌은 여행길을 따라 늘어서 있는 쇼핑 센터 앞에 멈추었다가, 한가로이 밤을 지낼 호텔에 멈추는 등 천천히 드라이브를 즐긴다. 나에게 즐거움은 가는 목적지에 도착했을 때부터 시작된다. 드라이브는 여행이 아니라 단지 필요 수단일 뿐이다. 나는 집에서부터 쉬지 않고 목적지까지 22시간 동안 운전해야 한다는 것을 알기 때문에 빈 마요네즈 병을 차에 가지고 다니며 화장실에 자주 들리려 하지 않는다.

바로 그 때 하나님이 개입하셨다

결혼 전에는 카렌과 내가 어떤 사람인지 아무것도 모르는 장님이었다. 우리도 서로 첫눈에 반한 전형적인 한 쌍이었다고 생각한다. 신혼여행에서부터 우리의 첫아이가 태어날 때까지 우리는 서로 다르다는 새로운 사실 때문에 혼란스러웠다. 우리는 정말 달랐다. 그러한 차이들은 많은 불화를 일으켰다.

결혼 생활 10년 동안 나는 만약 카렌이 좀더 나와 같았으면, 그녀는 더욱 행복했을 것이고, 우리는 훌륭한 결혼 생활을 할 수 있었을 것이라고 굳게 믿었다. 물론 그녀도 나와 똑같은 생각을 했다. 우리는 자신의 모습처럼 상대편을 바꾸려고 서로를 깎아내렸다.

다행스럽게도 하나님께서 우리들에게 어떤 기회를 주셨다. 나는 집 근처 교회의 리더십 세미나에 참가해서 이 DISC 모델을 접하게 되었다. 그 당시 우리가 접했던 도구는 PPS(Personal Profile System)라고 하는 것이었다. 나는 나중에 이 시스템을 결혼 생활에 응용하기 위해 칼슨 러닝사와 함께 '부부 프로파일(Couples' Profile)'이라는 진단 도구를 만들었다. 이것은 두 사람이 얼마나 서로 닮았고 또 얼마나 서로 다른가를 보여준다.

카렌과 나는 우리의 행동 유형을 도표로 만들었다. 여기에 그 도표를 실었다(나는 검은 점이고, 카렌은 흰 점이다).

그래프에서 볼 수 있듯이 우리는 아주 다르다!

전부터 우리가 다르다는 것을 알았지만 이제 나는 객관적인 자료를 갖게 되었다. 어떤 것들이 갈등과 긴장을 가져오는지 인식할 수 없었는데 이제는 부부가 논의할 수 있는 영역이 분명하게 나타났다. 예컨대 우리들의 서로 다른 일 처리 속도는 전형적인 우리들의 행동 유형에서 파악되었다. 우리들에게 이 DISC 정보는 후덥지근

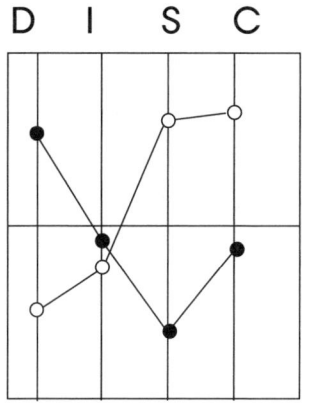

한 여름을 보내고 처음 맛보는 신선한 가을 바람처럼 느껴졌다. 그것은 우리들의 관계에서 영원한 차이를 만들었다.

- 모든 사람에게 한 가지 '정상적인' 방식이 있다는 것을 믿게 되었다.
- 우리는 하나님께서 독특하게 창조한 자신에 대해 더 잘 이해하게 되었다.
- 우리는 서로 어떻게 닮았고, 서로 어떻게 다르며, 이러한 유사성과 차이점이 우리들의 관계에 어떠한 영향을 끼치는지를 배웠다. 이러한 점을 이해하고 나서 우리는 갈등이 일어났을 때 표면적인 문

제보다는 좀더 깊은 곳을 들여다보고 잠재적인 갈등을 예견할 수 있게 되었다.
- 우리는 상대방의 욕구에 자신의 행동 유형을 어떻게 구체적으로 적응할 수 있는지를 배웠다.
- 우리는 서로를 인정하기 시작했을 뿐 아니라, 우리들의 차이점도 바르게 인식하고 가치 있게 여기기 시작했다. 그것은 하나님께서 우리 각자를 만드신 모습대로 서로를 인식하도록 힘을 불어넣어 주었다.

나는 이제 선택할 수 있다.
A) 나의 욕구에 맞추기 위해서 고집스럽게 카렌을 바꾸려고 하거나 혹은
B) 그녀의 욕구에 더욱 잘 맞추도록 애정을 갖고 자발적으로 내가 변화해감.
선택 B는 우리가 서로 사랑하며 영속적인 결혼 생활을 위해 할 수 있는 유일한 논리적인 선택이었다.

결혼 생활을 강화시키기 위한 7가지 DISC 활용법

지난 6년 동안, 우리는 서로 다르다는 사실에 가치를 두면서 결혼 생활에서 하나가 되는 목표를 향해 노력해왔다. 하나가 된다는 것은 똑같다는 것을 의미하지는 않는다. 하나라는 것은 다양성의 결합이다. 그 과정에서 이 DISC 도구를 사용해서 우리의 결혼 생활을 강화시킬 수 있는 적어도 7가지의 이용 가능한 방법을 찾아냈다.

첫째, 배우자를 이해하도록 노력하라.

베드로전서 3장 7절에서 베드로는 남편들에게 "이해하는 마음으로 아내와 함께 살라"고 가르치고 있다. 이 가르침은 아내들에게도 해당되는 말이다. 서로를 이해하는 것은 부부 간의 마찰을 감소시키는 필수적인 첫번째 단계이다.

폴 투르니에(Paul Tournier)는 '서로를 이해하기 위해서(To Understand Each Other)'라는 책에서 다음과 같이 말하고 있다.

"이해하는 것을 사랑하는 사람은 사랑을 이해하는 사람이다. 이해받고 있음을 느끼는 사람은 사랑받는다고 느낀다. 또한 사랑받고 있음을 느끼는 사람은 이해받는다고 느낀다."[2]

사랑과 이해는 직접 관련이 있다. 만약 배우자가 이해받지 못한다고 느끼면 사랑받지 못한다고 느낄 것이다. 알렌은 S/C형인데, 대학교수이자 작가이다. 그는 오랜 시간을 혼자서 조용하게 책을 읽고 명상하는 일을 즐긴다. 아내, 수잔은 D/C형으로 그와는 정반대다. 활동적이고, 근면한 그녀는 '해야 할 일'을 계획대로 하나하나 마무리 짓는 것을 좋아한다. 수잔은 할 일이 너무 많아 힘에 부치면 알렌에게 도움을 요청한다. "당신, 아무것도 안 하니까 이리 와서 이 그림 그리는 것 좀 도와줘요"라고 직선적으로 요구한다.

내가 아무 일도 안 한다고? 알렌이 어떻게 느꼈을 거라고 생각하는가. 기분 나쁘다고… 아니면 오해라고?

배우자를 진심으로 이해하려면 배우자가 얼마나 독특하며 자신과 어떻게 다른가를 알아야 한다. 우리는 자녀에 대해 배우는 학생처럼, 배우자에 대해서 배우는 학생이 되어야 한다. 파울라 라인하트(Paula Rinehart)는 이렇게 말한다. "우리는 결혼으로 맺어진 배우자가 기대한 것과는 다르게 생각하고 다르게 반응한다는 것을 이해하면서 성장한다. 배우자는 한 꺼풀 벗길 가치가 있는 비밀을 간직한 다른 사람이다."[3]

어느 날 저녁, 한 친구와 함께 재즈 기타를 들으러 음악회에 갔다. 음악회장에 들어간 지 약 30분쯤 지나서 친구가 귓속말로 말했다. "뒤에서 얘기하고 있는 사람들 때문에 신경 쓰이지 않아?"

그 순간까지 그들을 의식하지 못했지만, 그 말을 듣고 난 후부터 그 사람들의 끊임없이 속삭이는 소리에 신경이 쓰였다. 마침내 참다 못한 친구가 뒤로 돌아서서 상냥하면서도 단호하게 말했다. "두 사람이 얘기하시려면 몇 계단 아래로 내려가주시겠습니까?"

"이런, 미안합니다. 아내가 앞을 보지 못하기 때문에 무대 위에서 일어나고 있는 일을 이 사람에게 이야기해주고 있었습니다."

우리는 태도를 바꾸었다. 우리는 서로를 쳐다보다가 우리의 어리석음을 느끼면서 머쓱한 미소를 주고받았다. 무엇이 그 차이를 만들었는가? 우리는 실제로 그들에게 어떤 일이 일어났는지를 이해했다. 그 상황을 이해하자 우리의 불쾌감과 비난하던 마음은 점차 사라져 버렸다.

이러한 태도의 변화는 배우자를 이해할 때도 일어난다. 배우자의 기분, 버릇, 좋아하고 싫어하는 것, 강점과 약점을 알도록 노력하라. 무엇이 그 사람을 기쁘게 하고 화나게 하는가… 언제 그 사람의 용기를 북돋아주어야 하는가를 주의 깊게 살펴보라. 왜 그렇게 행동하는지, 행동을 멈추게 하는 것은 무엇인지를 알라. 이것은 자신을 평생 학습자로 여겨야 하는 결코 졸업할 수 없는 하나의 교육 과정이다.

두번째, 있는 모습 그대로 배우자를 인정하라.

마음에 새겨두어야 할 진리가 하나 있다. '다르다는 것은 잘못된 것이 아니다. 단지 다를 뿐이다.'

배우자를 변화시키기 위해 자기 의사만을 고집하지 말고 배우자의 차이점을 사랑스럽게 받아들여야 한다.

최근 세미나가 끝난 후에 한 여성이 이번 세미나가 자기에게 많은 도움을 주었다고 감사해했다. "강의를 듣고 나서 제 딸을 이해하게 되었습니다. 제 딸 헤더는 저를 꼭 빼닮았어요. 그렇다고 제가 그 아이를 그렇게 만든 것은 아니에요. 그것이 그 아이의 본래 모습이지요." 그녀의 이야기는 계속되었다. "그런데 이번 세미나에서 가장 좋았던 것은 제가 저 자신을 이해하고 받아들였다는 거예요. 남편은 항상 저에게 미쳤다고 말합니다. 저와 같은 방식으로 생각하는 사람은 아무도 없다는 거지요. 이제는 제 방식에 잘못이 하나도 없다는 것을 알았습니다. 저 같은 사람이 많지요."

나는 이 여성이 자기 자신에 대해 깨닫게 된 것이 기뻤지만, 또 진심으로 그녀의 남편이 이번 세미나에 함께 참석하지 못한 것을 아쉬워했다.

사물을 보는 데 자기 방식만을 고집했던 또 다른 사람은 세미나 설문에 이렇게 썼다. "나는 이 세상에 내 아내와 같은 사람들이 그렇게 많이 있고, 그들만의 독특한 가치가 있다는 것을 알고는 놀랐습니다."

남편들은 자기 아내를 있는 그대로 받아들여야 한다. 그들은 다르다는 것이 잘못된 것이 아니라 단지 다를 뿐이라는 사실을 깨달아야 한다. 결혼한 사람들이라면 두 사람 모두 상대방에게 다음과 같은 메시지를 분명하게 그리고 끊임없이 보낼 필요가 있다. "당신이 사랑하는 나를 위해 변할 필요는 없다. 있는 그대로의 당신이 좋다."

세번째, 배우자에 대한 시각을 '결혼 전'으로 돌려라.

당신은 어떤 강점과 특성들 때문에 배우자에게 마음이 끌렸는가? 한 젊은 여성은 결혼 전에 D형의 남자에게 그가 결단력이 있고, 독립심이 강하며, 단호하고, 용기가 있기 때문에 마음이 끌렸을 것이다. 결혼 후에 그녀는 그의 부정적인 특성들로 어려움을 느낄 수 있다. 그는 참을성이 없고, 부주의하며, 고집스럽고, 무모한 사람처럼 보인다.

크리스(I/D)는 말하기를 즐기고 말을 잘하는 영업 사원으로 파티에서 눈에 뜨이는 사람이었다. 메리(C/S)는 비교적 말이 없는 타입으로 큰 모임에서는 불편함을 느꼈다. 그래서 그녀는 자신감 있는 크리스에게 마음이 끌렸다. 그녀는 크리스가 사교적이고 매력적이며, 얘기를 잘하고, 재치있는 사람이라고 생각했다.

결혼한 지 6년 후에 메리는 깊은 우울증으로 상담을 하러 왔다. 그녀는 완벽한 결혼 생활을 원했으나 크리스는 '제대로' 하는 일이 없었다. 그녀는 언제나 정해진 시간에 저녁 준비를 해놓았으나 그는 종종 저녁 식사에 늦었다. 그가 저녁 식사에 늦는 것을 아내는 개인적인 모욕으로 여겼다. 그녀는 그가 자기만큼 시간 관념이 없는 사람이고 고의적으로 늦는다고 느꼈다. 그러나 그녀는 가정 불화를 원치 않았기 때문에 그 문제를 거론하지 않았다.

크리스와 함께 파티에 몇 번 참석한 후에, 그녀는 그가 똑같은 시시한 농담들을 반복해서 얘기한다는 것을 알게 되었다. 그녀는 모임에서 먼저 일어서기 위해 30분씩이나 애를 쓰는 일에 지쳐버렸다. 그는 결코 떠나려 하지 않고 그녀가 이런 파티를 좋아하지 않는다는 사실을 인식하지 못했다.

그러나 크리스가 아내에 대해서 한 이야기는 달랐다. "메리는 부드럽고 마음이 상냥한 여자입니다. 저는 그녀의 그런 부분을 사랑하지요. 하지만 그녀는 우리가 결혼한 이후 절반은 우울하게 보냈지요. 그녀는 모든 사람들이 그런 것처럼 내가 재미있다고 생각했었습니다. 그러나 지금 그녀는 저에게 싫증을 내고 있습니다.

만약 제가 10분 늦게 집에 오면, 난리가 나지요. 그녀는 제가 세일즈맨이어서 아내의 일정에 맞추기 위해 서둘러 고객과 헤어질 수 없다는 것을 이해하지 못하는 것 같습니다. 저는 마치 늘 잔소리하시던 우리 엄마와 결혼한 것 같습니다. 저는 언제나 나쁜 아이지요."

이 문제는 시각의 문제다. 메리는 일상 생활이 틀에 박힌 듯이 돌아가길 원한다. 크리스는 인간 관계가 중요하지 시간은 단지 흘러가는 것에 지나지 않는 것이라고 생각한다. 누가 옳고 누가 틀린 것은 아니다. 다만 보는 시각이 다를 뿐이다.

이 책의 앞에서도 언급했지만 사랑하는 사람들이 갖는 대부분의 욕구 불만의 특징은 그들이 가장 높이 평가하는 배우자의 특성의 다른 면에 대한 것이다. 너무 극단적인 강점이 문제가 된다. 결혼 전에 배우자가 당신에게 매력이라고 생각했던 것이 지나치면 비난의 대상이 된다.

시간이 지나고 서로에게 친숙해지는 것은 상대방의 긍정적인 면보다는 부정적인 면에 초점을 맞추게 하는 하나의 요인이 된다. 돌아가서 결혼 사진들을 다시 보라. '결혼 전'의 시각으로 돌아가라.

네번째, 모든 부부 결합은 잠재적인 문제가 있다는 것을 알라.

우리는 반대 성향에 매력을 느낀다. 배우자의 강점을 볼 때, 반대 성향의 결합은 커다란 자산이다. 그러나 이렇게 반대 성향에 매력을 느껴도 결국 다투게 된다. 부부가 DISC 행동 유형 가운데 서로 다른 유형일 때, 문제가 생길 수 있다.

높은 D와 낮은 D형의 부부는 결정을 할 때 갈등을 겪는다. 높은 D형은 지금 당장 결정하길 원하지만, 낮은 D형은 결정을 뒤로 미루기를 원한다. 높은 D형은 독자적으로 결정을 하는 경향이 있다. 낮은 D형은 보다 민주적인 방식으로 결정하기 바란다.

높은 I형이 낮은 I형과 결합하면, 그들 또한 긴장을 경험할 것이다. 일반적으로 높은 I형은 많이 얘기한다. 낮은 I형은 내성적이고 자기 자신의 생각과 느낌을 비교적 적게 말한다. 의사 소통 방식 (또는 그것의 부족)이 갈등의 원인이 될 수 있다. 낮은 I형은 높은 I형을 수다쟁이로 볼지 모르고, 높은 I형은 낮은 I형을 재미없는 사람으로 볼 수 있다.

높은 S형과 낮은 S형의 결합은 변화 문제로 갈등을 겪을 수 있다. 높은 S형은 모든 것이 똑같은 상태로 유지되기 원하고, 낮은 S형은 변화를 위한 변화를 원한다.

높은 C형과 낮은 C형의 부부는 세부 사항을 가지고 씨름할런지 모른다. 높은 C형은 보다 신중하고 양심적이며, 많은 사실들에 기초해서 결정을 한다. 낮은 C형이 일에 대해서 본능적으로 반응하며 사소한 일로 고생하고 싶어하지 않는 경향 때문에 갈등이 생길 수 있다.

많은 부부 간의 갈등은 배우자가 자신과는 다른 강점을 갖고 있다는 것을 제대로 인식하지 않기 때문에 일어난다. 우리는 이해하지 못하는 것을 올바로 인식하지 못하며, 또한 이해하지 못하는 것을 회피하려는 경향이 있다. 그것은 우리를 혼동스럽게 하고 공격하거나 위협할런지 모른다. 자신의 DISC 행동 유형을 이해하면 부부 사이의 관계를 더 좋게 이끌 수 있다.

어떤 사람은 자신과 반대 성향에 이끌려서 결혼하지만 또 어떤 사람은 자신과 비슷한 성향의 사람과 결혼한다. 때때로 같은 유형끼리 결혼하는 것은 그들이 같은 방식으로 살아가는 것이 수월하고 만족스럽다는 것을 알기 때문이다. 그럼에도 불구하고, 이들의 결혼 생활에서도 역시 불협 화음은 일어난다.

아내와 남편이 모두 높은 D형일 때, 그들은 어디를 가고 있으며 어떻게 가야 하는지를 알지만, 서로가 주도권을 잡고 싶어한다. 이들 부부는 거대한 파워 싸움을 경험할 수 있다.

높은 I형 부부는 서로 아주 재미있게 지낼 수 있다. 그들은 '앞에 먼저 나서는 일' 때문에 경쟁할 수 있다. 누가 더 좋아 보이는가? 누가 스포트라이트를 받는 위치에 있는가? 높은 I형들은 외부의 인정과 찬사에 도취되어서 서로에게 시간을 쓰는 데 소홀히 할 수 있다. 그들은 확고한 친밀감이 결여된 피상적인 관계로 발전할 수도 있다.

S형 부부는 집과 가정을 평탄하게 유지하는 데 의견을 같이 한다. 그러나 가족 간에 갈등 없이 감정적으로 안정되기를 원하고 상대방이 의사 결정의 책임을 맡아주기 바라는 데서 갈등을 겪기도 한다. 상대방이 먼저 주도적으로 시작해주기를 바라는 것이 갈등을 일으키는 문제다. 누가 결정할 것인가? 누가 기꺼이 모험을 할 것인가?

높은 C형 부부는 자신의 우수성에 대해 동감할 것이다. 그러나 그들은 능력에 대한 경쟁에 사로잡힐 수 있다. 누구의 방식이 옳은 방식인가? 또한 그들의 분석적인 사고 방식 때문에 심각하게 논쟁을 할 수도 있으며, 서로 상대방의 가치와 동기에 대해 나름대로 판단하고 갈등이 생기면 말 없는 냉전이 시작될 수 있다.

어떠한 행동 유형끼리 결합해서 결혼 생활을 한다 해도 만족스러운 결혼 생활을 위해서 함께 노력하는 것은 중요하다.

한 부부 관계 워크숍이 끝난 후에, 한 여성이 DISC 진단 도구인 '부부 관계 프로파일(The Couples Profile)'로 진단한 자신과 남편의 행동 유형을 보여주었다. 그들은 모든 면에서 정반대였다. "우리는 그만 포기해야 되겠지요? 우리는 너무 달라요"라고 그녀가 말했다. 나는 결혼 생활의 기본 원칙에 대해 설명했다.

"결혼 생활에서 서로 어느 정도 적합한지는 문제가 아닙니다. 서로에게 헌신하는 것이 문제입니다."

서로를 사랑하고 인정하며, 같이 노력하는 사람이라면 시간이 지남에 따라 점차 행복한 결혼 생활을 영위할 수 있다. 그것은 서로가 얼마나 닮았고 얼마나 다른가에 달려 있지 않다. 그것은 서로가 노력하려는 의지가 있느냐에 달려 있다.

다섯번째, 배우자의 행동을 마음대로 해석하지 말라.

귀에 익은 말인가? 이 것은 이미 앞에서 거론했던 이야기다. 결혼 생활 중 생기는 수많은 문제들은 이런 단순한 원칙을 이해함으로써 줄일 수 있기 때문에 재론할 가치가 있다.

배우자의 행동이 우리를 화나게 하거나 공격하기 위한 계획적인 책략이기보다는 사람과의 관계에서 그 사람의 자연스러운 행동 경향에서 비롯된다는 것을 깨달으면 배우자의 행동이 더 이상 위협이나 혹은 모욕으로 해석되지는 않을 것이다.

나는 이 점을 몇 년 전 카운셀링 강습회에서 절실히 느꼈다. 한 부부는 한 가지를 제외하고는 모든 면에서 거의 닮았다. 아내는 높은 I형이고, 남편은 낮은 I형이다. 그들은 결혼 생활을 하면서 받게 된 심한 스트레스를 잭이 직장에서 받는 심한 스트레스와 자신들의 빡빡한 재정 형편 탓으로 돌렸다.

그들의 진단 그래프를 보면서 나는 겉으로는 드러나지 않는 다른 문제가 있는 것은 아닌가 하고 생각했다. "미간, 당신은 결혼 생활에서 남편에게 거부당하고 있다고 느끼죠?" "선생님 말씀이 맞아요. 우리 결혼 생활에는 문제가 있어요."

나는 남편에게 말했다. "당신은 결혼 생활에 숨이 막힐 것 같지요?" 그러자 잭은, "그것이 우리 결혼 생활의 진짜 문제죠." 두 사람 모두 내가 그렇게 빨리 핵심을 간파할지는 생각하지 못했을 것이다.

높은 I 유형인 아내는 스트레스를 받으면 모두 털어놓았다. 그것은 남편을 숨막히게 만들었다. 남편의 스트레스 대응 스타일은 숲의 나무를 보듯이 스트레스에 대해 철저하게 생각하는 것이다. 아내가 어떻게 느꼈을지 생각해보라. 남편에게 거부당했다고 느꼈을 것이다.

"일반적으로 사람들이 어떤 행동을 하는 것은 상대방에 대한 의도가 있어서가 아니라 단지 자신을 위해서"라는 원리를 설명했을 때,

그들의 표정이 밝아지는 것을 볼 수 있었다. 그들은 긴장을 풀면서 웃었다. 그리고 모두 깊은 한숨을 내쉬었다. 이것을 새롭게 깨달은 두 사람은 상대방의 욕구를 맞추려고 노력했다.

여섯번째, 배우자의 욕구에 자신의 행동을 맞추라.
배우자가 자신의 욕구에 맞추어 변화해주기보다 자신이 배우자의 욕구에 맞추도록 변화해야 한다. 위의 부부가 서로 개인적으로 공격하려는 의도가 없었다는 것을 깨달았을 때, 그들은 아주 자연스럽게 사랑스런 관계를 갖게 되었다. 아내는 남편이 자신의 생각과 감정을 처리하기 위해 혼자 있도록 내버려두었고, 남편은 혼자 생각하는 시간을 갖고 난 다음 바로 아내에게 자신의 느낌과 생각을 이야기하기로 약속했다. 그렇게 해서 그들은 문제에 대해서 거리낌 없이 말하고, 해결 방안을 결정할 수 있게 되었다.
생각을 바꾼다는 것은 많은 사람들에게 쉬운 일이 아니다. 우리의 타고난 행동 유형이 선천적으로 잘못되었기 때문에 우리가 변해야 한다는 것은 아니다. 우리는 상대방의 모든 것을 인정하고, 지지하며, 격려해야 한다.
이러한 접근은 배우자의 욕구에 맞추기 위해 자신의 욕구를 접어두는 것을 의미한다. 이를 행할 수 있는 가장 실천적인 방법이 빌립보서 2장 3-4절에 있다.

> 무슨 일이든지 다툼이나 허영으로 하지 말고 겸손한 마음으로 자기보다 남을 낫게 여기며 자기 이익만 생각하지 말고 남의 이익도 생각하십시오(현대인의 성경).

배우자를 변화시키는 것이 목표가 아니다. 그러나 결혼은 당신을 변화시킬 것이다. 보다 덜 이기적이고, 타인 중심적이 되어 다른 사람의 욕구에 맞추려 노력하라.

마지막으로 부부는 한 팀이며, 두 사람의 차이점 때문에 더욱 강해진다는 것을 기억하라.

하나님은 부부가 서로 어울려 살아가고 함께 일을 완성하게 하시려고 함께하도록 하셨다.

하나님이 처음 남자를 만드시고, 좋지 않다고 생각하셨다. "사람의 독처하는 것이 좋지 못하니 내가 그를 위하여 돕는 배필을 지으리라"(창 2:18). 하나님은 아담을 위해 도와주는 사람으로 여자를 창조하셨다.

많은 결혼한 부부들에게 이것은 놀라운 생각이다. 나는 지금도 이런 소리를 들을 수 있다. "그러면 배우자의 약점에 대해서 기뻐할 것이라는 이야기입니까?" 그렇다. 게다가 하나님은 우리의 모든 점에 대해 기뻐하실 것이다.

만약 남편과 아내가 서로 다르다면, 둘 다 똑같은 방식으로 자녀를 다루지 않을 것이다.

최근 한 친구가 퇴근 후 집에서 일어난 일에 대해 이야기한 적이 있다. 그 날 미니밴 자동차 위에 올라가서 자동차 지붕에 못을 박고 있는 5살 난 아들을 발견했다. 그 아버지의 자연스러운 반응(D/C형)은 자동차 지붕 위에서 아이를 끌어내린 다음 다시는 이런 일이 일어나지 않도록 그 자리에서 야단을 치는 것이었다.

그는 아들을 팔에 끼고 집으로 들어가면서 아내와 마주쳤다. 그녀의 반응은(I/S형), "당신은 자동차 지붕 위에 못을 박으면 안 된다는 것을 왜 아이에게 말하지 않았지요?" 그의 응답은, "아니요! 그것은 그 애도 당연히 아는 일이잖소." 그들의 다른 스타일이 명백해졌다. 그 일로 아버지는 이 어린 목수가 12살 때까지 자기 방에서만 지내게 하고 싶어했다. 그러나 엄마는 너그러웠다.

두 부모는 같은 상황, 같은 자녀, 같은 사건을 보지만 정반대로 결론을 내렸다. 아버지는 아이를 꼼짝 못하게 하는 것이었고, 어머니는 그를 가르치는 것이었다. 자녀를 함께 양육하는 것이 혼자서 하는 것보다는 더 효과적이다. 결국 아버지는 자기 아들에게 그것이 왜 잘못된 행동인지 설명하고, 만약 그런 일이 다시 일어난다면 벌을 받게 될 것이라고 경고하면서 엄하게 타이르기로 했다.

상대방의 유사점과 차이점을 이해하고 인정하며, 고맙게 여기는 부부는 가장 효과적인 부모 역할 팀을 만든다.

차이점들을 소중히 여기라

자신과 반대되는 행동 유형을 가진 사람에게 자신을 맞춘다는 것은 쉽지 않으며, 빨리 되지도 않는다. 그러나 현실적으로 가치 있는 어떤 일처럼 관계 향상을 위해 대가를 지불하는 것은 투자할 가치가 있다.

빌과 린 하이벨스(Bill and Lynn Hybels)은 이를 간파하고는 '하느님께 정직한가(Honest to God)?'라는 책에서 그것에 대해 역설하고 있다.

우리들의 관계에 걸림돌이 되었던 우리의 차이점들이 이제는 우리의 관계를 강화시키고 있다. 우리가 그렇게 열심히 변화시키려고 했던 것을, 이제는 소중히 여긴다… 린과 내가 만약 우리가 다른 한 사람보다 더 낫거나 나쁘지 않고, 단지 다를 뿐이라는 것을 깨달았다면 좌절의 세월을 보내지는 않았을 것이다. 우리가 그 차이점들을 받아들이고 그에 대해 도덕적인 판단을 하지 않을 때, 우리는 조정할 수 있는 마음의 문을 열게 된다. 우리는 한때 불화를 일으켰던 바로 그 차이점 때문에

결국 기뻐하게 된다.[4]

카렌과 나는 서로의 차이가 단점이 아니라는 것을 계속해서 배우고 있다. 하나님께서는 그 차이점으로 우리를 더욱 강한 팀으로 만드신다.

나는 세세한 것까지 주의를 기울이는 카렌이 필요하며, 그녀에게는 그림 전체를 볼 수 있는 나의 능력이 필요하다. 나는 조직화하고 안전을 유지하는 그녀의 감각이 필요하고, 그녀는 나의 자발성이 필요하다. 그녀는 나의 보다 빠른 의사 결정 능력을 인정한다. 나는 그녀의 보다 신중한 접근 방식을 높이 평가한다. 나는 정년 퇴직을 대비한 저축의 가치를 배우고 그녀는 돈을 쓰는 일에 대해서 배우고 있다(나는 이 하나를 가지고 내가 이겼다고 확신하지는 않는다!) 가구에 대한 우리의 취향은 잘 맞물려가기 시작한다. 나는 여전히 휴식을 원하며, 그녀는 여전히 앞뜰을 꾸미고 싶어한다.

그러나 우리의 차이는 무엇을 다르게 했나? 카렌은 여성으로서, 아내로서, 어머니로서 꽃을 피워왔다. 그리고 가정생활 부부모임에서 나와 함께 얘기하기 위해 자신의 편안한 영역에서 스스로 벗어나고 있다. 나는 내게 필요한 카렌의 강점을 배우고 있다. 그녀는 나에게 결여되어 있는 삶의 수준을 가져다주었다. 그녀의 보다 조심성 있는 천성은 오랜 시간 동안 내가 좀더 세밀하게 사물을 살펴보고 느긋해지도록 상기시켜주었으며, 또한 얼마나 많이 나의 큰 짐을 덜어주었는지 이루 말할 수 없다.

우리의 차이점은 우리가 좀더 효과적인 부모 양육 팀이 되는 데 도움이 됐다. 그녀의 지원적이고 정확한(S/C) 스타일은 나의 주도적인(D) 스타일과는 좋은 균형을 이룬다. 그녀의 비교적 느린 접근 방식은 우리 가정에 안정을 주고, 나의 빠른 접근은 우리를 목적지에 좀더 빨리 도착하게 해준다.

나는 어쩌면 나와 좀더 비슷한 행동 유형을 가진 사람과 결혼을 했을 수도 있다. 그러나 나는 카렌을 만난 이래로 누군가를 그렇게 깊이 사랑한다는 것은 상상할 수도 없다. 그녀는 하나님이 나에게 주신 선물이다.

비록 그녀는 아직까지도 춥다고 실내 온도를 높이고 있지만!

1. Annie Gottieb, "The Secret Strength of Happy Marriages", *McCall's*(December 1990):94.
2. Paul Tournier, *To Understand Each Other*, trans. John S. Gilmour(Atlanta: John Knox Press, Pillar Books, 1977), 28.
3. Paula Rinehart, "Two of a Kind?" *Discipleship Journal*, no. 46(1988): 5.
4. Bill Hybels, *Honest to God?*(Grand Rapids, Mich.: Zondervan, 1990), 74.

후기

때때로 자녀 양육 워크숍이나 세미나가 끝난 후에, 어떤 부모가 다가와서는 이렇게 이야기할 수도 있다. "하지만 저는 지금 들은 대로 생각하고 싶지 않습니다. 단지 우리 애들에게 '이것을 해라'고 말하면 그렇게 하고, '저것은 하지 마라'고 하면 아이가 그대로 따르기를 바랍니다."

그것은 아주 좋은 생각이다. 그러나 불행하게도 자녀 양육은 그렇게 되지 않는다. 부모 노릇하기가 힘들다. 가정 치료사인 버지니아 새터(Virginia Satir)는 이렇게 이야기한다.

"나는 부모 역할이 이 세상에서 가장 힘들고, 가장 복잡하고, 근심 걱정이 떠날 날이 없고, 마음을 졸이게 하는 일이라고 생각한다."[1]

하지만 이야기를 마치기 전에 전체 그림을 다시 떠올리기 바란다. 부모는 자녀들의 타고난 천성에 따라서 아이들을 양육해야 한다. 또한 효과적으로 자녀들을 양육하기 위해서는 타고난 그들의 천성은 물론 그들의 독특한 성향도 알아야만 한다. 자녀의 행동 성향을 알기 위해서 우리는 자녀에 대해 배우는 학생이 되어야 한다.

내가 가장 좋아하는 척 스윈돌(Chuck Swindoll)은 작가이자 웅변가다. 그의 재치와 현명함은 10년 동안 나에게 많은 가르침과 용기를 북돋아주었다. 그는 '강한 가족(The Strong Familly)'라는 책에서 우리가 말해온 것을 힘 있게 요약하고 있다.

자녀들을 키우면서 행복하고 화목한 가정을 이루는 가장 기본적인 출발점은 자녀를 아는 것이다. 이것은 매우 의미심장한 것으로, '자녀 양육'에 대한 매우 유용한 비결이다.[2]

그는 책에서 더 의미 있는 말을 계속한다.

나는 처음 쓴 '당신과 자녀(You and Your Child)'라는 책에서 여기서 하려고 하는 것보다 더욱 상세한 몇 가지 원리들을 제시했다… 내가 그러한 생각들을 처음 책으로 출간한 지도 15년이나 지났다. 네 아이들이 어렸던 때로 돌아가자. 내가 제시했던 이 원리들은 신시아와 내가 실제 상황에 적용했을 때는 아직은 이론적인 단계에 지나지 않았다. 우리 아이 넷은 모두 이제 20대와 30대 초반이며(그 중 3명은 결혼을 해서 자기 아이들을 기르고 있다), 막내는 아직 학교에 다니고 있다. 우리 아이들은 더 이상 어린아이가 아니다. 우리가 전에 제시했던 생각들이 아직도 옳은지를 살펴볼 기회가 왔다. 나는 그 원리가 적용되는 것을 볼 수 있게 되어 너무 기쁘다. 이제 우리는 실제 매일매일의 생활 속에서 이것들을 시도해볼 수 있는 기회가 많다(지금까지 하나님의 상담 원리가 있었다는 것을 알려주게 되어 기쁘다. 이 원칙들은 잠언 22장 6절 말씀의 해석과 같다).

그리고 스윈돌은 중요한 개념을 다시 언급하고 있다.

만약 부모들이 나에게, "우리가 자녀에게 줄 수 있는 가장 큰 선물은 무엇입니까?"라고 묻는다면 나는 이렇게 이야기해주고 싶다. 그것은 자녀들과 함께 할 수 있는 일을 찾아내어 자녀와 함께 그 시간을 보내는 것이다. 자녀에게 자신이 누구인지 알도록 도와주라. 자녀들과 함께 그 일에 대해 논의하라. 자기 자신에 대해 알게 도와주어야 그 아이들은 있는 그대로의 자기 자신을 사랑하고 인정하는 것을 배운다. 그때 그들이 또 다른 모습으로 자신들을 몰아넣을 것 같아 보이는 사회로 진출할 때, 자신의 참모습을 간직하고 하나님과 함께 독자적으로 자기의 삶을 살아갈 것이다.

그는 다음과 같은 말로 결론을 내린다.

나는 안정되고 성숙한 사람을 다음 몇 마디로 평할 수 있다. 그들은 자기가 누구인지를 안다… 그들은 있는 그대로의 자신을 좋아한다… 그들은 자기 자신이다… 그들은 진실하다.[3]

이보다 누가 더 잘 설명할 수 있을까? 여기서 이야기하는 성경적인 큰 그림은 자녀를 알고, 자녀를 인정하며, 자녀가 자신에 대해 알게 하라는 것이다. 그것은 자녀를 그의 성향에 따라 기른다는 의미다. 그것은 자녀가 하나님이 계획하신 대로 자라게 하는 것이다. 이 책의 처음에서 내가 말한 것처럼, 이 페이지들에서 토의해온 것보다 더 많이 자녀 양육에 대해 이야기했다. 그러나 당신은 이제 시작해야 한다.

어떻게 실제로 당신의 의무를 수행할 수 있는가? 나는 DISC 행동모델이 부모들에게 자녀들에게서 발견되는 행동 경향을 설명할 수 있는 언어를 제공해준다고 믿는다. 쉽게 이해할 수 있을 것이다. 그것은 부모에게 어떻게 자녀들의 요구에 맞출 수 있는가에 대한 통찰력을 제공한다.

하나님께서 디자인하신 대로 자녀 양육은 시간과 노력, 무엇보다도 열망이 필요하다. 그러나 이 아이디어와 원리들은 실행될 수 있다. 나는 우리 모두가 노력할 가치가 있다고 믿는다.

1. Virgina Stir, *Peoplemaking*(Palo Alto, Calif.: Science and Behavior Books, 1972), 197.
2. Charles Swindoll, *The Strong Family*(Portland, Ore.: Multnomah Press, 1991), 61.
3. Ibid., 66-67.

부록 A

자녀에게 비추어줄 수 있는 40가지 행동 강점

11장에서 논의한 바와 같이 자녀의 자아상은 부모가 비추어주는 것에 의해 크게 좌우된다. 부모가 해야 할 일은 자녀의 긍정적인 자질을 강화시키는 것이며, 그것은 하나님이 그를 위해 계획해두신 강점을 알도록 설명해주고 칭찬해줌으로 가능하다.

이 장에서 D, I, S, C 유형별로 10가지씩, 40가지의 행동 특성을 살펴보게 될 것이다. 각각의 행동 특성을 가진 자녀나 다른 사람에게 확신을 심어주기 위해 사용할 수 있는 격려의 말들이 첨부되어 있다. 이것은 자녀에게 말하는 듯이 제시되어 있다. 또한 자녀를 훈계할 때 사용할, 과도하게 쓰면 약점이 되는 몇 가지를 간략하게 언급했다.

자녀를 격려해주는 이런 말을 사용할 기회를 매일 찾아보라. 이것은 몇 가지 사례일 뿐이다. 마법의 공식은 없다. 사례를 보고 자신의 방법을 개발하라.

무엇을 말했는가가 아니라 어떻게 말했는지를 자세히 살펴보라. 이 행동 특성이 자녀의 미래에 어떻게 도움이 될지 알게 될 것이다. 또한 균형 잡힌 강점에 대해서도 언급해놓았다. 서술적으로 칭찬할 때는 말하는 양식을 다양하게 하여 당신의 격려가 틀에 박힌 것같이 들리지 않게 하라.

자녀의 주된 행동 유형만 집중하여 읽지 말고 40가지 강점을 모두 읽어보라. 모든 사람은 4가지 DISC 행동 경향을 모두 가지고 있음을 기억하라. 만약 자녀가 강한 I형이라면 D형에 열거된 특징들도 역시 주의를 기울이는 것이 좋을 것이며 다른 경우도 마찬가지다.

인간의 행동은 고정적이지 않기 때문에 때때로 자녀가 다른 유형의 행동 특성을 보이는 경우도 있다. 이런 경우에는 그 행동을 기록해두라. 자녀에게 자연스럽지 않은 영역에서도 기술을 개발시킬 수 있음을 알게 하라.

다음 내용 가운데 많은 것은 웨스 닐(Wes Neal)의 두 저서인 '프로파일 이해하기 위한 70가지 긍정적 특성(Seventy Positive Qulities for the the Profile of Appreciation)' 과 '약점을 강화하기(Turning Weakness into Strengths)' 에서 인용하였다. 그의 저술을 인용할 수 있게 허락하신 웨스 닐 씨에게 깊이 감사드린다.

생활에서 칭찬할 만한 D형 특성

● 고집스러움

 남들은 망설이거나 다른 길을 찾는 상황에서 당신은 행동을 취할 수 있다. 당신은 고집이 있기 때문에 어떤 것을 하라는 얘기를 반복해서 듣지 않아도 도전에 직면할 수 있다. 사실 당신은 어려운 과제를 수행할 때 쾌감을 느낀다. 당신은 어려운 과제를 당신의 능력을 확장하는 기회로 생각한다.

 다른 사람의 감정을 헤아리면서 균형이 잡힐 때 당신의 고집은 큰 강점이 된다. 특히 다른 사람의 어려움을 해결하기 위하여 고집을 사용할 때 강점이 된다.

 ▶ 이 강점이 지나칠 때의 약점: 사려 없음, 타인의 감정 이해 부족.

● 결단력 있음

 결단력은 성취하는 사람들에게 공통적으로 있는 큰 강점이다. 그것은 무언가를 하기로 결심하면 그것을 이룰 때까지 중단하지 않는다는 것을 의미한다. 수많은 난관이 있겠지만 결단력은 일을 끝내거나 우회하거나 정면 돌파해낼 방법을 찾아낸다.

 결단력의 기본 원칙은 당신이 일을 하기 위해 더 나은 아이디어와 방법에 마음을 열어두는 것이다. 그리하여, "나는 애초의 내 계획을 무슨 일이 있어도 고수하겠다"라고 말하는 완고한 사람과는 달리 당신이 그 일을 성취하는 데 도움이 될 계획과 아이디어에 대해 수용적이다.

당신의 결단력은 다른 사람에게 영감이 될 수 있다. 그것은 하나님께서 장애물 주위의 길을 보도록 그 사람의 마음을 예리하게 하실 수 있음을 보여준다.

▶ 이 강점이 지나칠 때의 약점: 거만함, 횡포를 부림, 완고함.

● 근면함

당신은 착수한 일을 끝내기 위해 열심히 노력한다. 어떤 사람들은 좋은 계획으로 일을 시작하지만 끝까지 완성을 해내는 능력이 부족하다. 당신은 완성될 때까지 계속 일을 추진해갈 수 있다.

그것은 당신이 최상의 능력으로 일을 해낼 수 있다고 믿기 때문이다. 이 강점은 당신이 시작한 어떤 일에서도 성공할 수 있도록 해주는데, 목표를 달성할 때까지 멈추지 않기 때문이다.

▶ 이 강점이 지나칠 때의 약점: 편협한 사고, 지나친 자기 이익 추구, 느긋하지 못함.

● 용감함

당신은 해야 한다고 믿는 행동을 추구한다. 위험에 직면해서는 두려움을 느낄 수도 있지만, 옳다고 믿는 것은 지속적으로 한다.

다른 사람들은 일단 출발은 하지만 위험이나 어려움에 직면하면 중도에 포기한다. 당신은 그렇지 않다. 당신은 필요하다면 홀로 서 있을 수 있는 신념과 의지가 있다. 하나님이 당신에게 주신 용기가 충분한 사고와 균형을 이루면 주위 사람들에게 영감(靈感)이 될 것이다.

▶ 이 강점이 지나칠 때의 약점: 무모함

● 단호함

　의심 때문에 이리저리 흔들리는 사람들과는 달리 당신은 단호하다. 당신은 모든 사실들을 재어보고 최선책이라고 믿는 것에 근거하여 선택하는 능력이 있다.

　단호하다는 것이 언제나 결정을 빨리 내린다거나 쉽게 결정을 내린다는 것을 의미하는 것은 아니다. 결정을 내릴 때 당신은 전진하는 것만을 생각할 뿐 뒤돌아보거나 이리저리 다시 생각할 필요를 느끼지 않는다는 것이다. 만일 결정이 잘못된 것으로 판명되면 당신은 그것을 실수로 받아들이고 그것으로부터 배울 줄 안다.

　이러한 특성 때문에 미래에 함께 생활하고 일하는 사람은 당신에게서 안정감과 확신을 느낄 수 있다. 다만 사람들이 그들에게 영향을 미치는 의사 결정 과정에 참여하고 싶어한다는 것을 명심하라.

　▶ 이 강점이 지나칠 때의 약점: 완고함, 지나치게 독립적임.

● 목표 지향적임

　목표 의식이 뚜렷하다는 것은 모든 성취자의 능력이다. 그것은 당신의 행동이 방향성을 주는 능력을 가졌음을 의미한다. 당신은 무의미하게 에너지를 낭비하지 않는다. 무언가 성취하기 위해 행동한다.

　당신은 얻고 싶은 결과를 알고, 그 목표에 도달하기 위한 행동을 계발하며 마침내 그것에 도달하는 능력이 있다. 다른 사람들도 그들이 하고 싶은 일에 대해 이야기한다. 그러나 당신은 말보다는 행동으로 말하고 그 '결과'를 얻는다.

　당신은 목표를 가지고 당신의 에너지와 행동을 자신이 이루고자 하는 쪽으로 향한다. 당신은 목표 지향적인 사람이기 때문에, 행동을 위해 필요한 모든 자원을 활용한다.

▶ 이 강점이 지나칠 때의 약점: 유연성 없음, 과도하게 밀어붙임.

● 고집스럽게 지속함

당신에게는 고난을 견디고 장애를 극복하는 능력이 있다. 사람들은 일이 힘들면 참는 데 한계를 느낀다. 어떤 사람들에게는 그 한계 시점이 일을 시작한 직후에 찾아오지만 당신은 그렇지 않고 잘 참아낸다.

당신은 지치거나 때때로 그만두고 싶은 때에도 계속 추진해가는 능력이 있다. 어느 정도는 자신이 원하는 것을 성취할 능력이 있고, 혹은 자신의 장점을 찾기 위해, 하나님께 자신을 의지할 수 있다.

▶ 이 강점이 지나칠 때의 약점: 지나친 경쟁, 느긋하지 못함.

● 주도적, 앞으로 전진함

주도적이고 앞으로 전진한다는 것은 솔직하고 다른 사람들의 앞에 선다는 것을 의미한다. 당신이 무엇을 생각하고 말하는지 그들은 의아해하지 않는다.

어떤 사람들은 다른 사람들이 듣기 원하는 것을 말하거나 혹은 의도적으로 돌려 말하지만, 당신의 솔직한 대화는 분위기를 새롭게 하는 장점이 된다. 사람들은 당신이 말한 의미를 믿을 수 있다. 당신의 이 장점을 요령 있고 부드럽게 표현하면 다른 사람들은 당신이 남들을 대신해서 총대를 메는 것을 고맙게 여긴다.

▶ 이 강점이 지나칠 때의 약점: 요령 없음, 무딤, 거칠고 예의 없음.

● 자신감 있음

　당신은 자신의 능력을 안다. 자신이 할 수 있는 것과 할 수 없는 것을 잘 안다. 당신은 자신감이 있기 때문에 다른 사람들에게 가치 있는 기여를 할 수 있다고 믿는다. 당신은 자신의 장점을 관심 있는 분야에서 구분해서 사용할 수 있다는 것을 안다.

　자신감은 다른 사람들이 어떻게 생각하는지 두려워하지 않고 무엇이든 자신이 하는 일에 최상의 노력을 하게 한다. 그 점이 당신을 실수하게 만들기도 한다. 그러나 당신은 실수를 개의치 않는다. 그 때문에 성공할 수도 있다. 진정한 겸손함에 균형을 맞추고 자신감을 보일 때 다른 사람들에게 진정한 격려가 된다.

　▶ 이 강점이 지나칠 때의 약점: 자만함, 건방짐.

● 문제 해결 능력이 있음

　당신은 빠르고 효과적으로 문제를 해결할 수 있다. 어떤 사람들은 잠재적 어려움이 있는 문제는 피한다. 그러나 당신은 그렇지 않다. 그것은 당신이 일을 어렵게 보기 보다는 단지 문제 해결 방식을 다르게 보기 때문에 가능하다.

　어려워서 피하는 사람들은 문제를 거의 혹은 전혀 해결할 가치가 없다고 본다. 기지가 있는 당신은 문제를 기회로 여긴다. 당신은 해결책을 찾는 데 기지를 발휘한다. 혹은 자신의 방식으로 문제를 다루기 위해 궁리한다. 당신은 매우 훌륭한 문제 해결사이다. 이 세상에서 그것은 당신이 소유한 귀중한 장점이다.

　▶ 이 강점이 지나칠 때의 약점: 지나치게 독립적임, 지나치게 책략적임.

생활에서 칭찬할 만한 I형 특성

● 대인 관계가 원만함

당신은 대인 관계를 중시하는 사람이다. 당신은 친구들을 좋아하고, 그들 또한 당신을 좋아하기 원한다. 당신은 정말로 다른 사람들에게 인정받고 싶어한다.

어떤 사람은 남들에게 주목을 받으면 불편해한다. 그러나 당신은 그렇지 않다. 당신은 다른 사람들 앞에 섰을 때, 생기가 넘친다. 당신은 즐기고, 사람들을 웃게 만들며, 다른 사람들과 재미있게 지내는 것을 좋아한다. 남들과 함께 지내는 것은 당신에게 즐거움 이상이다.

당신은 사람들을 모으는 능력이 있다. 심한 갈등이 있을 때, 당신은 사람들이 서로 잘 지내도록 사람 사이를 연결하는 다리 역할을 한다.

다른 사람들이 당신이 옳지 않은 일을 하도록 강요할 때 당신이 믿는 것을 확고히 지키는 한, 당신의 장점은 그들에게 굴복당하지 않고 다른 사람들을 설득하는 능력이 된다.

▶ 이 장점이 지나칠 때의 약점 : 다른 사람들이 말하는 것에 지나치게 의존함, 동료 집단의 압력에 쉽게 굴복함, 지키지 못할 약속을 함.

● 좋은 의사 소통자

당신은 말하는 것을 어려워하지 않는다. 당신은 생각과 의견, 아이디어를 표현하는 재능이 있다. 당신은 분명한 태도로 자신을 표현하는 능력이 있다. 다른 사람들은 쉽게 당신의 생각과 아이디어들을 이해할 수 있다.

긍정적인 대화는 긍정적인 대인 관계 형성에 중요하다. 그것은 다른 사람들의 삶에 영향을 미치는 매우 강력한 자산이다. 당신의 대화 능력은 다른 사람들에게 당신의 생각과 아이디어가 가치가 있다고 설득시킨다. 또한 다른 사람들의 생각을 구체적으로 정리하도록 도와준다.

▶ 이 강점이 지나칠 때의 약점: 너무 말이 많음, 다른 사람들이 얘기할 때 끼여들거나, 남의 이야기를 경청하지 못함.

● 다른 사람을 격려함

당신은 사람들과 가까워지는 데 능숙하다. 당신의 진실한 말과 돕는 행동은 다른 사람들의 사기를 높인다. 사람들이 가끔 저기압일 때는 당신과 같은 사람을 필요로 할 때다. 당신은 자신의 문제들을 잊고 다른 사람들이 일을 잘할 수 있도록 돕는 능력이 있다.

격려의 형태는 다양하다. 때때로 당신은 다른 사람들을 세우기 위해 격려하고 칭찬한다. 당신은 필요할 때 다른 사람을 돕기 위해 행동한다. 당신은 누군가를 이해하려고 시간을 같이 보낸다. 당신의 격려는 많은 사람들에게 신선한 공기를 호흡하게 한다.

▶ 이 강점이 지나칠 때의 약점: 진지하지 않은 찬사를 보냄.

● 표현력이 풍부함

당신은 표현 능력이 있어 다른 사람들을 분명하게 이해시킬 수 있다. 어떤 사람은 요점을 이해시키기 위해 평이한 속담과 어휘를 사용한다. 거기에 비해 당신은 예술가의 캔버스를 이용한다. 그래서 당신의 이야기를 듣는 사람들은 당신이 말하는 내용의 그림을 상상하면서 듣게 된다.

당신은 요점을 강조하기 위해 제스처를 잘 쓴다. 당신의 감정은 얼굴에 잘 드러나고, 감정에 따라 목소리의 높낮이도 쉽게 올라가고 내려간다. 이 모든 것은 당신이 말하는 것을 사람들이 쉽게 머릿속으로 그릴 수 있게 하여 이해를 돕는다.

진심을 말할 때 감정을 교류하는 것은 큰 장점이다. 사람들은 간단한 단어보다 서술적인 그림을 더 잘 이해한다. 당신의 표현력은 다른 사람들에게 삶을 풍요롭게 보게 한다.

▶ 이 강점이 지나칠 때의 약점: 과장함

● 유머가 있음

당신은 어떤 상황이든 밝은 면을 보고 그것에서 유머를 찾는다. 훌륭한 유머 감각을 가진 당신과 같은 사람이 주변에 있으면 재미있다. 사람들이 당신을 좋아하는 것은 농담을 잘하기 때문이 아니라, 유머 감각을 지닌 사람들은 대체로 적극적인 태도를 가지고 있기 때문이다.

유머는 다른 사람들을 느긋하게 해서 긴장을 덜어준다. 당신은 사람들을 약간 느슨해지도록 돕는다. 또한 하나님이 우리에게 웃음이란 선물을 주심으로 무엇을 하시는지 배운다.

▶ 이 강점이 지나칠 때의 약점: 신랄하게 말함, 진지하게 일해야 할 때도 가볍게 넘기려 함(문제의 심각성을 무시하기 위해 유머를 사용한다).

● 상상력이 풍부함

당신은 활동적이고 창조적이며 상상력이 풍부하다. 당신은 마음속으로 어떤 것에 대한 상상을 잘 해서 아무것도 명백한 것이 없을 때도 분명히 그것을 볼 수 있다. 상상력이 풍부한 사람들은 훌륭한 예술 작품, 문학 작품, 드라마를 창조해왔다. 그들은 기계를 발명하고 우리의 삶을 개선시켜온 새로운 아이디어들과 프로젝트들을 수행해왔다.

상상은 발명의 어머니다. 아이디어는 새로운 개척지를 연다. 상상은 아직 계획되지 않은 다가올 가능성을 보게 해준다.

상상력은 우리들에게 큰 선물을 가져다줄 수 있다. 하나님은 당신에게 단순히 있는 그대로가 아니라 될 수 있는 가능성을 보는 능력을 주셨다.

▶ 이 강점이 지나칠 때의 약점: 몽상가, 현실감을 잃음.

● 열정적임

당신은 원하는 것을 추구하는 데 자신의 온 관심과 노력을 기울이며 열정적으로 활동한다. 당신은 누구보다 열정적으로 살기를 원한다. 당신은 매일 똑같은 삶을 살기보다 삶이란 자신이 중요하다고 믿는 것을 다른 사람들에게 표현하는 하나의 기회로 본다.

당신은 성격이 급한 편이다. 당신은 자신이 원하는 것을 선택할 자유를 원한다. 자유는 열정을 갖게 하고 얼굴에 미소를 띠게 한다.

이 장점 때문에 당신은 많은 사람들의 삶에 좋은 영향을 미친다. 그것은 다른 사람들에게 자신이 하는 일을 긍정적으로 보고 느끼도록 도와준다.

▶ 이 강점이 지나칠 때의 약점: 무질서함, 객관성의 부족.

● 설득력 있음

당신은 다른 사람들로 하여금 당신의 아이디어, 혹은 행동에 동의하도록 설득하는 능력이 있다. 그런 설득의 결과로써 다른 사람들은 새로운 태도로 바꾸거나 행동을 한다.

위대한 지도자들은 설득력 있는 사람들이다. 그들은 다양한 배경과 태도를 가진 다른 사람들을 특정한 목적을 달성하기 위해 함께 노력하게 한다. 당신은 리더십의 중요한 요소를 가지고 있다. 이 설득력을 긍정적으로 사용하면 많은 사람들은 이 능력을 필요로 할 것이다.

▶ 이 강점이 지나칠 때의 약점: 교묘히 조종하는, 거만함.

● 낙천적, 긍정적임

당신은 사람들과 상황에서 최선책을 찾는다. 그것을 낙천적이라고 한다. 낙천적인 사람은 모든 상황에서 최선의 가능한 결과를 찾고 실제로 기대한다.

많은 사람들은 부정적으로 생각한다. 또 그들은 어려운 상황에 직면할 수도 있는 예상 문제에 너무 초점을 맞춘다. 그러나 당신은 희망적으로 생각하고 기대한다. 심지어 가망성이 보이지 않을 때도 쉽게 좌절하지 않는다. 낙천주의는 사실에 대한 주의 깊은 연구와 연결될 때, 평범하게 일하는 대신에 최선의 노력으로 일하도록 다른 사람을 격려한다.

당신도 다른 사람들처럼 잠시 동안 부정적인 생각을 할 수 있다. 모든 곤란한 상황에서 긍정적인 점만 있지는 않을 것이다. 그러나 전반적으로 당신은 어려운 상황에서도 낙관적으로 노력하는 사람이다. 당신의 긍정적인 접근 방식은 새로운 계획을 세우는 토대가 된다. 그것은 다른 사람들의 사기를 높이는 데 도움이 된다.

▶ 이 강점이 지나칠 때의 약점: 이상주의적, 비현실적, 객관성의 부족, 사실에 직면했을 때조차도 지나치게 감정적임, 느낌을 강조하기 위해서 사실을 무시함.

● 자발적, 융통성 있음

　당신은 활동을 즐기고 자발적으로 어떤 일에 뛰어들 수 있다. 어떤 사람은 미리 활동 계획을 세운다. 미리 계획하는 것은 좋다. 그러나 박차를 가할 순간에 행동하는 것이 더 나을 때가 있다. 당신은 이렇게 하는 데 솜씨가 있다.

　당신은 새롭고 다른 어떤 것을 시도하려는 모험을 즐긴다. 당신은 만약 일이 당신의 방식대로 되지 않는다 하더라도 개의치 않는다. 당신은 단지 '흐름에 따라' 일을 하고 그것에 최선을 다한다. 당신은 사소한 일로 수렁에 빠지는 것을 원하지 않는다. 당신은 자발적으로 행동하고 예감대로 탐험하는 것을 좋아한다. 이 때문에 당신은 함께 있으면 즐거운 사람이 된다.

▶ 이 강점이 지나칠 때의 약점: 충동적, 긴급하게 대처하지 못함, 무질서함.

생활에서 칭찬할 만한 S형 특성

● 수용적임

 당신은 다른 사람이 자신에 대해 좋게 느끼도록 도울 수 있다. 그들은 당신과 함께 있을 때 자신을 꾸밀 필요가 없으므로 편안해하고 당신에게 신뢰받을 수 있다는 것을 안다.

 당신은 사람을 있는 그대로 받아들이므로 다른 사람의 실수에도 너그럽다. 사람들은 실패가 수용되어질 때 모험한다. 모험은 그들에게 보다 위대한 것들을 성취할 기회를 준다. 당신은 다른 사람들을 받아들임으로써, 다른 사람들이 성공할 수 있는 토대를 닦아준다.

 ▶ 이 강점이 지나칠 때의 약점: 확신이 부족함, 너무 느긋함.

● 만족함

 사람들은 자신의 일에 만족하고 싶어하지만, 실제로 쉽게 만족하지 못한다. 어떤 사람들은 스스로 높게 설정해놓은 기준들 때문에 무엇을 성취해도 늘 불만스러워한다.

 심지어 문제가 있을 때에도 만족한다는 것은 당신이 다른 사람들보다 긍정적이며 또 실제로 문제 안에서도 좋은 점을 본다는 것을 의미한다. 이것은 다른 사람들에게 편안함을 준다. 당신은 매일매일의 삶에서 장미 향기를 맡게 해준다.

 ▶ 이 강점이 지나칠 때의 약점: 게으름, 동기가 낮음, 주도성 부족함.

● 도움을 주려 함

우리는 자신의 일에 사로잡혀서 다른 사람들이 도움을 필요로 할 때 모르고 지나치기 쉽다. 그러나 당신은 다른 사람을 도와주기 위해 자신의 일을 뒤로 미루기도 한다. 어떤 개인적인 보답을 받기 위해서가 아니라 그 사람이 도움을 필요로 한다는 것을 알기 때문에 기꺼이 도와준다. 비록 그가 감사하는 태도를 보이지 않는다 하더라도 당신은 그 사람을 위해 최선을 다한다.

사람들에게 가장 인상 깊은 사람은 도움의 손길을 내미는 사람이다. 다른 사람들은 당신이 그들에 대해 관심을 가지고 돌본다는 것을 안다. 당신의 관심은 다른 사람을 격려하는 것이다. 이 세상은 당신처럼 기꺼이 남을 도우려는 사람이 필요하다.

▶ 이 강점이 지나칠 때의 약점: 지나치게 남의 편의를 잘 봐주는, 구원자

● 협동적임

협동적이라는 것은 다른 사람들과 호의적으로 함께 일하는 능력이 뛰어나다는 것을 의미한다. 당신은 전체에 기여할 만한 좋은 아이디어를 가지고 있어도 그것을 표현하는 데 주도적이지 않으며, 다른 사람에게도 좋은 아이디어가 있다고 믿는다. 남들이 어떤 것을 원하는지 알면 최상의 결과를 얻기 위해 기꺼이 개인적으로 희생한다.

당신은 팀의 일원으로 훌륭히 일하는 사람이다. 당신은 보통 따로 일하는 것보다 함께 일할 때 더 많이 성취한다. 당신의 협동할 수 있는 능력은 그룹 프로젝트를 수행할 때 최상의 결과를 얻는 데 도움이 된다.

▶ 이 강점이 지나칠 때의 약점: 여린 성격, 지나치게 편의를 봐줌, 단호하지 못함, 너무 쉽게 포기함.

● 부드러운, 동점심이 있음

　다른 사람이 상처 입으면 당신도 상처 입고, 다른 사람이 행복해하면 당신도 행복해진다. 당신은 다른 사람이 경험하고 겪는 것을 공감할 수 있다. 사람들은 자신을 이해하는 사람과 함께 있는 것을 좋아하기 때문에 그들은 당신과 함께 있을 때 편안함을 느낀다.

　당신은 단순히 다른 사람을 동정만 하지 않고, 그들의 기분이 좋아지도록 도울 것이다. 당신은 단지 함께 있기만 해도 슬픔을 겪고 있는 사람에게 상당한 위로가 될 수 있다.

　▶ 이 강점이 지나칠 때의 약점: 쉽게 영향을 받음, 지나치게 다른 사람들의 문제로 짐을 짐.

● 유순함, 순종적임

　따르는 사람과 지도자, 모두 이 장점을 가져야 한다. 순종하는 것은 당신의 권위자(부모, 교사, 직장 상사 등)들에 의해 설정된 경계선을 수용하는 태도를 취한다는 것을 의미한다.

　당신은 상사가 결정한 모든 것에 동의하지는 않아도 주어진 책임과 과업을 수행하는 데 최선을 다한다. 사회에서의 유순함은 다른 사람에게 어떤 영향을 미치는가에 상관없이 한 개인을 영화롭게 한다. 당신은 어떤 권위 구조 아래서 어떻게 일이 부드럽게 되어져야 하는가에 대한 모범을 보인다.

　▶ 이 강점이 지나칠 때의 약점: 잘 속음, 의지가 약함, 개인의 책임감을 타협함.

● 남의 이야기를 잘 들어줌

당신은 말하기보다는 듣기를 좋아한다. 당신은 다른 사람들이 말하는 것에 주의를 기울인다. 당신은 말하기 전에 생각해서 말하므로 다른 사람이 이미 말한 것을 보완한다.

다른 사람과의 관계를 개발시키는 데 이것은 훌륭한 장점이다. 어떤 사람은 자기가 말하는 것을 좋아해서 다른 사람의 말을 경청하지 않는다. 그들은 자신이 말할 기회를 기다린다. 다른 사람에게 귀 기울이는 이 장점을 다른 사람의 말에 잘 응답하는 것과 균형을 맞춘다면, 다른 사람들은 당신에게서 인정받는다고 느낄 것이다.

▶ 이 강점이 지나칠 때의 약점: 의사 소통이 활발하지 못함.

● 안정적임

당신은 일상적이고 친숙한 방식의 일을 할 때 편안해한다. 반면 너무 빠른 변화에 불안을 느낀다.

하루가 다르게 급변하는 세상에서 항상 현 상태를 유지하는 것은 불가능하다. 당신의 안정적인 기질이 올바른 상황 속에서 어느 정도의 융통성과 균형을 이룬다면 당신이 효과적으로 변화하는 데 도움이 될 것이다. 안정적인 당신의 강점은 우리의 삶이 폭풍우를 만날 때 돛이 될 수 있다.

▶ 이 강점이 지나칠 때의 약점: 변화나 새로운 아이디어에 저항함, 융통성 부족, 고집스러움.

● 겸손함

겸손하다는 것은 당신이 말하거나 행동할 때 남들의 주목을 받고 싶어하지 않는다는 것을 의미한다. 당신은 자신이 성취한 것보다 다른 사람이 성취한 것에 대해 얘기하는 것을 더 편하게 여긴다. 당신은 개인적으로 인정받기 원하지 여러 사람 앞에서 공개적으로 인정받는 것을 부담스러워한다. 당신같이 겸손한 사람은 자기를 드러내기 좋아하는 세상에서 매우 신선하다.

> ▶ 이 강점이 지나칠 때의 약점: 찬사에 저항하거나, 칭찬을 무시함. 자신의 능력을 평가 절하함.

● 신뢰할 수 있음

당신은 무엇을 할 것이라고 말하면 그대로 실행한다는 것을 다른 사람들은 믿을 수 있다. 그렇게 하기에는 형편이 나쁠 때도 당신은 최선을 다한다. 사람들은 당신을 믿는다. 그들은 당신이 책임감 있는 태도로 자신의 의무를 다한다는 것을 안다. 사람들은 당신이 한다고 말한 것에 대해 끝까지 해낸다는 것을 안다.

만약 어떤 상황 때문에 당신이 약속한 바를 지키지 못할 때, 당신은 미리 적절한 사람에게 그 사실을 알린다. 당신은 비록 하는 일이 일상적이고 반복적이어도 성실하게 노력한다.

당신은 개인적인 희생이 요구되는 어떤 사람이나 일에도 변함없이 충실하다. 당신은 한마디로 '여간해서는 기억에서 사라지지 않는' 팬 일 것이다. 시민으로는 애국자로 불릴 것이다. 당신의 헌신하는 강점은 함께 일하는 사람들에게 격려가 된다. 언행이 일치하는 당신을 다른 사람들은 신뢰한다.

> ▶ 이 강점이 지나칠 때의 약점: 지나치게 남의 편의를 봐줌, 쉽게 이용당함.

생활에서 칭찬할 만한 C형 특성

● 분석적임

분석적인 것의 장점은 어떤 사람이나 상황을 잘 살피고, 그 둘 다의 장점과 약점을 안다는 것이다. 일반적으로 사람들은 사람과 상황을 알아채는 데 어려워하지만 당신은 쉽게 사람과 상황을 인식할 수 있다.

어떤 사람의 약점을 지적할 때와 침묵을 지킬 때를 구별하고 적절하게 균형을 맞추면, 당신의 분석적인 장점은 일이 잘되게 하는데 효과적이다. 모든 계획 위원회는 어떤 상황의 긍정적인 것과 부정적인 것을 재빨리 파악할 수 있는 분석적인 사람을 필요로 한다. 사람들은 자신의 장점을 볼 수 있도록 도와주는 당신 같은 분석적인 사람이 필요하다.

▶ 이 강점이 지나칠 때의 약점: 지나치게 비판적, 냉소적, 지나치게 분석적임.

● 호기심이 강함

당신에게는 탐구 정신이 있다. 당신은 어떤 것이 작동하는 것을 보는 것만으로 만족하지 않는다. 당신은 그것이 어떻게 작동하고 왜 작동하는가를 알기 원한다.

정해진 대답보다는 다른 대답들을 찾는다. 당신은 새로운 길을 찾는 탐구 정신이 있다. 당신과 같은 호기심 많은 사람들 때문에 과학, 의학, 기술에서 상당한 진보가 이루어졌음을 감사한다. 호기심은 다른 사람들의 욕구에 대한 민감성과 균형을 이루면 다른 사람을 이롭게 하는 새로운 방식을 찾아내는 훌륭한 장점이다.

▶ 이 강점이 지나칠 때의 약점: 너무 많은 질문을 함, 상대방이 심문당하는 것처럼 느낄 수 있음.

● 주의 깊음

당신은 자신의 방식으로 자신이 원하는 시간에 일하기를 좋아한다. 당신은 일을 철저하게 생각하고, 가능한 선택 대안을 평가한다. 행동을 취하기 전에 예상 결과를 평가한다. 주의깊게 생각하므로 당신은 성급하고 현명하지 못한 결정을 피하게 해준다.

이 장점은 다른 사람으로 하여금 당신이 원하지 않는 일을 할 준비가 되기 전에 하도록 강요하지 못하게 한다. 이 때문에 미래에 골치 아픈 일에 휘말리는 것을 예방할 수 있다.

▶ 이 강점이 지나칠 때의 약점: 비사교적임, 용기가 부족함, 회의적임, 믿지 못함.

● 양심적임

당신은 열심히 일하고 모든 면에서 뛰어나려고 노력한다. 또한 핵심적인 세부 사항에 주의를 기울이며 과제를 정확하게 실행하는 것을 즐긴다. 당신은 일이 제대로 되었는지 확인하고, 일의 끝마무리를 잘한다.

이런 강점 때문에, 당신은 어떤 기획 팀에서든 귀중한 자산이 된다. 당신은 실행에 옮기기 전에 계획이 먼저 완성되야 한다고 주장한다. 어떤 사람은 일을 빨리 진행시켜야 하기 때문에 먼저 계획해야 한다는 당신의 주장을 못마땅해할지도 모르지만, 결국은 당신의 접근 방법이 현명하다는 것을 알게 된다.
▶ 이 강점이 지나칠 때의 약점: 근심 걱정이 지나침, 완벽주의적임.

● 객관적임

당신은 어떤 문제나 결정 사항에 대해 다양한 측면을 보는 능력이 있다. 당신은 사실을 분별하고 감정과 주관적 견해를 분류해낼 수 있다. 또한 자신을 반대하는 사람들의 감정과 관점까지 이해할 수 있다.

이 강점 때문에 당신은 문제와 관련된 모든 측면을 조심스럽게 따져본다. 이것은 어떤 집단에서든지 소중한 자산이다.
▶ 이 강점이 지나칠 때의 약점: 감정에 민감하지 못함, 정서적 반응이 부족함.

● 분별력 있음

당신은 사람과 상황 모두를 잘 이해한다. 겉모습과 즉각적인 인상을 주는 것이 매우 강조되는 세상에서 당신은 단지 어떤 것이 그럴 듯해 보인다거나 누군가의 말이 그럴 듯하게 들린다고 해도 미혹되지 않는다.

당신은 겉으로 드러난 사실뿐만 아니라 이면에 숨겨진 사실을 파악하는 능력이 있다. 이 직관력으로 당신은 진실을 이해할 뿐만 아니라 무엇이 올바른 것인지 알려준다. 이 강점이 성경의 원칙에 의해 다듬어질 때 큰 잠재력에 도달한다. 이러한 강점은 다른 사람들과 일을 할 때 큰 기여를 할 수 있다. 당신이 만나는 사람이나 직면하는 상황에 대해 취할 수 있는 더 나은 행동을 파악하도록 깊이 생각하라.

이 강점은 서로 이해하지 못하고 지내는 사람들을 돕는 데에 사용될 수 있다. 당신은 그룹 모임에서 가치 있는 사람이다.
▶ 이 강점이 지나칠 때의 약점: 다른 사람들이 당신의 결론에 이르는 논리나 과정을 좇아가기가 어려울 수 있음.

● 진지히고, 준비성 있음

당신은 책임지고 해야 할 일을 진지하게 받아들인다. 당신이 하기로 선택한 것에 대해 최선의 노력을 기울인다. 좋은 결과는 우연히 얻어지지 않기 때문에 최선의 노력으로 준비한다. 당신은 과제를 성취하기 위해 시간, 재능, 노력과 관련하여 미리 계획을 세운다. 당신의 준비성과 계획성은 다른 사람들에게 확신을 준다. 왜냐하면 그들은 당신이 깊이 생각하고 행동한다는 것을 알기 때문이다.
▶ 이 강점이 지나칠 때의 약점: 완벽주의적임, 과제를 완수하는 데 너무 많은 시간을 요함.

● 자제력 있음

자제력이 있다는 의미는 당신이 감정과 행동을 끊임없이 점검하며 다른 사람이 감정적으로 폭발할 때에도 냉정한 이성을 유지할 수 있다는 것을 의미한다. 당신은 욕구를 잘 조절하며, 당신에게 해로운 것에 대해서 거절할 수 있다.

자신이 원하는 방향으로 에너지를 모으는 데 자제력이 필요하다. 성공한 사람들은 자신이 설정한 목표를 성취하기 위해 이러한 자질을 훈련한다.
▶ 이 강점이 지나칠 때의 약점: 감정이 무딤.

● 근면함

　근면하다는 것은 일을 열심히 한다는 것을 뜻한다. 어떤 사람은 일 자체보다는 휴가를 위해 열심히 일하기도 하지만, 당신은 그렇지 않다. 당신은 쉬운 방법을 찾지 않으며, 열심히 일하면 결국은 보상받는다는 것을 안다. 당신은 능력이 닿는 한 최선을 다해 일한다.

　근면함 때문에 당신은 시작한 어떤 일에서도 성공한다. 왜냐하면 당신은 성취할 때까지 꾸준히 노력하기 때문이다. 끈기 있는 사람을 필요로 하는 일에서 당신의 가치는 인정받는다.

　▶ 이 강점이 지나칠 때의 약점: 자신과 남에게 지나치게 요구가 많고 엄격함(이것은 말로 표현되기보다 마음 속에 숨겨져 있을 수 있다).

● 일을 정확하게 함

　당신은 높은 기준을 유지하고 싶어한다. 당신은 최선을 다하며 어떤 실수도 원치 않는다. 일을 '제대로' 하는 것은 당신에게 중요하다. 이 강점을 자신과 다른 사람이 가끔은 실수할 수도 있다는 것을 이해하며 허용하는 것과 균형을 이룬다면 당신은 다른 사람들에게 많은 기여를 할 것이다. 이 강점은 어떻게 일을 처리해야 하는지에 대한 좋은 본보기가 될 수 있다.

　▶ 이 강점이 지나칠 때의 약점: 완고함, 판단함.

부록 B

DISC 행동 시스템 요약

구분	D	I	S	C
기본 성향	속도 빠름 일 중심적	속도 빠름 사람 중심적	속도 느림 사람 중심적	속도 느림 일 중심적
강점	결단력 있는 책임을 짐 결과를 얻음 자신감 독립적 모험함	즐거워함 폭넓은 관계 열정적 감성적 낙천적 좋은 대화 기술	참을성 있는 느긋한 팀워크 좋은 조용한 영향력 꾸준한, 안정적 원만한 대인 관계	정확함 분석적 세부 사항에 주의함 높은 기준 유지 직관적 절제된
한계점	참을성 없는 고집 센 거친	정돈 안됨 치밀하지 못한 비현실적	결단력 없음 양보하는 수동적 민감함	비판적 완벽주의적 지나치게 지적하는
의사 소통	'핵심 사항'을 직선적, 일방적 으로 말함	긍정적 영감을 주는 설득력 있는	쌍방향 대화 경청하는 감정을 이해하는 피드백 제공	외교적 예리한 관찰자 세부 사항 제공
두려움	이용당하는 것	사회적 인정받지 못함	안정성 상실	한 일에 비판받음 불합리한 행동
선호하는 언어	감탄, 찬사	수용과 인정	감사	확인
압력 아래에서	독재적 공격적 많이 요구함	감정적 공격적(공공연한 논쟁은 피함)	묵인 허용 순종하는	피하고, 후퇴하여 전략을 세우는
돈에 대한 관점	힘	자유	사랑을 보이는 것	안정을 보장
의사 결정	빠름: 결과에 초점 적은 사실에 근거 하여 결정	충동적 옳다고 '느끼는' 가	관계적: 사람을 믿음	마지못해 함 많은 정보 필요
필요로 하는 것	도전 변화 선택 솔직한 대답	재미있는 활동 사회적 인정 세부적인 것에서 자유로움	변화에 적응할 시간, 진실한 감사, 현상 유지/안정	질 높게 일할 시간 사실을 분석할 시간
재충전 방식	육체적인 활동	친교	휴식	개인적인 시간

['가족 발견 프로파일 매뉴얼(The Family Discovery Profile Manaul)'에서 발췌. by Charles F. Boyed.
Published by the Carlson Learning Company, 1991. Used by Permission]

행동 유형으로 풀어보는 자녀 양육 실마리
우리 아이는 왜 이럴까?

1쇄 발행 2001년 4월 25일
7쇄 발행 2017년 1월 20일

지은이 찰스 F. 보이드
옮긴이 김영회, 허흔
펴낸이 고종율

펴낸곳 주)도서출판 디모데 〈파이디온선교회 출판 사역 기관〉
등록 2005년 6월 16일 제 319-2005-24호
주소 서울특별시 서초구 서초대로 141-25(방배동, 세일빌딩)
전화 마케팅실 070) 4018-4141
팩스 마케팅실 031) 902-7795
홈페이지 www.timothybook.com

값 9,500원
ISBN 978-89-388-0333-7 03230
ⓒ 주)도서출판 디모데 2001 〈Printed in Korea〉